AF524312

Eliza Reid • Das Geheimnis der Sprakkar

ELIZA REID

DAS GEHEIMNIS DER SPRAKKAR

Islands außergewöhnliche Frauen und wie sie die Welt verändern

Aus dem Englischen von Henriette Zeltner-Shane

btb

SPRAKKAR

Altisländische Bezeichnung für
außergewöhnliche oder herausragende Frauen.
Aussprache: SPRAH-kar
(Singular: sprakki)

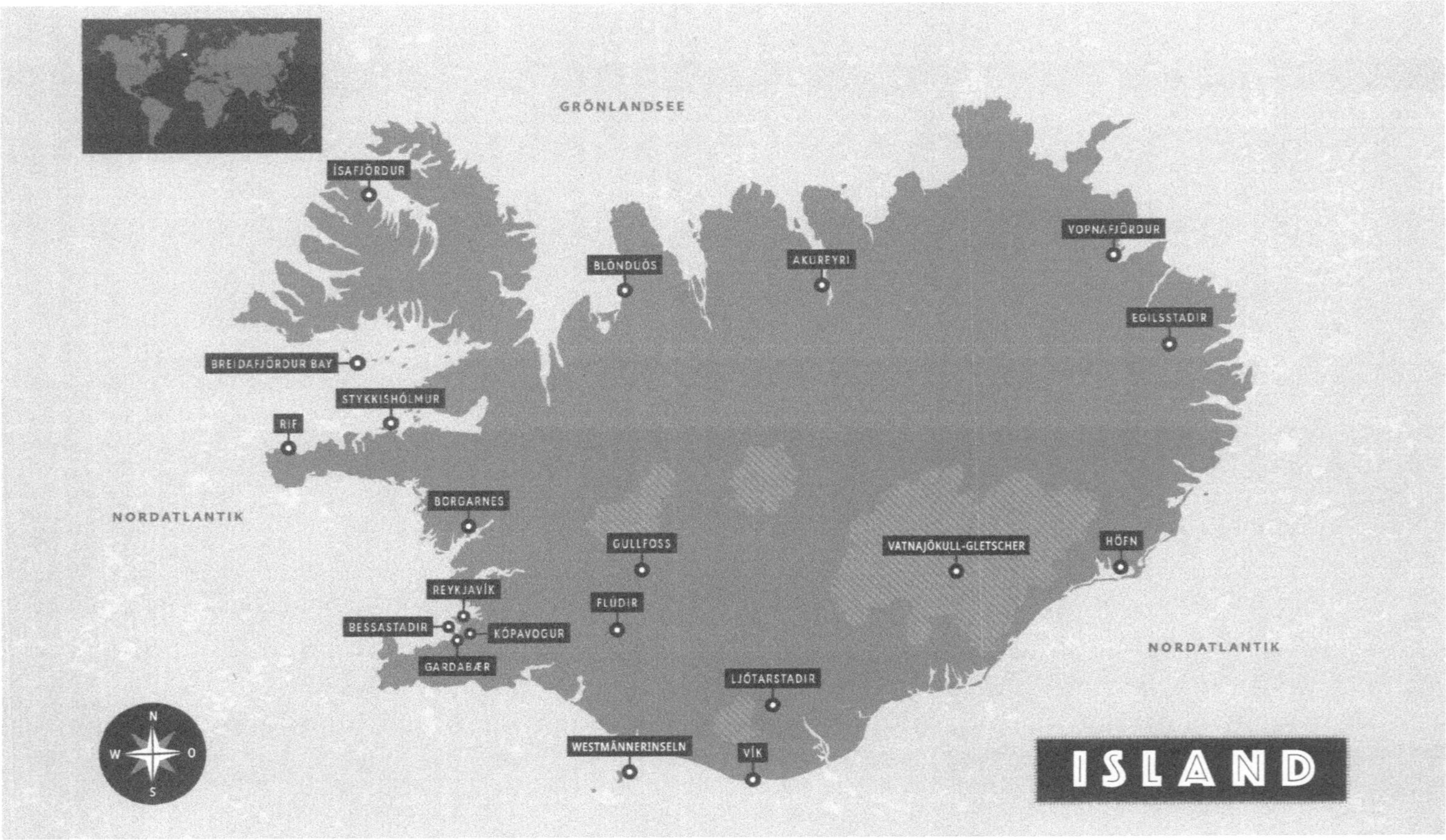

ISLAND

GRÖNLANDSEE

ÍSAFJÖRDUR
BLÖNDUÓS
AKUREYRI
VOPNAFJÖRDUR
EGILSSTADIR
BREIDAFJÖRDUR BAY
STYKKISHÓLMUR
RIF
BORGARNES
NORDATLANTIK
GULLFOSS
VATNAJÖKULL-GLETSCHER
HÖFN
REYKJAVÍK
FLÚDIR
BESSASTADIR
KÓPAVOGUR
GARDABÆR
NORDATLANTIK
LJÓTARSTADIR
WESTMÄNNERINSELN
VÍK
N
W
O
S

INHALT

LIEBE LESERINNEN UND LESER

Ich bin Existenzgründerin, Autorin, Vortragsrednerin, Mutter, Feministin, Immigrantin und mit dem Staatspräsidenten von Island verheiratet. Auch wenn es das offizielle Amt der »First Lady« nicht gibt, wird vom Partner oder der Partnerin des Staatsoberhaupts die Erfüllung gewisser Pflichten und Aufgaben erwartet oder sogar eingefordert. Auch deshalb werden meine öffentlichen Äußerungen oft analysiert, gelobt und kritisiert. Das war mir beim Schreiben dieses Buchs durchaus bewusst.

In Island ist die Rolle des Präsidenten oder der Präsidentin größtenteils, wenn auch nicht nur, symbolischer Natur. Es handelt sich um das Staatsoberhaupt. Das ist ein gewähltes Amt, und wer es innehat, besitzt ein Vetorecht in der Gesetzgebung und kann Einfluss auf die Bildung von Koalitionsregierungen nehmen. Geführt wird die Regierung allerdings von der Premierministerin oder vom Premierminister. Politische Entscheidungen im Tagesgeschäft obliegen Regierung und Parlament. Der Präsident (und ich als seine lautstarke Ehefrau) verfügen über keine politische Plattform und äußern uns nicht öffentlich zu Haushaltsangelegenheiten, Gesetzen oder der politischen Ausrichtung des Landes.

In vielen Staaten wird das Thema Geschlechtergerechtigkeit noch politisch diskutiert, und es wirkt sich auf Gesetze zum Gesundheits- oder Bildungswesen aus. Hier in Island wird allerdings nicht mehr darüber debattiert, ob Gerechtigkeit zwischen den Geschlechtern ein wichtiges Ziel darstellt, sondern es geht darum, wie man sie am besten erreicht. Um die ehemalige amerikanische First Lady Hillary Rodham Clinton sinngemäß zu zitieren: Gender-Gerechtigkeit ist kein politisches Thema, sondern ein Menschenrecht. Daher denke ich auch nicht, dass dieses Buch politische Ansichten wiedergibt. Das überlasse ich den Politiker*innen.

Dieses Buch ist vielmehr Porträt eines Landes und seiner Menschen. Dafür habe ich Interviews mit meinen subjektiven Erinnerungen und Eindrücken kombiniert. Es möchte weder allumfassend noch unparteiisch sein. Weder haben Lobbys es gefördert noch PR-Leute ihm seine Substanz genommen. Ebenso wenig wurde es aufpoliert, um dem schönen Schein zu entsprechen, den zynische Geister vielleicht von jemandem erwarten, der den Beinamen »First Lady« trägt. Ich hoffe, dass es beweist, was für eine Gesellschaft wir gemeinsam erschaffen können, wenn wir darüber wachen, gleiche Chancen, gleiche Erfahrungen und gleichen Lohn für Menschen jeglichen Geschlechts zu garantieren.

Ein Hinweis zu den Schreibweisen: Im isländischen Alphabet gelten Vokale mit Akzent (á, í, ý usw.) als eigene Buchstaben mit eigener Aussprache. Ich habe das in diesem Buch beibehalten. Außerdem gibt es im Isländischen drei Buchstaben, die das Englische (genau wie das Deutsche, Anm. d. Ü.) nicht kennt: æ, das man »aye« spricht; ð, das wie das »th« in *although* gesprochen und von mir gewohnheitsmäßig oft durch ein »d« ersetzt wird; und þ, das man wie das »th« in *think* ausspricht und von mir, der Einfachheit halber, häufig durch ein »th« ersetzt wird. So schreibe ich beispielsweise den Namen meines Mannes Gudni und den einer Journalistin Thóra, auch wenn man sie im Isländischen Guðni und þóra schreibt.

Ihre Eliza Reid

KAPITEL 1

IMMIGRANTIN IN ISLAND

Die Augen eines Gasts sehen klarer[1]

In Island gilt es als schlechtes Omen, einen neuen Job an einem Montag zu beginnen. Freitag ist akzeptabel, der erste Tag eines Monats sogar noch besser (sofern er nicht auf einen Montag fällt, natürlich). Wenn man eine wirklich erfolgreiche Karriere im Sinn hat, vermeidet man es jedenfalls, an einem Montag anzufangen.

Mein Berufsleben auf dieser Insel im Nordatlantik begann daher an einem Dienstag im Oktober. Und zwar an einem bewölkten mit steifer Brise, wie so viele Oktobertage hier. Da ich erst knapp sechs Wochen in Island lebte, kannte ich die Montagsregel noch nicht. Dafür war ich ganz wild drauf, in meinem neuen Job loszulegen. Als der CEO des kleinen Software-Start-ups, das mich als Marketingspezialistin eingestellt hatte, mir das Einstiegsdatum nannte, wäre es mir unangemessen vorgekommen, einen Alternativtermin vorzuschlagen. Schließlich durfte ich mich ohnehin glücklich schätzen. Ich hatte einen Job ergattert, bei dem ich an meine bisherigen Erfahrungen anknüpfen konnte. Und das in einem Land, dessen Sprache ich nicht beherrschte und wo ich außer meinem Verlobten und dessen Familie niemanden kannte.

Aus Liebe war ich 2003 im Alter von siebenundzwanzig nach Island gezogen. Bevor ich meinen späteren Ehemann Gudni

Jóhannesson im Herbst 1998 kennenlernte, bestand mein ganzes Wissen über dieses Land darin, dass ich seine Flagge erkannte, es auf der Weltkarte fand und wusste, dass die Hauptstadt Reykjavík heißt. (Das verdankte ich übrigens den vielen Stunden, die wir in den 1980ern auf einem Commodore 64 *Where in the World Is Carmen Sandiego?* gespielt haben.) Allerdings wusste ich sogar 2003 noch nicht, dass Island als einer der besten Orte der Welt für Frauen galt. Und zwar weil ein einzigartiges Zusammenspiel aus Geschichte, Mentalität, Politik und Glück das Land mit den besten Chancen auf den ersten Platz in Sachen Gleichstellung hervorgebracht hat.

Gudni und ich lernten uns an der Graduate School der Universität Oxford kennen. Zwei ausländische Studierende unter vielen am St Antony's, einem der Colleges von Oxford. Gudni war der erste Isländer dort. Einer von nur einer Handvoll Landsleute an der ganzen Universität. Als zweiundzwanzigjährige Kanadierin, die auf einer Hobbyfarm im Ottawa Valley aufgewachsen war, fand ich seine mir noch schleierhafte Nationalität spannend. Er war still, besaß viele Bücher, aber sonst kaum etwas, und er trank nicht mit ganz so großer Begeisterung wie all die anderen. (Damals dachte ich, das wäre typisch isländisch.) Er war auch groß und lässig, und er setzte cool, aber mit umwerfender Wirkung seinen staubtrockenen, selbstironischen Humor ein, der dem britischen in nichts nachstand.

Ich war erst wenige Monate vorher über den Atlantik nach England gekommen, nachdem ich in Kanada meinen Bachelor of Arts absolviert hatte. Die Graduate School diente mir als Ausrede, um ein neues Land kennenzulernen, mich weiter zu verschulden und weiter davor zu drücken, irgendwelche Entscheidungen im Hinblick darauf zu treffen, was ich mit meinem Leben eigentlich anfangen wollte. Meine Altersgruppe ließ sich grob in zwei Lager teilen. Die einen, zu denen auch ich gehörte, hatten ihr Leben lang nur gelernt und waren fleißig genug, um an einer der angesehensten Universitäten der Welt genommen zu werden. Aber unsere Zeit verbrachten wir längst nicht so konstruktiv. (Ich verpasste nie eine Pub oder Poker Night und machte mir beispielsweise nicht die Mühe, die gefragte Keynote des tschechischen Präsidenten Václav Havel zu hören, weil ich wusste, dass die Rede nicht prüfungsrelevant war.) Auf der anderen Seite gab es Studierende, die schon reifer waren. Viele hatten große Opfer gebracht, um nach Oxford zu kommen – Jobs gekündigt, mühsam gespart, ganze Familien auf den Kopf gestellt. Sie waren dort, um das Maximum aus dieser Erfahrung herauszuholen. Gudni besuchte natürlich nicht nur den Vortrag des ehemaligen Dissidenten aus der Zeit des Kalten Kriegs, sondern meldete sich auch als ehrenamtlicher Platzanweiser für die Veranstaltung. Immer las er, egal um welches Thema es ging, als Erstes das Inhaltsverzeichnis jedes Buchs. Um zu sehen, ob es darin ein Kapitel über Island gab. Aus der Zeitung schnitt er Artikel zu so unterschiedlichen Themen wie Historiografie oder Sportstars aus, die er in mehreren Mappen sorgsam aufbewahrte. Und zwar weil er sie irgendwann in ferner Zukunft für einen Artikel oder Vortrag brauchen könnte (das war vorausschauender, als der spätere Präsident damals ahnen konnte).

Wegen seines Verhaltens und der vereinzelten grauen Haare an den Schläfen hielt ich ihn für eine Spur älter als mich. Womöglich war er uralte sechsundzwanzig. Einmal, gegen Mitternacht auf einer Party in einer verrauchten, engen Kellerwohnung, wo ich versuchte, diesen faszinierenden, aber stillen Mann ein bisschen besser kennenzulernen, erwähnte er beiläufig, dass er beim Fall der Berliner Mauer im Grundstudium gewesen war. Ich besuchte 1989 noch die achte Klasse.

»Wie alt bist du denn?«, fragte ich, als mir klar wurde, dass meine Schätzung etwas zu optimistisch gewesen war.

»*I am thirrrty!*«, sagte er lächelnd und rollte dabei das R, wie man es im Isländischen tun würde.

Ich erinnere mich, gedacht zu haben: *Das gibt's doch gar nicht!* Es war Mitternacht. Zwei andere Partygäste, die mit ziemlicher Wahrscheinlichkeit nicht mal den Namen des jeweils anderen kannten, knutschten in einer Ecke. Zigarettenqualm trübte die Luft. Niemand, der schon »thirrrty« war, würde sich jemals freiwillig so lange in dieser Umgebung aufhalten. Ich nickte, nippte an meinem Bier und wechselte das Thema.

»Und was treibst du so in den Ferien?«

Es war erst Mitte November, aber die Leute buchten schon Flüge, um am Ende des Semesters nach Hause zu fliegen.

»Ich werde meine Tochter besuchen«, erwiderte er so lässig, als wäre das eine totale Selbstverständlichkeit.

Um ein Haar hätte ich mein Bier rausgeprustet. *Na klar machst du das. Wenn die Welt so aus den Fugen ist, dass ich um Mitternacht mit einem Mann flirte, der schon sein viertes Lebensjahrzehnt begonnen hat, dann ist es doch auch völlig normal, dass er ein Kind hat und eventuell eine hübsche, das R rollende nordische Familie zu Hause in Island. Selbst wenn er in den zwei Monaten, seit ich ihn kenne, kein Sterbenswort über sie verloren hat.* Das war doch ziemlich viel Sand im Getriebe meines Flirts mit diesem Wikinger. *Spiel ist aus*, dachte ich, als wäre dieses Gespräch nur ein spontanes Eishockeyspiel am Straßenrand, wie man das in Kanada am Wochenende so macht. Und als wäre sein Privatleben nicht wichtiger als ein zufällig vorüberfahrendes Auto.

»Oh, natürlich. Und was ist mit ihrer Mutter?«, wagte ich mich weiter vor.

»Die besuche ich nicht«, antwortete er und hielt dabei meinen Blick fest.

Spiel geht weiter.

Gudni war der erste Geschiedene in meinem Freundeskreis. Die vierjährige Tochter hatte er bisher nicht erwähnt, weil im Spektrum von Smalltalk zwischen Studierenden, die sich gerade erst kennengelernt haben, keiner dran denkt, nach Kindern zu fragen, und er nicht der Typ war, der mehr Einzelheiten als nötig preisgab. In der so entscheidenden Dekade der Zwanziger hatte er seinen Master gemacht, war Vater geworden, hatte geheiratet, sich einvernehmlich wieder scheiden lassen und war nach England gezogen. Er war acht Jahre älter als ich. Das war damals mehr als ein Drittel meines Lebens, doch weil wir beide studierten, waren wir irgendwie trotzdem auf einer Ebene. Und er brachte mich zum Lachen.

Am Ende des Studienjahrs waren wir ein Paar. Achtzehn Monate später wohnten wir zusammen in einer kleinen Wohnung in Hampshire. Er schrieb seine Doktorarbeit in Geschichte fertig, während ich in Vertrieb und Marketing einer ziemlich schicken, zweihundert Jahre alten Firma arbeitete, in der man erst kürzlich aufgehört hatte, Frauen mit Mrs oder Miss anzusprechen. Stattdessen mit dem Vornamen. (Ms war anscheinend inoffiziell Geschiedenen oder Lesben vorbehalten.) Wochentags nahm Gudni oft die zweieinhalbstündige Fahrt mit Zug und U-Bahn auf sich, um das Public Record Office (heute: National Archives) nahe Kew, ein Stück außerhalb Londons, zu besuchen. Dort vertiefte er sich in Dokumente zu den britisch-isländischen Beziehungen. Ich half derweil beim Verfassen von Marketingbroschüren zur Erkennung gefälschter Pharmaka und Luxusprodukte. Außerdem korrigierte ich praktisch täglich nebenbei Leute, die wissen wollten, von wo in den USA ich käme. Abends bemühte ich mich, ein paar Sätze Isländisch zu lernen. Diese nordische Sprache hat sich in den ungefähr elf Jahrhunderten seit der Besiedelung Islands kaum verändert. Meine CD-ROM brachte mir so nützliche Sätze bei wie *Wo ist der Bahnhof?* (Dabei gibt es in

Island keine Züge.) Oder: *Wo ist der Strand?* (Ein kleiner Teil des Landes grenzt an den Polarkreis.)

Ich hatte einen Plan … einen ungefähren Plan. Gudni bekäme seine Promotion, nachdem er die hunderttausend Wörter umfassende Dissertation über Fischereikonflikte des 20. Jahrhunderts im Nordatlantik fertig geschrieben hätte. Verständlicherweise wollte er anschließend auf die Insel zurück, wo er gerade so viel von der Kindheit seiner Tochter Rut verpasste. (Auch wenn sie uns regelmäßig besuchte und er den Großteil des Sommers mit ihr in Island verbrachte.) Wenn wir zusammenbleiben wollten, dann konnte das nur in Island sein oder nirgends. Zumindest bis sie erwachsen wäre. Und wenn ich mit Gudni käme, dann um zu bleiben. Ich würde mir dort eine eigene Existenz aufbauen müssen, um nicht bloß seine Partnerin zu sein. Es konnte kein Probelauf sein. Ich wollte unsere Partnerschaft nicht aufgeben, weil mich die Dunkelheit um zehn Uhr morgens im Dezember in die Verzweiflung trieb oder weil ich Unterhaltungen auf Isländisch bei Einladungen zum Abendessen nicht folgen konnte. Wenn das hier der große Auftritt meines Lebens würde, dachte ich, dann konnten wir ebenso gut auch gleich heiraten. Uns vor dem Gesetz zueinander bekennen – *bis dass der Tod uns scheidet.*

Also machte ich Gudni an einem sonnigen Märzwochenende einen Antrag. Das war nur ein paar Monate nachdem wir entschieden hatten, Großbritannien bald zu verlassen und gemeinsam ein neues Abenteuer in Island zu beginnen. Wir gönnten uns eine Auszeit, um im nördlichen Cornwall am Meer zu wandern. Er sagte Ja. Ich hatte eine Flasche Champagner in meinen Koffer geschmuggelt. Den tranken wir in unserem an die britische Sitcom *Fawlty Towers* erinnernden Bed & Breakfast. Anschließend feierten wir unsere Verlobung mit Fish and Chips zum Mitnehmen in diesem Dorf am Meer. Als Gudni am nächsten Tag mit seiner erfreuten Mutter telefonierte, meinte sie zu ihm: »Ich hoffe, du hast das gemacht, wie es sich gehört!« Die wahren Umstände der Verlobung gestand er ihr erst ein paar Monate später.

Ich überlegte mir, wenn ich schon auf diese ferne Insel ziehen würde, wo ich die Sprache nicht beherrschte und keinen Job hatte, dann konnte ich ruhig auch noch pleite sein und einen kompletten Neustart hinlegen. Also verkaufte ich die Aktien der Firma, für die ich gearbeitet hatte, und plante eine hunderttägige Reise. Ich würde zunächst mit der Transsibirischen Eisenbahn durch Russland und Zentralasien fahren und am Ende sechs Wochen mit Rucksack in Südostasien unterwegs sein. Ganz allein.

Ich kam am 19. August 2003 in Island an, fast auf den Tag genau zehn Jahre bevor ich mein viertes Kind auf die Welt bringen sollte. Während ich aus einem Fünfzehn-Kilo-Rucksack gelebt, Mango-Lassis getrunken, Ritte auf Kamelen unternommen und unter Moskitonetzen geschlafen hatte, hatte Gudni seine Doktorarbeit eingereicht und eine kleine Zwei-Zimmer-Wohnung in einem vierstöckigen Gebäude nahe der Universität mitten in Reykjavík gefunden. Rut, die inzwischen neun war, übernachtete jedes zweite Wochenende auf einem Ausziehsofa bei uns.

Ein paar Tage nach meinem Umzug entdeckte Gudni in der Lokalzeitung eine Stellenanzeige für Marketing bei einer Firma, deren Arbeitssprache Englisch war. Ich bekam den Job, und mein erster Arbeitstag war der besagte stürmische Dienstag im Oktober. Nach erst sechs Wochen im Land hatte ich also glücklicherweise einen guten Job, der uns finanziell über Wasser hielt. Gudni fand an der Universität eine Postdoc-Stelle, um weiter zu forschen. Ich begann zudem einen Isländisch-Intensivkurs mit acht Wochenstunden. Inzwischen hatte ich schon gelernt, dass ich meinen Regenschirm, unverzichtbares Accessoire in Großbritannien, endgültig wegpacken konnte, weil er dem Wind in Island nicht gewachsen war. Dafür kaufte ich mir einen Fahrausweis für den Bus, um zur Arbeit und wieder zurück zu kommen. (Meistens fuhr ich mit anderen Immigranten, älteren Mitbürgern, Schulkindern und Leuten, die aus unterschiedlichen Gründen keinen Führerschein besaßen.) Ich genoss die langen herbstlichen Sonnenuntergänge in Faxaflói Bay und bestaunte nach dem Aufwachen den verschneiten, über der Stadt aufragenden Berg Esja.

So genoss ich die Hochphase zu Beginn des Kulturschocks, wenn alles noch neu und beglückend ist. Ja, ich war aus Liebe hergekommen, aber jetzt hatte ich bereits ein Einkommen, lernte die Sprache und begann, mir eine eigene Existenz in Island aufzubauen. Natürlich konnte ich ahnen, dass Momente kommen würden, in denen ich Geduld und Durchhaltevermögen brauchte, aber grundsätzlich würde es mir hier gefallen.

Start-ups sind oft von Männern dominiert, vor allem in der Softwarebranche. Als ich in jenem Herbst in die Firma kam, war ich die fünfzehnte Angestellte, aber erst die vierte Frau. Ehemalige Mitarbeiter von Icelandair hatten sie gegründet, und man designte Software für Fluglinien. Es war die perfekte Umgebung, um die ersten Schritte von der Ausländerin zur Isländerin zu tun. Ich stellte mich um – von Tee mit Milch auf starken schwarzen Kaffee, von Businesskostümen und High Heels auf Khakihosen und Baumwolltops. An jedem der kürzer werdenden Tage tolerierten die Kollegen mein Gegrummel über die bevorstehende winterliche Dunkelheit. Schließlich waren sie schon ihr Leben lang Einwohner der nördlichsten Hauptstadt der Welt. Und die verdankt ihrem Breitengrad extreme Schwankungen bei der Tageslichtdauer – praktisch vierundzwanzig Stunden Helligkeit im Juni, aber auch offiziellen Sonnenaufgang um 11:22 Uhr und -untergang um 15:29 Uhr am 21. Dezember. Den anderen war klar, wie viel schlimmer es noch werden würde (mit der Dunkelheit und dem Gegrummel!). Auch wenn ich noch nicht viel Isländisch konnte, wurde ich ins Team aufgenommen. Als eine von denen, die etwas Lustiges, Aufregendes, Neues machen. Ich war Nerd genug, um mit den Programmierern klarzukommen, lässig genug für die vielen Typen und jung genug, um am Freitagabend gerne noch was trinken zu gehen. Es gab eine kleine Küche, in der wir uns ein Mittagessen zubereiten konnten, und einen Raum, mit vielen Kissen und einem DVD-Player, in dem Mitarbeiter ihre Kinder an schulfreien Tagen lassen konnten. So etwas hätte es an meinem britischen Arbeitsplatz nie gegeben.

Unser CEO war eine der vier Frauen im Unternehmen. Ursprünglich kam sie aus dem Bankwesen, aber hier fungierte sie als CEO, CFO, Personalchefin und übernahm noch eine Reihe weiterer Aufgaben. Unter anderem informierte sie die Firmenleitung über alle Entwicklungen. Die traf sich alle paar Monate am Ende eines Arbeitstages im einzigen Konferenzraum. Dann tranken fünf Leute starken Kaffee und aßen süßes Gebäck.

Vorsitzende war eine Frau Ende dreißig namens Halla Tómasdóttir. Sie hatte einige Jahre in der US-amerikanischen Geschäftswelt verbracht. Schließlich war sie nach Island zurückgekehrt, um bei verschiedenen Firmen, unter anderem in der Finanzbranche, zu arbeiten und eine Familie zu gründen. Das erste Mal traf ich sie, als ich eine dieser Sitzungen mitbekam. Sie war gerade aus der Elternzeit für ihr zweites Kind zurück und leitete die Zusammenkunft, während sie das Baby stillte. In dieser testosterongeladenen Umgebung zuckte keiner mit der Wimper. Niemand machte einen »Scherz«, und mindestens ein männlicher Teilnehmer schaukelte später den Winzling auf seinem Schoß, während Halla einen Punkt auf der Tagesordnung ausführte.

Fast zwanzig Jahre später habe ich diese Momentaufnahme immer noch vor Augen. Ich war bereit, dunkle Winter, windiges Wetter und eine magere Auswahl von frischem Gemüse in den Geschäften auszuhalten, wenn diese Interaktion zwischen einer Mutter und ihrem Kind als natürlich und völlig unspektakulär in einem Business-Meeting stattfinden konnte. Ich war noch in den Zwanzigern, kinderlos, sorgenfrei, zufrieden und hatte wirklich Glück mit meinem Leben. Aber ich wusste auch, dass am Horizont schon die Erwartungen der Gesellschaft aufzogen, eine Familie zu gründen, an meiner Karriere zu arbeiten, etwas beizutragen und zumindest das zu erreichen, was gebildete Frauen der Mittelklasse im Normalfall so schaffen. Aber war es möglich, dass ich in einem Land gelandet war, in dem Frauen mit ein bisschen Glück alles haben konnten?

Am Ende eines Augusttages, knapp ein Jahr später – es könnte durchaus ein verflixter Montag gewesen sein –, wurde ich ins Büro der CEO gebeten. Ich bekam zu hören, dass die Firma sparen müsse. Die Kündigung traf mich völlig unvorbereitet. In den kommenden Monaten war Halla eine von vielen Menschen, die ich kontaktierte, während ich versuchte, mein Selbstbewusstsein zu stärken und einen neuen Job zu finden. Diese Herausforderung erwies sich bei meinem zweiten Versuch in Island als deutlich schwieriger. Im Laufe der Jahre blieben Halla und ich in losem Kontakt. Ich porträtierte sie beispielsweise, nachdem ich mich beruflich verändert hatte und als Journalistin für die Zeitschrift *Iceland Review* arbeitete. Und ich suchte auch ihren Rat, als eine Freundin und ich mit Iceland Writers Retreat unser eigenes Projekt starteten. Sie war immer ermutigend und hilfsbereit. Unsere Wege würden sich auch künftig kreuzen.

Als Kind lernte ich Flaggen und Hauptstädte auswendig und dachte, weil die Flaggen von Island und seinen nordischen Nachbarländern (Dänemark, Norwegen, Schweden und Finnland) so ähnlich aussehen, müssten sich auch die Bevölkerungszahlen dort ähneln. Ein paar Millionen wahrscheinlich oder sogar zehn Millionen. Tatsächlich hat Island eine der geringsten Bevölkerungszahlen unter den unabhängigen Staaten. Am Neujahrstag 2021 waren es gerade mal 368590.[2] So gering, dass selbst das Runden zum nächsten Tausender ein Verfälschen der gesellschaftlichen Gegebenheiten bedeuten würde. Allein in der Zeit, seit ich in diesem Land lebe, ist die Einwohnerzahl um mehr als ein Viertel gewachsen.

Ländern mit weniger Einwohnern als Cleveland, Ohio, oder als das britische Bristol verzeiht man einen Kleinstaatenkomplex. (Ich bin in Kanada aufgewachsen, das trotz seiner Größe und Bevölkerung auch einen Kleinstaatenkomplex hat. Einfach aufgrund der Nähe zum so viel größeren Nachbarn im Süden. Von daher empfinde ich so eine Art natürliche Sympathie für diese Schwäche.) In Island macht sich der Kleinstaatenkomplex als Interesse daran bemerkbar, wie oft das Land in ausländischen Medien erwähnt wird. Oder daran, welchen Eindruck noch der unwichtigste Promi bei seinem Besuch hat. »Wie gefällt Ihnen Island?«, ist die wichtigste Frage, die man als Besucher zu beantworten hat. Man sollte mit ihr ähnlich vorsichtig umgehen wie mit der Frage: »Sehe ich darin fett aus?«

Wenn man so klein ist, tut man sich schwer, an die Spitze globaler Rankings zu kommen. Tatsächlich fällt Island oft von vorneherein aus der Wertung, weil die verfügbaren Daten nicht ausreichen. Wenn das Erreichen einer siebenstelligen Bevölkerungszahl noch Jahrzehnte oder gar Jahrhunderte in der Zukunft liegt, dann ist der beste (und am häufigsten begangene) Weg, um im globalen Wettbewerb ein bisschen Nationalstolz zu zeigen, auf die Pro-Kopf-Statistiken zu schauen. Wir haben ein hohes BIP, investieren massiv in die Künste und tragen maßgeblich zur internationalen Entwicklung bei – pro Kopf gerechnet. Als Halldór Laxness 1955 den Literaturnobelpreis erhielt, wurde Island zum Land mit den meisten Literaturnobelpreisträgern – pro Kopf.[3] (Sollten Sie noch nie von Halldór Laxness gehört haben, dann kränken Sie bitte keinen eingeborenen Isländer, indem Sie das zugeben.) Wir können es kaum erwarten, unsere erste olympische Goldmedaille zu erringen, um in der Pro-Kopf-Statistik der Sportevents an die Spitze zu springen. Und mit Sicherheit haben wir die meisten Pro-Kopf-Statistiken der Welt – pro Kopf gerechnet.

Es gibt allerdings ein paar Bereiche, in denen Island tatsächlich und bedingungslos Weltspitze ist. Noch dazu sind das Bereiche, die wirklich zählen. So lebe ich in einem der glücklichsten Länder der Erde. In Island herrscht, auch unter den OECD-Staaten, die höchste Akzeptanz für Homosexualität.[4] Es ist das friedlichste Land, wozu zweifellos die Tatsache beiträgt, dass es über keine Armee verfügt.

Mit diesen und anderen Indizes zur Lebensqualität befinden wir Isländer uns in ständigem, freundlichem Wettbewerb mit den anderen nordischen Staaten. So sind alle fünf Nationen unter den Top Ten von Glück und Zufriedenheit. (Die USA, Großbritannien und Kanada spielen nicht so weit vorne mit, aber immerhin unter den Top Twenty.) Obwohl jedes der fünf nordischen Länder seine eigene Kultur, Geschichte und Sprache besitzt, teilen wir genug gemeinsame Werte und Beziehungen, sodass wir auf dem internationalen Parkett oft zusammenstehen.[5] Insbesondere Island orientiert sich bei der eigenen Gesetzgebung oft an bereits existierenden Gesetzen seiner nordischen Nachbarn oder an der EU. Im Sport ist jedoch alles möglich. Und für Isländer gibt es kaum etwas Aufregenderes, als zuzusehen, wie eine unserer Nationalmannschaften Dänemark besiegt (das vom 14. Jahrhundert bis 1944 Island beherrschte[6]).

Vielleicht ist es die Gleichberechtigung der Geschlechter, die dieser Insel den entscheidenden Vorsprung bei der Lebensqualität verschafft. Eines der nachhaltigen Entwicklungsziele der Vereinten Nationen, nämlich die Gleichheit der Geschlechter und Ermächtigung der Frauen, soll Diskriminierung beenden, geschlechterbedingte Gewalt und Gefährdung eliminieren und die weibliche Beteiligung am Arbeitsmarkt sowie Zugang zu Gesundheitsversorgung und Familienplanung gewährleisten. Eine Studie nach der anderen belegt, dass eine Gesellschaft umso glücklicher ist, die Lebenserwartung umso stärker steigt und es mehr Wohlstand für *alle* Bürger gibt, je gleichberechtigter die Geschlechter sind.[7] Und zumindest nach Einschätzung des Weltwirtschaftsforums war Island in den letzten gut zehn Jahren regelmäßig das Land, das diesem Ideal am nächsten kam.[8] In dem Ranking geht es darum, wie gut es Staaten gelungen ist, den Gender-Gap in den Bereichen bezahlte Arbeit, Bildung, Gesundheit und Politik zu schließen. Die übrigen nordischen Nationen sind uns entweder dicht auf den Fersen oder in einigen Punkten voraus.[9] Aber einfach ausgedrückt ist Island nach diesen Maßstäben für Frauen der beste Ort des Planeten. Und sollte irgendein Land jemals in der Lage sein, Geschlechtergerechtigkeit zu erreichen, dann hat Island jedenfalls schon einen ausgezeichneten Vorsprung.

Als Gesellschaft ist Island bereits über den Tipping Point der Frage hinaus, ob Gleichberechtigung wichtig oder wertvoll ist. Es geht stattdessen darum, *wie* diese zu erzielen ist. Dementsprechend weist Island die höchste Beteiligung von Frauen am Arbeitsmarkt auf. Alleinerziehende Eltern oder junge Mütter sind wenig bis gar nicht sozial stigmatisiert. Es gibt eine Polizeichefin, und die Landeskirche wird von einer Bischöfin geleitet.

Bekanntermaßen wählte das Land als erstes in einer demokratischen Wahl 1980 eine Frau zum Staatsoberhaupt. 2009 hatte Island die erste offen lesbische Regierungschefin. Einige Jahre lang war Island der größte Beitragszahler von UN Women – nicht pro Kopf, sondern absolut. Das lag an der großen Zahl regelmäßiger monatlicher Spenden und an zahlreichen kreativen Fundraising-Kampagnen.

Isländer*innen, und ich zähle mich inzwischen zu ihnen, sind zu Recht stolz auf diese Errungenschaften. Aber wir wissen alle, dass noch eine Menge zu tun ist. Diese subarktische Insel ist kein Paradies für Frauen. Das Patriarchat ist stark und tief verwurzelt. So gibt es beispielsweise trotz eines Gesetzes zu Geschlechterquoten in Aufsichtsräten zu dem Zeitpunkt, als ich dieses Buch schreibe, keinen weiblichen CEO in einem der Unternehmen, die an der Isländischen Börse gehandelt werden. Das Frauenhaus in Reykjavík ist oft komplett voll, und während der Corona-Pandemie nahmen die Anzeigen wegen häuslicher Gewalt zu. Wenn wir also das bisher Erreichte loben, sollte man das Wort *aber* nicht vergessen. Bewusstsein für die fortbestehenden Herausforderungen ist der erste Schritt, um diese zu meistern. Und das setzt nicht die beträchtlichen Fortschritte herab, die wir gemeinsam gemacht haben. Für mich als Immigrantin ist diese Normalisierung des Werts von Gleichberechtigung auf allen Ebenen der Gesellschaft so bemerkenswert – denn wie das isländische Sprichwort sagt, meine »Gästeaugen sehen klarer«.

Nachdem ich meinen Job verloren hatte, fiel es mir schwerer, diese »Gästeaugen«, die so selig beobachtet hatten, wie eine Frau während einer Sitzung der Firmenleitung ihr Baby stillte, wieder auf das Positive zu richten. Ich schrieb so viele Bewerbungen, wie ich konnte, aber weil ich die Sprache noch nicht richtig beherrschte, war es schwer, eine Vollzeitstelle zu finden. Um mich zu beschäftigen, bot ich der neuen englischsprachigen Zeitung *Reykjavík Grapevine* Ideen für Storys an und schrieb über Themen wie den Eurovision Song Contest, empfehlenswerte Friseursalons in der Hauptstadt und verfasste sogar Restaurantkritiken. (Letztere waren meine Lieblingsaufträge, weil ich dann gratis in schicken Lokalen essen konnte.) Daraus ergab sich ein Teilzeit-, aber immerhin fester Job als Journalistin für *Iceland Review*, das älteste englischsprachige Blatt des Landes. Dessen Team stellte auch *Atlantica* zusammen, damals das Bordmagazin von Icelandair. An meinen freien Tagen übernahm ich diverse Projekte als Freelancer, die meist mit dem Schreiben oder Korrekturlesen von englischen Texten zu tun hatten. So war ich, ein paar Jahre nach meinem beruflichen Tiefpunkt, meine eigene Chefin, arbeitete an Projekten, die ich liebte, reiste regelmäßig durch Island und zu den Destinationen von Icelandair in Europa und Nordamerika. Ende 2008 war ich derart ausgebucht, dass ich beschloss, für mein wachsendes Business eine eigene Firma zu gründen. Die ließ ich in der letzten Septemberwoche des Jahres ins Handelsregister eintragen.

Zehn Tage später waren die drei großen Banken Islands kollabiert, die Währung war abgestürzt, und das Land steckte in der bis dato schlimmsten Wirtschaftskrise, die man schlicht den Crash nannte. Island war eines der ersten und sichtbarsten Opfer der großen Rezession jenes Jahres. Obwohl ich, genau wie Zehntausende andere im Land, meinen Job verlor, wurden meine Aufträge als Freelancer mehr, weil Unternehmen unverzichtbare Aufträge von Festangestellten auf freie Mitarbeiter verlagerten.

Island erholte sich bemerkenswert schnell von der finanziellen Katastrophe, wozu in beachtlichem Umfang der enorm zunehmende Tourismus beitrug. Im Jahr 2015 war der Notkredit des IWF an den isländischen Staat komplett zurückgezahlt. Bilaterale Beziehungen zu Ländern, die von unserem Bankenbankrott in Mitleidenschaft gezogen worden waren, besserten sich wieder. Außerdem bekam das Land leicht deplatziertes Lob dafür, dass man einige Banker eingesperrt hatte. Insgesamt war es eine beachtliche Entwicklung – von der Katastrophe zum Wirtschaftswachstum. Auch ich fing mich in beruflicher Hinsicht wieder. Ich sollte das neue, stärker auf Island fokussierte Bordmagazin herausgeben, das Icelandair nun produzieren ließ. Ein paar Jahre später gründete ich mit einer Freundin ein Retreat für Leute, die das geschriebene Wort lieben, das Iceland Writers Retreat. Es ist inzwischen fester Bestandteil des isländischen Kulturkalenders.

In meinem Privatleben fühlte ich mich genauso begünstigt. Das lag zu keinem geringen Teil an der familienfreundlichen Politik, die in Island ganz normal ist. Gudni und ich heirateten 2004 und zogen in ein winziges, fast hundert Jahre altes gelbes Holzhaus im westlichen Teil des Zentrums von Reykjavík. Nur einen Steinwurf vom Meer entfernt (wobei man zugegebenermaßen in der Stadt, die großteils auf einer Halbinsel liegt, nie sehr viel weiter davon weg ist). Er bekam einen Lehrauftrag an der Universität, verlor ihn während des Crashs und fand schließlich eine befristete Stelle mit Aussicht auf Festanstellung am Lehrstuhl für Geschichte der Universität von Island. Gleichzeitig veröffentlichte er einige von der Kritik gelobte Bücher. Ich betätigte mich weiter als Reisejournalistin, war 2006 allein als Backpackerin in Westafrika unterwegs und schrieb darüber eine mehrteilige Serie für die hiesige Zeitung.

Einen Monat nach der Rückkehr von diesem Abenteuer war ich schwanger. Fast die ganzen kommenden acht Jahre würde ich schwanger oder stillend zubringen, weil vier Babys in Abständen von jeweils fast exakt zwei Jahren auf die Welt kamen. Das wäre kaum machbar und nicht einmal wünschenswert gewesen, hätte es nicht die großzügige finanzielle Unterstützung für Eltern gegeben, auf die Gudni und ich sogar als Freiberufler Anspruch hatten. Nicht zu vergessen die stark subventionierte Kinderbetreuung nach Ende der Elternzeit. Als mein jüngstes Kind, zugleich meine erste Tochter, mit ungefähr einem Jahr von 8 bis 16 Uhr zu einer geprüften Tagesmutter kam, bezahlten wir für sie den vollen Tarif, etwa vierhundert Dollar pro Monat. Das beinhaltete zwei warme Mahlzeiten plus Snacks. Dank der Geschwisterermäßigung bei der Stadt kostete der Kindergarten für ihren dreijährigen Bruder nur 25 Prozent vom bereits subventionierten Normaltarif und – abgesehen von den Kosten fürs Essen – gar nichts für unseren Fünfjährigen. Auch die Nachmittagsbetreuung des Ältesten, der damals die zweite Klasse besuchte, war gratis.

Glücklich, wenn auch übermüdet, stolperten Gudni und ich durch diese Jahre mit Kleinkindern, die geprägt waren von püriertem Essen, Stoffwindeln und kaputten Haushaltsgeräten. Nach einiger Zeit mit regelmäßigen, aber unsicheren Einkommen hatte er seinen Traumjob an der Universität ergattert. Ich leitete begeistert das Iceland Writers Retreat und schrieb selbst regelmäßig. Wir hatten uns auch mit der Tatsache abgefunden, dass das kleine gelbe Hundertzehn-Quadratmeter-Haus für unsere wilde Brut bald zu eng sein würde. Also nahmen wir eine zweite Hypothek auf für ein größeres, renovierungsbedürftiges Haus zehn Gehminuten entfernt. Nach dem Umzugsstress und der Verteilung aller vier Kinder auf verschiedene Schulen und Kindergärten fühlten wir uns angekommen und schworen uns, bis ins hohe Alter nicht mehr von dort wegzugehen.

Präsidentschaftswahlen finden in Island alle vier Jahre am letzten Samstag im Juni statt. Als 2016 ziemlich sicher war, dass der damalige dreiundsiebzigjährige Ólafur Ragnar Grímsson keine rekordverdächtige sechste Amtszeit mehr anstrebte, verkündete eine beachtliche Anzahl von Menschen, ihm nachfolgen zu wollen. Reykjavíks Gerüchteküche beschäftigte sich ausgiebig damit, die verschiedenen Verdienste der Anwärter zu vergleichen und zu prognostizieren, wer als Nächster ins Rennen einsteigen würde. Gudni war gerade dabei, ein Buch über die Geschichte des Präsidentenamts in Island zu schreiben. Daher wurde er oft gebeten, als neutraler Experte in Sendungen zu den politischen Fragen des Tages Stellung zu nehmen. Vielleicht, so spekulierte er hoffnungsvoll, würde man ihn sogar engagieren, um in der Wahlnacht die Ergebnisse zu analysieren.

Sein TV-Moment sollte jedoch etwas früher stattfinden. Am 3. April 2016 veröffentlichte ein Zusammenschluss mehrerer internationaler Medien die sogenannten Panama Papers. Darin ging es um Schwarzgeld von führenden Politikern und Wirtschaftsgrößen. Einer davon war der isländische Premierminister Sigmundur David Gunnlaugsson, dem früher zusammen mit seiner Frau ein Unternehmen gehört hatte, das auf den britischen Jungfraueninseln registriert war. Damit verstießen sie zwar nicht gegen geltendes isländisches Recht, doch da die Erinnerungen an Islands wirtschaftliche Turbulenzen noch frisch war, versammelten sich schon am nächsten Tag Protestierende vor dem Parlament, dem Althing.

Lokale Fernsehsender unterbrachen ihr Programm, um über die Demonstration und deren Bedeutung zu berichten. Würde der Premierminister zurücktreten? Würden andere Figuren des öffentlichen Lebens, die ebenfalls in den Skandal verwickelt waren, zurücktreten? Sah die isländische Verfassung irgendetwas vor? Konnte der Präsident aktiv werden und den Premierminister zum Rücktritt auffordern? Die Debatte verlangte nach einem Experten, um das Thema allgemeinverständlich zu erläutern. Einem Experten, der keiner politischen Partei nahestand.

So war am 4. April Gudni Jóhannesson, Geschichtsprofessor, fünffacher Vater und Spezialist für das Thema Präsidentschaft, zusammen mit anderen im Fernsehen zu sehen, um sechs Stunden lang die gegenwärtige Situation zu kommentieren.

Danach begann unser Telefon zu läuten.

Plötzlich war klar, dass dieses zwar hauptsächlich repräsentative Amt gemäß der Verfassung gewisse Befugnisse umfasste, mit denen sorgsam umgegangen werden sollte. Und obwohl bereits einige fähige Leute ihre Absicht zu kandidieren erklärt hatten, sahen viele diesen bedachtsam sprechenden, kenntnisreichen Mann und kamen zu dem Schluss, dass er vielleicht der rechte Mensch zur rechten Zeit für diesen Job wäre. Innerhalb von Tagen wurde aus ein paar E-Mails, Facebook-Nachrichten und Anrufen von fremden Leuten ein beständiger Strom. All diese Leute ermutigten Gudni, den Schritt zu wagen, den er bis dahin nie ernsthaft in Erwägung gezogen hatte – die Kandidatur für ein politisches Amt.

Sechs Wochen vor der Wahl, an meinem vierzigsten Geburtstag, mit mir und den fünf Kindern an seiner Seite, gab Gudni in einem vollen Konzertsaal seine Präsidentschaftskandidatur bekannt.

Da kein Amtsinhaber im Rennen war, strebten mehr Menschen denn je die Präsidentschaft an. Neun sammelten genügend Nominierungen im ganzen Land, um es auf den Wahlzettel zu schaffen. Unter den neun waren vier Männer, von denen wiederum drei gemäß den Umfragen stabil mit über 10 Prozent Stimmenanteil rechnen konnten. Alle Frauen bis auf eine kamen in den Umfragen nicht über 1 Prozent. Diese Ausnahme, die landesweit kaum bekannt war, als sie Ende März ihre geplante Kandidatur verkündete (die Wahl war auf den 25. Juni angesetzt), aber in den Umfragen kontinuierlich zulegte, bis sie am Ende Zweite hinter Gudni wurde, war ausgerechnet Halla Tómasdóttir. Die ehemalige CEO und Leitungsmitglied der Firma, bei der ich in meinem ersten Jahr in Island gearbeitet hatte. Die kleine Tochter, die sie damals gestillt hatte, war inzwischen ein Teenager.

Halla und ich trafen uns in jenen hektischen Wochen einige Male, aber es blieb trotz des Wahlkampfs immer freundlich. (Zufällig kannten Gudni und ich noch einen weiteren vorne mitmischenden Kandidaten gut: den Schriftsteller Andri Snær Magnason.) Manchmal fühlt sich das Leben in Island an, als würde man in einem weitläufig verstreuten und natürlich fantastischen Dorf wohnen. Da schien es nur passend, Wahlkampf für das höchste Amt gegen Kandidaten zu führen, die sogar ein Neuling wie ich schon seit einigen Jahren kannte.

Mein Leben veränderte sich unwiderruflich, als Gudni am 25. Juni 2016 die Präsidentschaftswahl mit 39,1 Prozent der Stimmen gewann, während Halla mit 27,9 Prozent auf Platz 2 kam. Er trat das Amt am 1. August an. Nachdem wir im Wahlkampf kreuz und quer durchs Land gereist waren, Kundgebungen besucht, Hände geschüttelt, Cremetörtchen probiert und dazu schwarzen Kaffee getrunken hatten, hatte ich schon eine Ahnung davon, was nun kommen würde.

In den fünf Wirbelwindwochen zwischen Wahl und Amtseinführung befanden wir uns in einer Art Schwebezustand. Wir gaben unsere bisherigen Jobs auf (oder zumindest er seinen), unser Zuhause und unsere Anonymität. Und das für eine Zukunft, die wir bisher nur aus dem Fernsehen und aus Zeitungsartikeln kannten. Unser Wahlkampfteam hatte seinen Job erledigt, also dafür gesorgt, dass sein Kandidat die meisten Stimmen bekam. Das Personal des Präsidentenbüros, dass auch dem neuen Amtsinhaber zur Verfügung stand, arbeitete noch nicht für uns. In jener Zeit absolvierten wir Dutzende Interviews und beantworteten sonstige Anfragen der Medien, vermieteten unser Haus, fanden neue Schulen für die Kinder, beschlossen, dass wir für den Privatbereich der großen Präsidentschaftsresidenz neue Möbel brauchten, und bemühten uns, die Kinder auf die bevorstehenden Veränderungen vorzubereiten.

Damals machte ich, genau wie heute, mit meiner eigenen Arbeit weiter. Auf Isländisch nennt man mich forsetafrú, was man mit »Frau des Präsidenten« übersetzen würde. Niemand schlug mir das Wort »forsetamaki« – Ehepartnerin des Präsidenten – vor. Auf Englisch nennt man mich meist First Lady, weil das ein leicht verständlicher Begriff ist. Der impliziert es zwar, bezeichnet mich aber nicht ausdrücklich als »Frau von«.

Es ist eine Tatsache, dass First Lady kein Job ist. Es gibt dafür kein Gehalt, kein dazugehöriges Personal, kein Budget für Kleidung, keine Rente. Ich wurde in diese Position nicht gewählt. Trotzdem hilft mir das Präsidentschaftsbüro, Flüge und Termine zu organisieren, an denen ich (natürlich nur in meiner Funktion als First Lady) teilnehme. Ich habe meine eigenen Visitenkarten, Briefpapier und ein kleines Büro im Hauptquartier des Präsidenten, wenn ich dort arbeiten wollte. Es ist eine ungeheure Ehre und ein Privileg für mich, und ich gebe jeden Tag mein Bestes, um dem Land, das mich quasi adoptiert hat, in dieser Funktion zu dienen.

Die Rolle ist mit Erwartungen verbunden. Viele davon passen eher in eine Zeit, als Männer das Rampenlicht exklusiv für sich beanspruchten und die Frauen »hinter ihnen standen«, um die Kapriolen ihrer Ehemänner zu unterstützen. Seit der Unabhängigkeit des Landes von Dänemark 1944 bin ich erst die sechste First Lady. Die ersten drei in der Zeit bis 1980 waren allseits respektierte Damen, die eine für ihre Zeit sehr traditionelle Gattinnenrolle spielten. Normalerweise traten sie öffentlich nicht in Erscheinung und fungierten nur als wohlfrisierte Co-Gastgeberinnen bei großen Empfängen oder Staatsbesuchen. Und während der sechzehnjährigen Amtszeit von Islands bisher einziger Präsidentin gab es keinen Gemahl.

Als dann 1996 Ólafur Ragnar Grímsson Präsident wurde, nahm sich seine beliebte Frau, Gudrun Katrin Thorbergsdóttir, verschiedener Themen wie der Prävention von Drogenabhängigkeit bei Jugendlichen an und erntete dafür viel Anerkennung. Nur zwei Jahre nach Amtsantritt ihres Mannes erlag Gudrun Katrin einem Krebsleiden.

Fünf Jahre später heiratete Ólafur Ragnar seine zweite Frau, Dorrit Moussaieff. Sie war wie ich im Ausland geboren und aufgewachsen, hatte eine spontane, offene Art und war in Island beliebt. Während ihrer Zeit als First Lady arbeitete sie weiter für das Schmuckunternehmen ihrer Familie mit Sitz in London. In den späteren Amtsjahren ihres Mannes verbrachte sie viel Zeit außerhalb Islands.

Auch ich habe meine eigenen Projekte weiterverfolgt, etwa das Schreiben dieses Buchs und die Leitung meiner Firma. Warum sollte ich mir auch einen neuen Job besorgen, nur weil mein Mann in seinen gewählt wurde? Diese Entscheidung führte zu einigen öffentlichen Diskussionen, doch das überwältigende Feedback ist positiv. Im progressiven Island, wo das Streben nach Gleichberechtigung normal ist, soll die Partnerin des Staatsoberhaupts selbstverständlich ihre eigenen Vorhaben verwirklichen.

Angefangen bei meinen schon erwähnten frühen Erinnerungen an Frauen, die gelassen in traditionell männerdominierten Bereichen tätig waren, über das Gebären von vier Kindern in weniger als sechs Jahren bis hin zur Gründung meiner eigenen Firma am Vorabend einer verheerenden Wirtschaftskrise – ich habe das Privileg genossen, als Frau im wahrscheinlich gleichberechtigtsten Land der Welt zu leben. Seit noch nicht ganz so langer Zeit habe ich gelernt, meine unerwarteten Möglichkeiten als First Lady zu nutzen. Und zwar indem ich mithelfe, die Erwartungen an eine überkommene Rolle zu modernisieren, und indem ich Stimme und Perspektive einer weiteren Immigrantin in den Kampf um Gleichheit einbringe.

Tatsächlich ist dieses Buch in vielerlei Hinsicht mein Liebesbrief an Island. An dieses reizvoll unperfekte Land, an eine Gesellschaft, die ständig daran arbeitet, sich zu verbessern, wo leidenschaftliche Debatten geführt werden, uns aber im Krisenfall Solidarität und Mitgefühl auffangen. Ein Land, wo Frauen darauf beharren, nach Gleichberechtigung zu streben und wo die meisten von uns sich fast immer in diesem Bestreben unterstützt fühlen. Ein Liebesbrief an ein Land, das ich stolz mein Zuhause nenne, wo ich als Entrepreneurin erfolgreich bin und gelernt habe, meine Stimme zu nutzen, nachdem das Schicksal mir die entsprechende Bühne zu Verfügung gestellt hat. Ein Land, von dem ich glaube, dass unsere heutigen Errungenschaften für künftige Generationen sogar eine Zukunft mit noch mehr Gleichberechtigung bewirken werden. Ein Land, das Menschen auf der ganzen Welt als Inspiration dienen wird.

Doch meine eigene Geschichte genügt nicht, um ein vollständiges Bild der Freuden und Herausforderungen einer weiblichen Existenz auf dieser Insel im Nordatlantik zu liefern. Ich wollte erkunden, was genau an der isländischen Gesellschaft den Lebensumständen von Mädchen und Frauen so zuträglich ist – und im Zuge dessen auch denen von Männern, Jungen und nonbinären Menschen. Diese Erkenntnisse lassen sich mit Sicherheit auch an anderen Orten anwenden, um Menschen in Vancouver oder Vermont, in Dundee oder Dallas zu inspirieren.

Reichen die Zutaten für diesen Erfolg in die Zeit der epischen Familienfehden zurück, die in den jahrhundertealten Sagas erzählt werden? Darin kommen zahlreiche hartnäckige Frauen vor. Oder gehen sie auf die jüngere Vergangenheit zurück, als

1980 mit Vigdís Finnbogadóttir das weltweit erste demokratisch gewählte weibliche Staatsoberhaupt an die Macht kam? Ist es eher eine Frage der von der Regierung erlassenen Maßnahmen, etwa massiv subventionierter Kinderbetreuung und Elternzeit für beide Elternteile? Oder sollten wir uns fragen, warum diese Gesellschaft auf neue Gesetze drängt, wie die Festschreibung der Rechte von Transmenschen und Nonbinären? Was ist mit der liberalen Haltung gegenüber Alleinerziehenden und gegenüber Sexualität im Allgemeinen oder einer breiter angelegten Definition von Maskulinität? Wie viel können wir der kleinen, geschlossenen, familienorientierten Gesellschaft zuschreiben, in der jeder Mensch beruflich eine Menge verschiedener Dinge können muss, damit ein funktionierendes Land daraus wird? Und was dürfen wir vom jüngsten Einfluss der Migrant*innen lernen, die neue Erfahrungen und Hintergründe mit nach Island bringen, hier aber auch vor ganz eigenen Herausforderungen stehen?

Mit Sicherheit haben die unabhängigen, standhaften, entschlossenen Frauen, die diese Gesellschaft im Laufe der Jahrhunderte prägten, deren Nachfahrinnen bis heute inspiriert. Nicht zuletzt ihr Selbstvertrauen und die Überzeugung, dass jede von uns daran mitwirken kann, das Zusammenleben zu verbessern. Island ist eine Nation des Geschichtenerzählens, und viele Isländer*innen sind aufgewachsen mit Geschichten von Heldentaten der Frauen in den Sagas, vom Mut derjenigen, die Revanche einforderten, und vom Durchhaltevermögen derjenigen, die für ihre Prinzipien kämpften.

Für dieses Buch habe ich mit Dutzenden außergewöhnlicher Frauen in Island gesprochen. Diese *Sprakkar*, um eine uralte isländische Bezeichnung zu verwenden, stammen aus allen Altersgruppen und Schichten in den verschiedensten Regionen. Viele von ihnen führen ein unauffälliges Leben, doch ihre Erfahrungen helfen gleichwohl, eine Gesellschaft zu porträtieren, die sich Geschlechtergerechtigkeit zum Ziel gesetzt hat und danach strebt, diese weiter zu verbessern. Es sind Frauen wie du und ich, Frauen, wie wir sie kennen. Zusammen ergeben sie das Bild eines Landes, in dem Gleichberechtigung greifbarer nahe ist – quälend kurz vor Erreichen einer undefinierten Ziellinie. Dennoch gibt es auch hier noch oft demoralisierende und schädliche Rückschläge. Ob First Lady, Schafzüchterin, Migrantin, Fußballstar, Comedian, Bürgermeisterin oder Sexualberaterin – wir sind alle Isländerinnen, die unsere Erfahrungen und Erkenntnisse darüber teilen, was dieses Land für so viele zu einem Ort der Gleichberechtigung macht. Und wir verraten, wie sich die *Sprakki*, die in jeder von uns steckt, fördern und voranbringen lässt. Sodass wir alle, egal wo wir leben, dazu beitragen können, Gleichberechtigung zwischen den Geschlechtern zu verwirklichen.

KAPITEL 2

WER ELTERN HILFT, HILFT UNS ALLEN

Die Rosine am Ende des Hotdogs[1]

Als ich 2016 First Lady von Island wurde, stellte ich mich zahlreichen Interviewanfragen aus meiner kanadischen Heimat. Es war ja gelinde gesagt unwahrscheinlich, dass ein Landei aus Ontario Gattin des Staatsoberhaupts eines Landes wird, das Tausende Kilometer entfernt liegt. Ich war so aufgeregt (und bin es bis heute!), diese Rolle zu übernehmen, und so begeistert, dass ich vor den Zuschauern und Hörern jenseits des großen Teichs gern mit meiner Wahlheimat angab.

Unvermeidlich kamen in den verschiedenen Interviews ähnliche Themen zur Sprache. Die seltsamste Frage, die ich erschreckend regelmäßig zu hören bekam, war: »Hätten Sie sich, als Sie auf einer Hobbyfarm im Ottawa Valley aufwuchsen, jemals vorstellen können, eines Tages First Lady von Island zu werden?« Es dauerte ein paar solcher Interviews, bis ich begriff, dass das nie als rhetorische Frage gemeint war.

In meiner Jugend schmiedete ich überhaupt keine langfristigen Pläne. Und schon gar nicht hatte ich vor, das künftige Staatsoberhaupt eines Landes zu heiraten, über das ich fast nichts wusste. Ich wollte an die Uni gehen und irgendwas in Richtung Gesellschafts- oder Geisteswissenschaften studieren. Außerdem wollte ich ein bisschen was von der Welt sehen, einen Job finden, der mich forderte, und bei all dem meinen Spaß haben. Ehe und Kinder waren damals noch kein fester Bestandteil meiner Lebensplanung.

Ich war nicht grundsätzlich gegen die Idee. Aber ob ich heiraten wollte, würde davon abhängen, ob ich jemanden kennenlernte, mit dem ich den Rest meines Lebens verbringen wollte. Kinder zu bekommen sollte voraussetzen, dass erwähnter Partner auch dahinterstand und alle Umstände dafürsprachen.

Genauso wenig wie den Umzug nach Island und die Rolle der First Lady hätte ich mir jemals vorstellen können, in knapp sechs Jahren vier Kinder zu kriegen und die Stiefmutter eines weiteren zu werden. Aber so ist eben das herrlich unvorhersehbare Leben.

Wäre ich in Kanada geblieben, hätte ich mich wohl nicht als so gebärfreudig erwiesen. Aber in Island schien es irgendwie so einfach, ein Kind zu haben – und dann noch eins, noch eins und noch eins. Hier ist die komplette, von Hebammen durchgeführte pränatale Betreuung kostenlos. Sogar die geringen Gebühren, die sonst bei Arztbesuchen und Behandlungen anfallen, gibt es nicht. Mein Mann und ich nahmen uns jeweils mehrere Monate Elternzeit, in denen wir Unterstützung vom Staat erhielten. Als wir in unsere Vollzeitjobs zurückkehrten, wurden die Kinder zunächst von geprüften Tagesmüttern betreut, später besuchten sie einen Kindergarten, der nur fünf Minuten zu Fuß entfernt lag. Beides wurde von der Stadt Reykjavík massiv subventioniert. Angesichts eines solchen Systems mussten wir die Entscheidung über die Größe unserer Familie nicht primär von finanziellen Überlegungen abhängig machen.

Da verwundert es nicht, dass Islands Geburtenrate mit zu den höchsten in Europa zählt. Derzeit liegt sie bei 1,97 Kindern pro Frau, ist aber erst kürzlich unter 2 gerutscht. In früheren Generationen waren es sogar noch mehr. Das hing mit dem fehlenden Zugang zu Verhütung und hoher Kindersterblichkeit zusammen.

Es war allerdings auch nötig, das Land mit neuen Generationen von Bauern und Fischern zu bevölkern. Wenn Isländer jemanden »reich« nennen, ist tatsächlich nach wie vor oft Kinderreichtum, nicht Geld gemeint. Steigender Lebensstandard und Wohlstand haben die durchschnittliche Kinderzahl sinken lassen, doch Nachwuchs gilt immer noch als eine der größten Freuden des Lebens. Und meine vierköpfige Brut ist überhaupt nichts Ungewöhnliches.

Auch wenn das Land dafür bekannt ist, viele Lebensweisen zu tolerieren, lastet auf Frauen immer noch starker gesellschaftlicher Druck, Kinder zu bekommen. Zwar nicht zwingend im Rahmen einer traditionellen Kernfamilie wie man sie aus TV-Serien der 1950er kennt. Diejenigen, die entschieden haben, sich über diese Konvention hinwegzusetzen, begegnen einer beinah wissenschaftlichen Neugier und stoßen nicht immer auf Verständnis. Gudni und ich waren schon fünf Jahre ein Paar, als wir nach Island zogen; ich war in meinen späten Zwanzigern. Von Beginn an gab es Stupser, Augenzwinkern und oft direkte Fragen von wohlmeinenden Schwiegereltern und neuen isländischen Freunden. Alle wollten wissen, wann wir »loslegen« würden. (Da Gudni ja bereits eine Tochter hatte, schien irgendwie klar, dass jede Verzögerung unserer Fortpflanzung allein auf mich zurückzuführen war). Als wir ein Jahr später heirateten, wurde der Druck noch stärker. Dabei kommt die große Mehrheit der Erstgeborenen in Island bei unverheirateten Eltern zur Welt. (Hochzeiten sind teuer, und es gibt keine moralischen Vorbehalte gegen Paare, die »in Sünde leben«.) Weil ich eine Ausländerin war, dachten manche Leute, wir hätten altmodische Ansichten. Nach der Hochzeit war diese Entschuldigung allerdings passé. Jemand fragte mich, ob ich mich vielleicht einfach davor fürchtete, Kinder zu haben.

Die Kosten für Kinder, also die großen Brocken wie Betreuung und Universität, sind in Island relativ gering. Eltern müssen also keine speziellen Sparbücher für die spätere Ausbildung eröffnen oder kostspielige Sommercamps im jährlichen Familienbudget berücksichtigen. Das lindert auch ein wenig den Schmerz, wenn man Windeln und andere hochpreisige, aber notwendige Importwaren kaufen muss, die doppelt so teuer sind wie auf Amazon beworben. Die Regierung bezahlt Alleinerziehenden, die die Hauptbetreuer der Kinder sind (also meist den Müttern), den Mindestunterhalt und holt sich diesen vom anderen Elternteil zurück. Das verhindert die Wahrscheinlichkeit von belastenden Auseinandersetzungen mit dem Ex-Partner über Geld. Und es nimmt einem den Stress, darüber zu spekulieren, ob die nächste monatliche Zahlung kommen wird.[2]

Diese Politik hilft, die mentale Belastung zu verringern, aber die logistische Herausforderung, eine Familie zu managen, bleibt natürlich. An den meisten Tagen scheint es ein endloser Balanceakt zwischen bezahlten und unbezahlten Verpflichtungen zu sein. Und die üblichen Anforderungen der Elternschaft, etwa Herumkutschieren zu außerschulischen Aktivitäten, Erinnern an Hausaufgaben oder Nachbringen von Schwimmsachen in die Schule, Naseputzen, Verpflastern von aufgeschlagenen Knien und all die anderen Details, die zu einem funktionierenden Alltag gehören. Selbst ein starkes System gesellschaftlicher Unterstützung hilft nicht gegen dieses Gefühl, gleichzeitig in viele verschiedene Richtungen gezogen zu werden.

Ich gehöre zu den glücklichen Frauen, die schnell schwanger werden, nachdem sie beschlossen haben, es zu versuchen. Als an einem dunklen Dezembermorgen 2006 die schwache blaue Linie auf dem Schwangerschaftstest sichtbar wurde, fühlte ich mich kein bisschen anders, und kein sechster Sinn ließ mich meine bevorstehende Mutterschaft ahnen. Aber ich hatte viel gegoogelt – hauptsächlich auf Englisch, was mich unvermeidlich auf Webseiten aus den USA, aus Großbritannien und Kanada (und manchmal auf noch andere) brachte. Daher war ich anschließend eher mit dem pränatalen Programm dieser Länder vertraut. Ich tat, was man mir auf diesen Seiten empfahl, und rief bei meiner lokalen Gesundheitseinrichtung an, erklärte, dass ich schwanger sei, und vereinbarte einen Arzttermin. Dort erwartete ich, dass man mir Blut abnehmen würde, um die Schwangerschaft zu bestätigen, und ich einen detaillierten Plan mit den bevorstehenden Untersuchungsterminen und entsprechende Ratschläge bekommen würde.

Ein paar Tage später erschien ich pünktlich, bezahlte die siebenhundert Kronúr (umgerechnet ungefähr fünf Dollar), um einen Arzt zu sehen. Auch wenn dieser symbolische Betrag offensichtlich nicht die Kosten meines Besuchs deckte, fand ich es als Kanadierin dennoch befremdlich, überhaupt irgendetwas berappen zu müssen, um einen Arzt zu Gesicht zu bekommen. (Nur Erwachsene zwischen achtzehn und siebenundsechzig Jahren, die nicht auf Sozialhilfe angewiesen sind, müssen diese Gebühr entrichten, und auch nur bis zu einer bestimmten jährlichen Obergrenze.) Die regelmäßigen Termine bei Hebammen sind dagegen kostenlos, ebenso wie alles andere, was direkt mit Schwangerschaft und Geburt zusammenhängt. Diese Kosten sind durch meine Steuern abgedeckt, von denen ein Teil ins allgemeine Gesundheitswesen Islands fließt.

»Herzlichen Glückwunsch!«, meinte der Arzt lächelnd, als ich ihm die Neuigkeit mitteilte. »Vergessen Sie nicht, ein paar Vitamine zu nehmen.«

Und das war's. Keine Warnung vor Listerien, dem Wechseln der Katzenstreu oder bestimmter Übungen im Fitnessstudio. Ganz zu schweigen von irgendwelchen Tests, um meinen Zustand nachzuweisen. Ich wusste damals noch nicht, dass in Island die komplette Schwangerenbetreuung von Hebammen anstatt von Ärzten gemanagt wird. Dieser erste Arztbesuch war demnach überflüssig. Ich verließ die Praxis mit dem Hinweis, die Hebamme am Ort anzurufen.

Ich ahnte nicht, dass dieses erste Telefonat mit der Hebamme Gígja Sveinsdóttir der Beginn einer langen, engen Beziehung sein würde. Gígja wiederholte die Erinnerung des Arztes an Vitamine und empfahl außerdem Folsäure. Nachdem sie gehört hatte, dass es mir grundsätzlich gut ging und ich keinerlei Vorerkrankungen hatte, sollte ich sie aufsuchen, sobald ich ungefähr drei Monate schwanger war.

Das war mein erster Kontakt mit dem typisch nordischen, pragmatischen Umgang mit Schwangerschaft und Geburt, an den ich mich erst gewöhnen musste, den ich letztlich aber sehr gut fand. Eine Schwangerschaft ist schließlich eine normale, natürliche Sache. Umfangreiche Forschungen belegen, dass es bei risikoarmen Schwangerschaften, die von Hebammen geleitet werden, zu weniger medizinischen Eingriffen kommt als bei solchen unter ärztlicher Aufsicht. Island weist auch eine der niedrigsten Kaiserschnittraten unter den Ländern mit höherem Einkommen auf: etwa 16 Prozent aller Geburten (in den USA sind es fast ein Drittel). Noch dazu zählen Geburten hier zu den sichersten weltweit.[3]

Während meiner Schwangerschaft machten Gudni und ich, was so viele werdende Eltern tun. Wir strichen die Wände im künftigen Kinderzimmer, kauften Babykleidung, und ich meldete mich zu einem Schwimmkurs für Schwangere an. Gudni und ich besuchten auch den einzigen Geburtsvorbereitungskurs, der auf Englisch stattfand. Darin ging es hauptsächlich um praktische Informationen wie die Parkplatzsuche vor dem Krankenhaus. Außerdem bekamen wir einen synchronisierten schwedischen

Comicfilm über »Lina und Lars« und ihre Schwangerschaft zu sehen. Atemtechnik gehörte nicht zur Vorbereitung. Auch keine Baby Shower. Diese Tradition gibt es hier nicht. Geschenke für das Baby werden üblicherweise mitgebracht, wenn jemand das Neugeborene zum ersten Mal besucht.

Gígjas Ratschläge waren praktisch und entspannt. Ich mied Sushi und andere rohe Speisen, aber da Island das reinste Wasser-Wunderland ist, wusste sie, dass es keinen Sinn macht, Schwangeren zu empfehlen, nicht in die allgegenwärtigen heißen Pools zu steigen. »Gehen Sie einfach nicht in die 44 Grad heißen«, sagte sie.

Für meinen Job flog ich weiter ins Ausland, um Reisereportagen für die Zeitschrift *Atlantica* zu schreiben. Litt ich unter Rückenschmerzen oder morgendlicher Übelkeit, gönnte ich mir eine Extraportion Selbstmitleid. Bemerkenswert fand ich, dass dieses Wunder in meinem Bauch nicht die Ehrfurcht oder das Mitgefühl hervorrief, die mir meiner Ansicht nach zustanden. Ich bekam keine besondere Anerkennung für meinen Zustand. Obwohl mir, wenn ich explizit Hilfe für zum Beispiel das Heben schwerer Gegenstände erbat, problemlos geholfen wurde.

Island ist kein Land, in dem galantes Benehmen viel zählt. Für einen Kurs zum Thema Stillen waren alle Plätze im Wartebereich von hochschwangeren Frauen *und deren Männern* besetzt, sodass eine Reihe anderer werdender Mütter stehen musste. Ich meinte zu Gudni, dass man so etwas in Großbritannien, wo wir früher gewohnt hatten, nicht sehen würde. Aber er erwiderte, dass dort dafür weniger künftige Väter so einen Kurs besuchen würden.

Die erste Schwangerschaft war eine leichte, sorglose Angelegenheit voller Vorfreude und Gespanntsein auf das, was da kommen würde.

Dann musste ich tatsächlich gebären.

»Während der Wehen dachte ich, alle Frauen, die mehr als ein Baby bekommen haben, müssen irre sein. Und nach der Geburt war ich eine Zeit lang sauer auf alle Männer. »Ich fragte mich, warum wir Frauen nicht auf goldenen Thronen überallhin getragen werden«, scherzte die Comedian Saga Gardarsdóttir einmal mir gegenüber. Als machte sich die Dreiunddreißigjährige, eine der wenigen weiblichen Stand-up-Comedians in Island, über eine der geläufigsten, schmerzhaftesten und beglückendsten Erfahrungen lustig.

Saga und ich unterhielten uns über Schwangerschaft, Wehen und Mutterschaft, während wir uns im kaum gechlorten Wasser eines Freibads aalten. Übrigens eines von siebzehn Bädern in der Region Reykjavík. Dank der zahlreichen heißen Quellen tief in der Erde, deren Wasser durch das poröse Lavagestein gefiltert wird, gibt es in Island wahrscheinlich mehr Freibäder pro Kopf (natürlich!) als in jedem anderen Land. Während es in Großbritannien heißt, man soll einen Pub besuchen, um Einheimische kennenzulernen, und in Frankreich ein Café, erlebt man in Island bedeutsame Begegnungen mit Einheimischen, wenn man im Freien in einem heißen Bad (»hot pot« genannt) sitzt. Spärlich bekleidet im Wasser zu hocken, das lässt Hierarchien verschwinden und versinnbildlicht den Egalitarismus, den die isländische Gesellschaft nach Kräften bewahrt. Im Hot Pot kann man einen Klempner nicht von einem Politiker unterscheiden (oder eine First Lady nicht von einer Comedian). Aber weil diese Bäder tendenziell lange dauern, bietet sich die Gelegenheit, über viel mehr als nur das Wetter oder die unbefriedigenden Resultate der lokalen Sportmannschaft zu plaudern.

Daher war es nur angemessen, dass Saga und ich uns an einige der persönlichsten Augenblicke unseres Lebens erinnerten, während andere Leute in Hörweite waren. Viele Frauen, die selbst Kinder geboren haben, finden es ja auf leicht makabre Art reizvoll, die Entbindungsstorys anderer Mütter zu hören. Jedenfalls war ihre Offenherzigkeit mir vertraut. In der Umkleide für die obligatorische, nackt zu absolvierende Dusche vor dem Baden erzählte Saga mir von einer etwas ungewöhnlichen Sache. Ihre Nippel überklebe sie zu Hause mit Tape, verriet sie mir. »Als allerletzten Versuch, um meine Tochter von der Brust zu entwöhnen.«

Sagas Tochter Edda Kristin war zweieinhalb Jahre zuvor auf die Welt gekommen. »Wie alle Frauen, die sich auf die Flüchtigkeit des Lebens fixieren, war ich überzeugt davon, unfruchtbar zu sein«, scherzte Saga darüber, wie sie aus Versehen schwanger geworden war und es bemerkt hatte, nachdem sie mit ihren Freunden vom Impro-Theater in New York City ausgegangen war. »Es passierte durch eine Mischung aus Sorglosigkeit und *Que será, será*-Mentalität.«

Auch wenn es nicht geplant war, reagierte ihr Partner Snorri Helgasson, den sie Jahre zuvor in einem Hot Pot (wo sonst?) kennengelernt hatte, begeistert. Während wir plauderten, erwähnte Saga, dass sie und ihr jetziger Ehemann Snorri gerade ihren sechsten Jahrestag mit einem romantischen Dinner in einem Restaurant mit Schummerbeleuchtung gefeiert hatten. Es war nicht ihr Hochzeitstag gewesen, denn sie hatten erst vor gut zwei Jahren geheiratet. Sie feierten stattdessen den Tag, »als wir das erste Mal zusammen nach Hause gegangen sind«.

Nachdem wir kurz die Dating-Gepflogenheiten in Island gestreift hatten, verglichen Saga und ich Irrungen und Wirrungen unserer Wehenerfahrungen.

Island macht eine Menge richtig, was das Kinderkriegen angeht. Man legt großen Wert auf eine natürliche Geburt. Das beginnt bei der sanften Beleuchtung in den Entbindungszimmern und reicht bis zu den vielen Optionen zur Schmerzlinderung, bevor (manchmal widerwillig) einer Epiduralanästhesie (PDA) zugestimmt wird.

Als ich gerade in meiner fruchtbaren Phase war, galt das Nest[4] als der Goldstandard unter den Locations, um in Island ein Kind zu gebären. Es handelte sich um einen separaten Flügel des Krankenhauses in Reykjavík. Man stelle sich ein Einzelzimmer mit Kingsize-Bett, Sitzsack, Hot Tub für die Mütter in den Wehen und einen Raum für sowohl Wehen als auch die Erholung nach der Entbindung vor. Frischgebackene Mütter sprachen ehrfürchtig vom Nest als dem bequemsten, ruhigsten und entspanntesten Ort für dieses so wichtige Ereignis. Risikoschwangere waren im Nest nicht zugelassen, genauso wenig wie Babys oder Mütter mit irgendwelchen Komplikationen im Anschluss an die Geburt. Für alle anderen war es Sehnsuchtsort und hochverdiente Belohnung.

Als bei Saga die Wehen einsetzten, griff ihr Freund Snorri, der Folk-Musiker ist, zur Gitarre. »Wir glaubten, das würde entspannend sein«, erzählte sie mir. »Er sollte all diese beruhigenden Songs spielen, aber er fing mit Nick Drake an. Ich reagierte nur gereizt auf die Stücke von irgendeinem Kerl, der sich in Selbstmitleid erging.

»Ich hatte eine unkomplizierte sechsstündige Geburt«, erzählte sie weiter, während wir in dem 38-Grad-Pool hockten. »Aber damals kam ich mir vor, als würde ich mich besonders schlecht anstellen. Es ist doch sicher nicht normal, das Ganze *so* schmerzhaft und schwer zu finden?«

Eine PDA kam für sie trotzdem nicht infrage.

»Es stellte sich raus, dass mein Ex-Freund, mit dem ich sieben Jahre zusammen gewesen war, diensthabender Anästhesist war«, gestand Saga. »Er ist ein toller Typ, der zweifellos vielen Frauen die Wehenschmerzen gelindert hat. Aber er war einfach nicht die Person, mit der ich in meinem Zustand höflichen Smalltalk machen wollte. Verschwitzt und nackt, wie ich war.«

Zum Glück hatte ich keine isländischen Ex-Freunde, denen ich unter peinlichen Umständen begegnen konnte.

Ungefähr ab dem achten Monat meiner ersten Schwangerschaft war ich zuversichtlich, dass ich sowohl für die Geburt als auch für die Erholung danach im Nest landen würde. Die Schwangerschaft war gut verlaufen und galt nicht als risikoreich. Noch wichtiger erschien mir, dass ich *eine positive Einstellung zum Leben* hatte. Diese Frauen, die man im Fernsehen in den Wehen schreien, stöhnen und fluchen hört? Das müssen Leute sein, deren Glas immer halb leer ist, dachte ich. Leute, die nicht täglich Vitamine schlucken oder gewissenhaft die Übungen des US-amerikanischen Gynäkologen Kegel machen.

Wie so viele, die zum ersten Mal Eltern werden, hatte ich wochengenaue Schwangerschaftsratgeber und Webseiten verschlungen, um genau zu wissen, wann mein kleines Kerlchen die Größe einer Aprikose oder einer Grapefruit hatte. Große Aufmerksamkeit schenkte ich den Abschnitten zu Geburtsplänen, und ich entwickelte den Ehrgeiz, während meiner Wehen essen und trinken zu können. Ich war aufgeschlossen gegenüber einer Wassergeburt, und ich wollte, dass mir das Baby direkt auf die Brust gelegt würde, bevor man es fest einwickelte.

Die Realität holte mich ein. Und zwar etwa fünfundvierzig Minuten nachdem man mir auf der Entbindungsstation des Landspital National Hospital – also eindeutig nicht im Nest – die dritte Prostaglandin-Tablette verordnet hatte. Die sollten endlich Wehen auslösen, weil meine Schwangerschaft sich schon zwei Wochen über den berechneten Termin hinaus hinzog. Ohne irgendein natürliches Anzeichen dafür, dass mein Sohn die geringsten Anstalten machte, sich sehen zu lassen.

Aber mein sorgsam zusammengestellter Plan umfasste im Grunde genommen sowieso den Standard in Island, wo der Ruf nach der Nadel wahrscheinlicher Akupunktur meint als eine PDA. (Bei unserem Geburtsvorbereitungskurs gab die unterrichtende Hebamme damit an, dass nur 20 Prozent der Frauen in

Island eine PDA verlangen. Was vermutlich an den vielen anderen nicht invasiven Optionen zur Schmerzlinderung liegt. Sie berichtete weiter, dass in Kanada, wo ihre eigenen Kinder zur Welt gekommen waren, die Quote bei 85 Prozent lag.) Einige Hebammen auf der Station sind in Aromatherapie ausgebildet, und nicht nur im Nest verfügen viele Geburtszimmer über eigene Hot Tubs. Es stellte sich heraus, dass das straffe Einwickeln, das sogenannte Pucken, in Island nicht mal besonders üblich ist. Bei den meisten normal verlaufenden Geburten hat niemand es eilig, das Baby wegzunehmen, um Details wie Größe und Gewicht zu notieren. Stattdessen darf das Kind zum Ausruhen und Wärmen auf der Brust seiner Mutter liegen bleiben.

Ich gehörte zu den 20 Prozent, die ungeniert eine PDA verlangten, und zwar bei allen vier Geburten – auch wenn diese schmerzlindernden Mittel nur bei zweien wirkten. Mit Ausnahme meiner ersten Entbindung, wo eine gewisse medizinische Intervention nötig war, kamen all meine Kinder ausschließlich mithilfe von Hebammen auf die Welt. Allerdings handelte es sich nie um die zuverlässige Gigja, die ich so oft aufgesucht hatte. Das Gesundheitswesen hier unterscheidet zwischen Hebammen wie ihr, die für die Schwangerenbetreuung zuständig sind, und denjenigen, die im Schichtdienst in Krankenhäusern arbeiten. Die Hebammen, die meine Kinder auf die Welt holten, waren Frauen, denen ich nie zuvor begegnet war und die einfach zufällig Dienst hatten.

Nach zwei Geburten kam ich auch in den Genuss des von mir so genannten Businessclass-Flügels im Krankenhaus. Ich verbrachte das Wochenbett im Nest. Die Hebamme machte es mir und meinem Neugeborenen in einem weichen Kingsize-Bett gemütlich, gab mir einige Broschüren zum Thema Stillen und ließ mir eine elektrische Klingel da, die ich drücken sollte, falls ich irgendwas brauchte. Ansonsten blieb ich ungestört, um das Kleine bewundernd zu betrachten und möglichst viele Nickerchen zu machen.

Nachdem ich mit dem Baby – das noch keinen Namen trug, weil es in Island unüblich ist, den Namen vor der Taufe und schon gar nicht in den letzten Zügen der Entbindungsstrapazen bekannt zu geben – wieder zu Hause war, besuchte mich die beruhigende Gigja eine Woche lang fast täglich. Sie wog das Baby mit einer Federwaage und in einem Küchentuch. Wahrscheinlich ging es dabei auch darum, sich davon zu überzeugen, dass es bei mir zu Hause nicht drunter und drüber ging. Abgesehen von einem kurzen Check-up des fünf Tage alten Kindes im Krankenhaus brauchten Mutter und Kind zu keiner weiteren Untersuchung erscheinen, bis der Winzling sechs Wochen alt war.

Mutter zu werden erschütterte mich stärker, als ich erwartet hatte. Meine Erfahrung als Stiefmutter eines Schulkindes an jedem zweiten Wochenende, ausgiebige Lektüre von Büchern über Schwangerschaft und Neugeborene sowie die positive Haltung, die mir ja schon in den Wehen nichts gebracht hatte, reichten wohl doch nicht aus. Der Schlafmangel, die anfänglichen Schwierigkeiten beim Stillen (offenbar schützte die positive Grundeinstellung auch nicht vor rissigen Brustwarzen und Brustentzündung) und die Herausforderung, zu einer gewissen Routine in meiner veränderten Welt zu finden – all das war schwieriger, als ich erwartet hatte. Ich fand es schon preiswürdig, wenn ich es bis mittags aus meinem Pyjama geschafft hatte. Und das, obwohl mein Sohn Duncan, den ich ständig bewundernd ansehen musste, geradezu perfekt war. Wie so viele andere Frauen brauchte ich Zeit, um Selbstvertrauen als Mutter zu entwickeln (was mir bei den nächsten drei Babys beträchtlich leichterfiel).

Glücklicherweise war Zeit etwas, das ich dank Islands großzügiger Elternzeitregelung im Überfluss hatte.

Vor Duncans Geburt verbrachte ich den halben Arbeitstag bei der Zeitschrift, die andere Hälfte mit verschiedenen Projekten. Als Selbstständige musste ich für Letztere Extrasteuern in die Sozialversicherung einzahlen, die normalerweise ein Arbeitgeber übernimmt. Doch das bedeutete eben auch, dass ich vollen Anspruch auf Elternzeit hatte, obwohl ich nur in Teilzeit angestellt war.

Islands Elternzeitprogramm ist einer der Eckpfeiler der hiesigen Herangehensweise an die Gleichberechtigung. Eine von deren entscheidenden Bedingungen ist die Abmachung »use it or lose it«. Als ich meine Elternzeit beanspruchte, standen einem Elternteil bezahlte drei Monate zu, dem anderen ebenfalls drei Monate. Und dann gab es noch weitere drei Monate, die einer von beiden nutzen oder die sie untereinander aufteilen konnten.[5] Diese Verteilung ermutigt beide Eltern, sich von der Arbeit freizunehmen. Sonst besteht die Gefahr, diese Monate zu »verlieren«. Damals war das eine Innovation der Standardpraxis von Elternzeit, die zum Großteil fast ausschließlich von Müttern genutzt wurde.

Saga und ich verglichen weiter die Einzelheiten unseres Übergangs in die Mutterschaft, während wir an diesem mit 14 Grad milden Sommerabend im August im warmen Wasser saßen. Natürlich hielt auch sie die Selbstständigkeit nicht davon ab, das gesetzlich geregelte Elterngeld zu bekommen. Und als ihre Elternzeit vorbei war, kehrte sie mit massenhaft Material für ihre Auftritte in den Kreis der Stand-up-Comedians zurück.

»Früher hatte ich viele Auftritte vor großen Gruppen von Männern. Die liebten den anzüglichen Humor«, erklärte sie mir. »Als ich dann wieder zurückkam und eine Menge Scherze über Elternsein ins Programm eingebaut hatte, kriegten sie tatsächlich feuchte Augen. Gleichzeitig bekam ich so viel positives Feedback von Frauen, die sich mit so vielem, was ich sagte, identifizieren konnten. So viele Themen im Stand-up-Genre sind ›männliche‹ Ideen, weil wir alle darauf trainiert sind, diese Richtung interessant oder witzig zu finden. Aber wenn ich über etwas rede, das eher weiblich ist, dann sind die Leute so dankbar.«

Zahlreiche der beliebtesten Gags von Saga haben mit den Selbstzweifeln und Schuldgefühlen zu tun, die so viele frischgebackene Mütter – und wenige Väter – kennen. Trotz aller gesellschaftlichen Unterstützung, die dieses Land bietet. »Wenn ich den Fernseher anmache, wird aus ihr dann eine, die süchtig nach Videospielen ist und in Pizzakartons scheißt, oder, wenn ich es verbiete, eine glücklose Dichterin?« Oder: »Sie ist jetzt zweieinhalb. Ist es schon zu spät, wenn ich sie jetzt zum Therapeuten schicke?«

Ich fragte Saga, was ihre Tochter wohl in fünfzehn oder zwanzig Jahren von all diesen Witzen auf ihre Kosten halten wird.

»Tja, ich werde immer für den Therapeuten aufkommen«, erwiderte sie mit einem Lächeln.

Islands wegweisendes Elternzeitprogramm bietet offensichtliche Vorteile. Da frischgebackene Väter mit gleicher Wahrscheinlichkeit in Elternzeit gehen und der Staat anstelle von privaten Unternehmen für die Kosten aufkommt, sind Frauen mit weniger Vorurteilen am Arbeitsplatz konfrontiert. Eine weitere Folge ist, dass Väter von Beginn an stärker in den Alltag der Kinderbetreuung involviert sind.

In Reykjavík sieht man oft Väter, die geländegängige Kinderwagen mit schlafenden Kleinen durch die Gegend schieben. Diese Wagen fungieren auch als Bettchen, weil die Überzeugung vorherrscht, dass frische Luft unerlässlich für die gesunde Entwicklung eines Babys ist. Wenn ein Baby bereit für ein Nickerchen ist, wird es angezogen (in Island wird es ja nie sehr warm, nicht einmal im Sommer), in einen Schlafsack gepackt und in den Kinderwagen gelegt. Den schiebt man anschließend, versehen mit einem Babyfon, auf Balkon, Veranda oder in den Garten. Es ist nicht ungewöhnlich, dass Eltern, die beispielsweise im vierten Stock wohnen, ihr Kind im Wagen auf dem Rasen vor dem Gebäude stehen lassen. Oder dass ein gestresster Elternteil rasch auf eine Tasse in ein kleines Café huscht, während der Wagen mit seiner kostbaren Fracht draußen auf dem Gehsteig bleibt. Sollte das Kleine aufwachen, wird ein Passant üblicherweise als menschliches Babyfon fungieren, den Kopf ins Lokal stecken und fragen: »Wessen Baby weint da draußen?«

Gudni nahm bei jedem unserer Kinder vier Monate Elternzeit, was es ihm erleichterte, eine starke Bindung zu ihnen zu entwickeln, die bis heute anhält. Er spähte aus dem Nationalarchiv, einem seiner Lieblingsorte, während ein Kind draußen im Wagen schlummerte. Er besuchte die wöchentlichen Treffen der Kirchengemeinde. Wenn er von dort zurückkam, fragte er mich nach Einzelheiten meiner Mutterschaft, damit er sich an den Gesprächen mit den sonst nur weiblichen Teilnehmern beteiligen konnte. (»Gehen dir jetzt auch die Haare aus?«, fragte er mich nach einer dieser Gruppenstunden besorgt.) Er schien sich nie zu fragen, wo seine Geschlechtsgenossen bei diesen Treffen waren, obwohl so viele von ihnen auch in Elternzeit gingen. Mit Sicherheit waren sie auch nicht im Nationalarchiv zu finden.

Wie so viele Isländer hatte er seine eigene entspannte Einstellung zur Elternschaft. Einmal sah ich, wie er sich für einen, wie er ankündigte, ganztägigen Ausflug fertig machte – zur Bibliothek, zur Eltern-Kind-Gruppe der Kirche und vielleicht noch zu einem Freund. Gudni nahm *nichts* mit, bis auf das Baby. Keine

Wickeltasche, keine Ersatzwindeln, Essen, Getränke, Feuchttücher, Wechselkleidung oder sonst irgendwas von der langen Liste der Dinge, ohne die ich das Haus nicht verließ. Weil ich dem Drang, das zu kommentieren, nicht widerstehen konnte – schließlich war er schon viel länger ein Elternteil als ich –, fragte ich, ob er tatsächlich den ganzen Tag über nichts brauchen würde.

»Ach«, meinte er lässig, »ich werde unterwegs noch eine Banane kaufen.«

Wären unsere Rollen vertauscht gewesen, hätte man wahrscheinlich hinter meinem Rücken geflüstert, besorgte Blicke gewechselt und wäre sich einig gewesen, dass ich doch so viel Weitsicht hätte aufbringen müssen, um einen Tag vorzubereiten, an dem das Baby vielleicht spuckte, die Windel überquoll, es keine Banane wollte, seine Kleidung dreckig wurde usw. Mein Mann dagegen wurde als bewundernswert eigenwillig wahrgenommen, weil er mit seinem Sohn in die Stadt wollte. Zwei sorglose Männer, bereit, die Welt zu erobern! Ohne Windelwechsel! Eine Banane als Mittagessen! Wasser direkt aus dem Hahn in irgendeiner öffentlichen Toilette! Die alten Klischees der geschlechterspezifischen Rollen für jeden Elternteil sind schwer zu überwinden, sogar in Island.

Aber während unser Nachwuchs zahlreicher und älter wurde, stellte Gudnis entspannter, aber trotzdem engagierter Erziehungsstil ein glückliches Gegengewicht zu meinem obsessiven Planen dar. Er war einfach ein weiterer Erwachsener, auf den die Kinder sich verlassen konnten. Wichtiger noch: Dank seiner Elternzeit war er präsent. Er kannte ihre Leibspeisen, wusste, welcher Strampelanzug am besten passte, welches isländische Volkslied sie am meisten kichern ließ.

Wissenschaftliche Untersuchungen belegen die Eindrücke, die ich aus meiner Beobachtung von Gudnis Erziehungsstil gewonnen habe. Väter, die Elternzeit in Anspruch genommen haben, sind später mit höherer Wahrscheinlichkeit in die Versorgung der Kinder und Pflichten im Haushalt involviert. Sie trennen sich seltener von ihren Partnerinnen. Jungen, deren Väter sich aktiv und regelmäßig an ihrer Erziehung beteiligten, haben weniger Verhaltensprobleme, Mädchen weniger psychische Probleme. Tatsächlich beweisen Studien, dass die Beziehungen von Kindern zu ihren Vätern in Island stärker und gesünder sind als in anderen Ländern. Obwohl es eindeutig möglich ist, starke Bindungen auch an Orten zu entwickeln, wo es keine Elternzeit für Väter gibt, ist Zeit ein wertvoller Rohstoff. Elternzeit, die im Hinblick auf ihre Dauer und die Höhe der finanziellen Unterstützung großzügig angelegt ist, schenkt uns diese Phase, um Augenblicke zu erleben, die nicht wiederkehren werden.[6]

»Schaut mal«, rief mein dritter Sohn, als wir an einem Frühlingsabend ein einsames Entenküken ängstlich schnattern hörten. »Das Küken vermisst seinen Daddy!«

Unnur Brá Konrádsdóttir ist eine von Zehntausenden berufstätiger Mütter in Island, die versuchen, ein stabiles Gleichgewicht zwischen Arbeit, Muttersein, Sozialleben und Zeit für sich herzustellen. Wobei das, aller gesellschaftlichen und offiziellen Unterstützung zum Trotz, schwer zu erreichen ist. Unnur Brá wuchs als jüngstes von neun Geschwistern auf einem Bauernhof auf, wurde Anwältin, arbeitete in Stadtverwaltungen in der entlegenen Gegend Westfjords sowie im Süden des Landes. 2009 wurde sie erstmals ins Parlament gewählt.

Eine unerwartet frühe Parlamentswahl löste Ende 2016 einen aktiven Wahlkampf aus. Was wiederum bedeutete, dass Unnur Brá gerade mal sechs Wochen nach der Geburt ihres jüngsten Kindes, Hervör Úlfdís Gná, wieder arbeitete. Im kinderfreundlichen Island konnte sie das allerdings flexibel tun. Niemand zuckte auch nur mit der Wimper, als sie Hervör zu Sitzungen der Generalversammlung mitbrachte und in einem Kinderwagen im Saal schlafen legte, bevor sie weiter die Sitzungen leitete.

Diese Termine, dazu der Wahlkampf, die Verantwortung für ihre beiden anderen Kinder, damals acht und zwölf Jahre alt – Unnur Brá musste viele Bälle gleichzeitig in der Luft halten. Doch politisch konnte sie es sich einfach nicht erlauben, abwesend zu sein. Während der Vorwahlen vor der eigentlichen Parlamentswahl, die ja früher als geplant stattfand und damit in die letzten Wochen ihrer Schwangerschaft fiel, hatte sie nicht die Möglichkeit gehabt, so viel Wahlkampf zu betreiben, wie sie es sich gewünscht hätte.[7] Jetzt, wo das Parlament wieder tagte, wollte Unnur Brá so sichtbar wie möglich sein. »Meiner Ansicht nach hatte ich gar keine anderen Optionen«, sagte sie.

Dann brachte, an einem schicksalhaften Oktobertag, jemand im Parlament einen Antrag zu einem Gesetz ein, mit dem Unnur Brás Ausschuss befasst war. Im Althing, Islands Parlament mit dreiundsechzig Abgeordneten, folgt die Platzverteilung dem Zufallsprinzip zu Beginn jeder Sitzung. Wer das Wort hat, steht an einem Rednerpult vor der Versammlung. All das wird im Fernsehen übertragen.

Eltern sind nur zu vertraut mit Murphys Gesetz: Wenn das eigene Kind einem verlässlichen Tagesablauf folgt, dann wird es das in dem einen Moment, in dem man darauf angewiesen ist, genau nicht tun. So passierte es Unnur Brá an jenem Oktobertag im Parlament. Gerade als sie aufstehen und sich zu einem Punkt der Tagesordnung äußern musste, schlief Hervör eben nicht friedlich in ihrem Kinderwagen, wie sonst um diese Tageszeit, sondern wurde gerade von ihrer Mutter gestillt.

»Ich musste mich entscheiden, sie entweder von meiner Brust wegzureißen und schreiend meinem Kollegen in den Arm zu drücken, damit der sie beruhigte, oder sie einfach mitzunehmen«, erzählte Unnur Brá mir. Diese Wahl musste sie innerhalb von Sekunden treffen, und vielleicht war es ihr Mutterinstinkt, der sie leitete.

Wie die Fernsehaufnahmen zeigten, schien niemand im Saal überrascht von dem, was dann kam. Den leicht glasigen Blick billigt man am Ende eines Parlamentstages allen zu, die auf dem Podium hinter dem Rednerpult saßen. Unnur Brá sprach nur achtundvierzig Sekunden lang, während die still zufriedene Hervör an ihrer Brust lag. Nach der Wortmeldung nahm Unnur Brá ihren Platz wieder ein.

»Dann brach der Wahnsinn los«, bemerkte sie.

Offenbar war es das erste Mal gewesen, dass jemand im Parlament ein Kind gestillt hatte. Oder zumindest so, dass viele Leute es mitbekommen hatten. Unnur Brá erhielt Rückmeldungen dazu, dass sie ahnungslos Neuland betreten hatte. Die Lokalnachrichten griffen die Story auf, anschließend bescherte ein englischsprachiges Nachrichtenportal Unnur Brá ihre fünfzehn Minuten Ruhm im Internet.

Dabei war das für Unnur Brá gar nichts Besonderes. »Natürlich fütterst du dein Kind, wenn es hungrig ist. Egal ob mit Muttermilch oder einem Sandwich. Aber es war interessant zu erleben, wie bemerkenswert andere das fanden«, räumte sie ein. »Es überraschte mich ein wenig, aber abgesehen davon gab es mir Gelegenheit, darüber nachzudenken, wie wunderbar es war.«

Unnur Brás Erfahrung erregte international Aufsehen, wenn auch nur für einen Moment. Allerdings sorgt die umfassende staatliche Unterstützung in Island dafür, den sanften Übergang zurück zur Berufstätigkeit für alle Eltern im Land zu erleichtern und zu propagieren. Vielleicht ist das mit ein Grund, warum Island den höchsten Prozentsatz von außer Haus berufstätigen Frauen weltweit aufweist.[8]

Viele Bausteine liegen bereits an den richtigen Stellen, um Mütter zur Rückkehr an ihren Arbeitsplatz zu ermutigen und diesen Übergang zu erleichtern. In einer Rede aus dem Jahr 2020 nannte die US-Senatorin Elizabeth Warren leistbare Kinderbetreuung »Infrastruktur für Familien«. Eindeutig ist sie einer der wichtigsten Bausteine für Gerechtigkeit zwischen den Geschlechtern.

Islands Regierung weiß das. Wenn Kinder ungefähr ein Jahr alt sind oder wann immer Eltern ihre Elternzeit aufgebraucht haben, setzt die staatlich mitfinanzierte Kinderbetreuung ein.[9] Verwaltet und finanziert werden die Einrichtungen von den Kommunen. Diese legen die Gebühren fest, wobei es zusätzliche Ermäßigungen für Alleinerziehende, für Eltern in Ausbildung oder für Menschen mit Behinderung gibt. Auch Geschwisterermäßigungen sind üblich.

Die Einrichtungen selbst sind im Allgemeinen großartig. Unsere Tagesmutter wohnte fünf Gehminuten entfernt und stammte ursprünglich aus Kolumbien. Zusammen mit ihrer Mutter kochte sie köstliches kolumbianisches Essen für die Kinder und sang ihnen oft etwas vor, sodass sie viele Wörter auf Spanisch konnten, bevor sie sie auf Isländisch oder Englisch lernten. Die Kindergärten, die meine Kinder besuchten, bevor die Grundschule begann, legten den Schwerpunkt immer auf Spiel und soziale Interaktion, weniger auf intensives akademisches Lernen.

Als ich mein viertes Kind (gleichzeitig meine erste Tochter) bekam, waren die anderen fünf, drei und zwei Jahre alt. Bis mittags aus dem Pyjama zu kommen war da schon keine Herausforderung mehr für mich. Die drei Jungs besuchten den Kindergarten oder gingen zur Tagesmutter. So konnte ich meine Elternzeit genießen und mich auf nur ein Kind konzentrieren. Gleichzeitig verfügte ich nach den drei anderen schon über Sicherheit und Selbstvertrauen.

»Ich bin wirklich stolz auf unser Elternzeitmodell«, meinte Unnur Brá zu mir. »Natürlich können wir es weiter verbessern und tun das ja auch. Es ist nicht einfach, alles zu managen, aber das Leben ist eben auch nicht immer einfach. Es bewirkt einen Unterschied, wenn deine Kinder miterleben, dass du etwas tust, das einen Unterschied bewirkt, Wobei man natürlich auch darauf achten muss, Quality Time mit der Familie zu haben. Ich finde es interessant, dass es Gesellschaften gibt, die so eine umfassende Elternzeit unwichtig finden«, fuhr sie fort. »Verfügen diese Länder über genügend Mittel, um mitanzusehen, dass die Hälfte ihrer Bevölkerung nicht erwerbstätig ist? Dass sie wirtschaftlich nichts beiträgt? Keine Ideen entwickelt? Keine Unternehmen gründet? Das verstehe ich nicht. Stell dir vor, alle Männer in Island würden sich nur um den Haushalt kümmern. Dann würde der Gesellschaft doch viel fehlen.«

Inzwischen ist Hervör eine aufgeweckte Vierjährige. »Meine Tochter findet, es gibt nichts Besseres, als morgens in den Kindergarten zu gehen, um mit all ihren Freunden zu spielen. Wobei sie sich auch freut, mich zu sehen, wenn ich sie abhole«, sagte Unnur Brá. »So lernt sie, wie es ist, als Teil einer Gesellschaft zu leben.«

Februar 2014: Meine Kinder sind jetzt sechs, vier, zwei Jahre und sechs Monate alt. In meinem Tagebuch halte ich eine typische Nacht fest:

19.30: Edda (6 Monate) ins Bett gebracht.
19:50: Sæthor (2) ins Bett gebracht.
20:30: Duncan (6) und Donnie (4) ins Bett gebracht.
23:00: Selbst ins Bett gegangen.
23:40: Edda wacht auf.

23:40–0:10: Versucht, sie mit Schnuller, Herumtragen etc. zu beruhigen.
0:10–0:40: Edda gestillt und wieder ins Bett gebracht.
1:45: Sæthor wacht auf. Gudni steht auf, um ihn zu beruhigen.
2:15: Edda wacht auf. Schlafe beim Stillen wieder ein.
3:00: Aufgewacht und für Edda die Seite gewechselt.
3:20: Edda zurück in ihr Bettchen gelegt.
3:30: Sæthor wacht auf. Gudni geht ihn beruhigen.
3:35: Edda ist davon aufgewacht.
3:35–3:55: Edda hält brabbelnd sich und uns wach.
4:45: Donnie wacht auf und kommt in unser Bett.
5:30: Edda wacht auf. Hole sie zum Stillen in unser Bett.
5:45: Sæthor wacht auf. Gudni macht ihm in unserem Bett Platz.
6:00: Edda auf der anderen Seite angelegt.
6:45: Donnie ist endgültig wach.
6:45: Lege Edda zurück in ihr Bettchen.
6:50: Edda ist endgültig wach.
7:00: Sæthor ist endgültig wach.

Irgendwie hat dieser Alltag ein paar Jahre lang funktioniert. Genau wie Variationen dieses Schlafmangelthemas auf der ganzen Welt funktionieren. Ich bezweifle, dass es ohne einen zweiten Elternteil machbar gewesen wäre. Auch nicht ohne meine flexiblen Arbeitszeiten. Ohne reichlich Kaffee. Und ohne meine eigene Toleranz gegenüber der Nachlässigkeit in so vielen anderen Bereichen meines Lebens.

»Ich war am Ende meiner Kräfte«, gestand Unnur Brá, als ich sie fragte, ob das Ideal der Frauen, die alles haben können, im auf Gleichberechtigung ausgerichteten Island möglich sei. »Für jeden Tag alles fertig machen, den Kinderwagen, Windeln, alles fürs Auto, rechtzeitig ankommen, dafür sorgen, dass das Baby zur richtigen Zeit gestillt war, damit es schlief, wenn es sollte. Sitzungen leiten, abstimmen, dann alles wieder zusammenpacken, nach Hause fahren, um Abendessen zu kochen, das Haus zu putzen, Frühstück und Snacks für die beiden anderen Kinder am nächsten Tag vorbereiten, eine Wäsche aufsetzen. Ich war einfach erschöpft.«

Unnur Brá stimmte der Einschätzung zu, wonach Frauen in Island immer noch die Hauptlast der Mental Load tragen und als gefeierte Familienmanagerinnen alles im Blick haben müssen, was im Haushalt passiert und alle Angehörigen betrifft. »Ich habe Freundinnen, die erzählen, dass ihre Männer sich bis zum Ende des Schuljahres nicht merken konnten, dass immer dienstags und donnerstags Turnunterricht ist und die Kinder dann ihre Sportsachen mitnehmen müssen. Solange sich das nicht bessert, werden wir keine Gleichberechtigung haben.«

Trotz der gesellschaftlich allgemein verbreiteten Überzeugung von Gleichstellung der Geschlechter in Island zeigen Studien, dass wie in anderen Ländern auch die Verantwortung für den Haushalt in heterosexuellen Beziehungen immer noch überproportional auf den Frauen lastet.[10]

Und so verhält es sich auch umgekehrt. »Mein Mann denkt immer rechtzeitig an den Ölwechsel des Autos. Ich denke nie daran«, berichtete Unnur Brá. »Aber wäre ich allein und würde das Auto kaputtgehen, dann würde ich für den Service eben bezahlen. Den Service, der eine Familie am Laufen hält, kann man nicht kaufen. Aber wenn man für Hilfe mit den Kindern zahlt, wird man kritisiert und hat das schlechte Gewissen, es selbst nicht gut genug zu machen.«

Unnur Brá war eine von relativ wenigen Müttern, die ein Au-pair einstellten, als ihre Kinder noch klein waren und sie einen Terminkalender mit untypischen Arbeitszeiten hatte.

»Ich bin Frauen begegnet, die meinten, ›Also *ich* habe entschieden, meine Kinder selbst großzuziehen.‹ So was tut weh«, gestand Unnur Brá. »Mein Ex-Mann musste sich solche Sachen natürlich nie anhören.«

Familien bilden die Basis einer funktionierenden, prosperierenden Gesellschaft. Damit das alles läuft, brauchen wir Hilfe. Kostenlose, regelmäßige, von Hebammen überwachte Schwangerenbetreuung, großzügige Bezahlung in Elternzeit für alle und geförderte, qualitativ hochwertige, verfügbare Kinderbetreuung – all das bildet das gesellschaftliche Skelett für das, was Familien gemeinsam leisten. Und es soll Chancengleichheit gewährleisten, damit Menschen aus allen Schichten und unabhängig von ihren Lebensumständen mehr Gleichberechtigung erfahren.

Nichts davon garantiert, dass Frauen »alles haben« können. Und es gibt noch vieles, was wir in Island verbessern können. In Finnland ist die Tagesbetreuung ab dem achten Lebensmonat kostenlos. Schwedische Einrichtungen sind an Werktagen mindestens zwölf Stunden geöffnet, manche sogar rund um die Uhr. Während Frauen mehr Verantwortung im Arbeitsleben übernehmen, lastet immer noch der Löwenanteil der Pflichten im Haushalt auf ihnen, inklusive der zeitraubenden Mental Load.

Entscheidend ist jedoch nicht der Versuch, alles zu bekommen, sondern die »Kunst des Kompromisses« zu verstehen. Dass es befriedigender ist, wenn man eingesehen hat, dass es ohne Prioritäten in der Zeitplanung nicht geht. Ich selbst hatte nicht alles, aber ich war zufrieden damit, mich gegen Dinge entschieden, sie von meiner Prioritätenliste gestrichen zu haben: regelmäßiger Sport im Fitnessstudio, gründlicher Hausputz, mehr als ein Outfit abgesehen von Jeans und meinen alten Oberteilen aus den Schwangerschaften besitzen, von denen viele peinlicherweise immer noch gut passen.

Dank der Bereitstellung vieler Tools verfügt Island über die Infrastruktur, die es möglich macht, dieses Potenzial zu maximieren. Und zwar, indem es einen versuchen lässt, alles optimal zusammenzupuzzeln. So kann Saga selbstständige Künstlerin sein, sich auf das Elterngeld verlassen und kostbare Zeit mit ihrer Tochter verbringen, ohne sich bei ihrer Arbeit etwas vergeben zu müssen. Unnur Brá muss sich keine abfälligen Blicke gefallen lassen, nur weil sie tut, was für eine Mutter ganz natürlich ist. Ich konnte bei Verstand bleiben, indem ich meine Kinder während der Arbeitszeit einer exzellenten Kinderbetreuung anvertraute, auch als ich mit einem Neugeborenen in Elternzeit war.

Die Freiheit, Finanzen nicht das primäre Kriterium bei der Entscheidung für mehr Kinder sein zu lassen. Die Gewissheit, dass von der Zeit im Bauch der Mutter die gesamte Kindheit hindurch und darüber hinaus ein unterstützendes Gesundheitswesen vorhanden ist. Zu wissen, dass während der Kindergartenjahre im Bildungswesen mehr Wert auf Sozialisation gelegt wird als auf Noten in standardisierten Tests. Das ist für mich die Kirsche auf dem Kuchen, die »Rosine am Ende des Hotdogs«, wie wir hier so unlogisch sagen. Und vielleicht ist es der wichtigste Grund dafür, warum die Menschen in Island dem Zustand der Gleichberechtigung schon so nahe sind.

Aber natürlich gibt es auch Hoffnung für diejenigen, die sich nicht auf so eine »Infrastruktur für Familien« stützen können. Es steht mir gar nicht zu, anderen zu predigen, wie man sogar noch mehr Bälle in der Luft halten könnte, nachdem ich selbst das Glück hatte, mich so stark auf Islands finanzielle und praktische Unterstützung für Eltern verlassen zu können. Selbst heute, mit all meinen Privilegien, einem ausgeprägten Organisationstalent und gerade noch gesundem Kaffeekonsum lasse ich viele Bälle fallen. Aber ich bleibe bei Verstand, denn ich fühle mich wohl damit, dass ich einen Ball für den Moment bewusst fallen lasse, um mich darauf zu konzentrieren, einen anderen in der Luft zu halten. Jeder Mensch muss seine eigenen Prioritäten setzen und entscheiden, worauf er am jeweiligen Tag seine endliche Energie verwenden will. Sicherlich die größte Energieverschwendung ist es, wenn wir auf all die heruntergefallenen Bälle starren und uns Sorgen machen, die falschen fallen gelassen zu haben. Unvollkommenheit akzeptieren. Um Hilfe bitten. Selbst welche anbieten. Niemand ist eine Insel. Wenn wir nur über ein kleines oder gar kein Sicherheitsnetz verfügen, das uns auffangen könnte, dann ist es umso wichtiger, den Rat zu beherzigen, den wir bei jedem Flug über Lautsprecher zu hören bekommen: Erst die eigene Sauerstoffmaske aufsetzen, bevor wir anderen helfen. Und tief durchatmen.

EINE SPRAKKI DER SAGA-ZEIT, DIE KONVENTIONEN TROTZTE

»Ich bin bei Männern sehr anspruchsvoll«, bekannte Hallgerdur Höskuldsdóttir, als ihr Freier Gunnar aus Hlídarendi sie noch am Tag ihrer ersten Begegnung um ihre Hand bat.[11]

Da hatte sie nicht übertrieben. Die willensstarke und rachedurstige Hallgerdur war dreimal verheiratet. Gunnar sollte ihr letzter Ehemann werden. Wegen einer eskalierenden Fehde mit Bergthóra, der Frau von Gunnars bestem Freund, wurden auf Geheiß der beiden Frauen einige Männer getötet. Und dieser letzte Ehemann? Für sein Ableben war Hallgerdur ebenfalls verantwortlich.

Hallgerdur trug den Beinamen »die Langbeinige«. Außer ihrer Größe war auch ihr Haar legendär. Seidenweich reichte es ihr bis zur Taille.

Diese wunderschöne Frau lebte im späten 10. Jahrhundert. Heute kennen wir ihre Geschichte aus der Njáls-Saga, der längsten und wohl großartigsten der vielen isländischen Sagas. Stolz und ehrbar scheute sie sich nicht, ihr Missvergnügen zu äußern. Ob über das Verhalten ihres Mannes oder über jegliche Kränkungen, die sie ihrer Ansicht nach erlitten hatte.

Als eine Hungersnot das Land heimsuchte, befahl Hallgerdur ihrem Diener Melkólfi auf einem Nachbarhof Essen zu stehlen. Diebstahl gilt wohlgemerkt in den Sagas als eine der schlimmsten Sünden, die man begehen kann. Als Gunnar nach Hause zurückkam und dort ein Festmahl vorfand, wurde ihm die Schande bewusst, die Hallgerdurs Anordnung über die Familie gebracht hatte, und er schlug ihr ins Gesicht.

Hallgerdur reagierte nicht, sondern sagte nur, sie würde sich die Ungerechtigkeit merken und sie ihm zurückzahlen. Jahre später ergab sich diese Gelegenheit.

Gunnar war in seinem eigenen Haus von Feinden umzingelt. Es gelang ihm, sie auf eindrucksvolle Weise in Schach zu halten, bis seine Bogensaite riss. Auf der Suche nach einer Lösung bat er seine Frau um zwei Locken ihres prächtigen Haars, damit er seine Waffe reparieren und weiterkämpfen konnte.

Hallgerdur fragte ihn, ob irgendwas davon abhinge.

»Mein Leben hängt davon ab«, erwiderte Gunnar schlicht.

»Dann werde ich mich an die Ohrfeige erinnern, die du mir gegeben hast, und es kümmert mich nicht, ob du noch lang oder kurz aushältst.«

Sie verweigerte ihm die Bitte, und Gunnar starb durch die Hand der Angreifer.

Für diese Tat warf man Hallgerdur Grausamkeit und Herzlosigkeit vor. Die letzten Worte über Hallgerdur in der Saga spricht Skarphédinn, der Sohn von Njáll. Er nennt sie »entweder eine alte Hexe oder eine Hure«.

Dabei nutzte sie doch nur die ihr zur Verfügung stehenden Mittel, um für ihre Sache zu kämpfen. Als Hallgerdur sich ihrem Mann Gunnar widersetzte, der als einer der »besten« Männer der Sagas gepriesen wurde, trotzte sie der Konvention und wurde dafür geschmäht. Aus heutiger Sicht erkennen wir in ihr eine der frühesten Feministinnen Islands.[12]

KAPITEL 3

STARK UNTER SCHWESTERN

Drauf mit der Butter![1]

Der oft tobende, eiskalte Nordatlantik, der Island umgibt, wirkt nicht gerade einladend. Er ist bedrohlich und häufig gefährlich. Deshalb staunte ich, als ich erfuhr, dass Schwimmen im Meer – also in die salzigen, kalten Wellen hinauszuwaten und ein paar Züge zu machen – in Island tatsächlich verbreitet ist.

Mein erstes kurzes Bad fand im Januar statt, nur ein paar Monate nachdem ich hergezogen war. Mein Sprachkurs »Isländisch für Ausländer« bestand aus einer bunten Mischung von Leuten unterschiedlichen Alters und verschiedener Nationalitäten, darunter drei Architekten aus Mexiko. Das Trio, von dem zumindest einer an den subtropischen Pazifikküsten Niederkaliforniens aufgewachsen war, begann jeden Sonntag zusammen mit anderen naiven Migranten bei Grótta, einem Naturschutzgebiet an der sandigen Spitze der Halbinsel Seltjarnarnes, nicht weit vom Zentrum Reykjavíks. Man ließ dort eine Wodkaflasche kreisen, um sich rasch einen Mundvoll flüssigen Muts zu genehmigen, und zog sich dann bis auf die Badesachen aus, während die Mittwintersonne zaghaft über den Horizont zu spähen begann. Anschließend rannten alle in die Brandung. Nach ein paar Augenblicken fröhlicher Planscherei – die Mutigsten schwammen sogar ein paar Züge – liefen alle wieder raus, trockneten sich ab und fuhren die zwei Minuten zum nächstgelegenen Thermalbad, um sich aufzuwärmen. Anschließend ging es zum ausgiebigen Brunch in irgendeinem günstigen kleinen Restaurant in der Stadt.

Als meine Freunde fragten, ob ich bei dem Spaß mitmachen wolle, hatte ich das Gefühl, unmöglich ablehnen zu können. Schon weil es etwas ganz Neues für mich war. Also trieb ich Gudni eines Morgens, als die Temperaturen noch um den Gefrierpunkt lagen, aus dem Bett, und wir probierten das volle Programm aus: Umziehen am Strand, den Wodka-Shot, das Schwimmen, den Hot Pot und den Brunch. Gudni beeindruckte und erfreute diese bunte Mischung von Ausländern im Meer dermaßen, dass er tatsächlich begann, regelmäßig mit ihnen zu schwimmen. Ich dagegen war froh, ein Häkchen an das entsprechende Kästchen auf meiner nicht vorhandenen Bucketlist machen zu können. Außerdem nahm ich mir fest vor, auf dieses masochistische »Vergnügen« künftig zu verzichten.

Wenn man selbst eingewandert ist, dann sind die eigenen Freunde wie eine internationale Familie in der neuen Heimat. Aufgrund der Abwesenheit enger Verwandter und Freunde in der Wahlheimat feiert man Geburtstage, Feiertage und andere Meilensteine zusammen und ruft einander an, wenn man gerade mal wieder einen Kulturschock erlitten hat oder einfach einen praktischen Rat braucht.

Für diejenigen, die in Island geboren und aufgewachsen sind, dient die erweiterte Familie oft genau diesen Zwecken. Zudem sind praktisch alle Isländer, die nicht von Immigranten der letzten paar Jahrzehnte abstammen, sechs oder sieben Generationen zurückgerechnet miteinander verwandt. Diese Tatsache ist gar nicht so erstaunlich, wie sie zunächst vielleicht klingt, wenn man bedenkt, dass die aktuelle Bevölkerung zahlenmäßig ungefähr der Stadt Anaheim in Kalifornien entspricht. Eine kompakte Familie, bestehend aus einem Elternteil oder zweien und ein paar Kindern, wird oft von relativ jungen Großeltern, Tanten und Onkeln, Cousinen und Cousins unterschiedlichen Grades sowie Stiefvarianten von allen soeben genannten unterstützt. Kernfamilien sind üblicherweise keine abgeschlossenen Einheiten, die in einer Art Blase existieren. Und ohne die Nomenklatur von Nachnamen wird einfach nicht so viel Wert darauf gelegt, die Joneses von den Jónssons zu unterscheiden.[2] Jeder hat seinen eigenen Namen – Mama, Papa, Kinder – oder eine Kombination daraus. Mit einer offen zugänglichen Datenbank zu den Verwandtschaftsverhältnissen in Island lässt sich leicht erkennen, dass praktisch jeder irgendwie zur Familie gehört.

Island hat eine der höchsten Quoten von außer Haus beschäftigten Frauen. Die »Es braucht ein Dorf«-Mentalität ist entscheidender Bestandteil dieser Errungenschaft. Es gibt wenig Diskussionen darüber, ob ein Elternteil bei den Kindern zu Hause bleibt, anstatt diese in den Kindergarten oder eine andere Betreuungseinrichtung zu schicken. Grundsätzlich würden die meisten Menschen in Island sich fragen, warum jemand sich *gegen* einen bezahlten Job entscheiden sollte. Für die wenigen Elternteile, die trotzdem zu Hause bleiben, kann es sogar schwer sein, Tagesaktivitäten oder Orte zu finden, wo sie mit ihren Kindern etwas unternehmen können; weil die meisten Gleichaltrigen eine Tagesbetreuung besuchen, gibt es kaum Nachfrage dafür. »Mutter & Kind«-Kurse für Klein- und Vorschulkinder sind hier ein fremdes Konzept, das man nur aus ausländischen Serien und Filmen kennt.

In Island genießen Kinder eine Freiheit, wie Eltern aus vielen nicht nordischen Ländern sie nur mit sehnsüchtiger Nostalgie erinnern. Diese Normalität entspringt nicht zuletzt purer Notwendigkeit, da beide Eltern oft außer Haus arbeiten. Sie hilft auch, die Beaufsichtigung der Kleinen zu vereinfachen. Mit größerer Wahrscheinlichkeit liegt die Ursache aber darin, dass die Gesellschaft niemals diese Helikopterparanoia entwickelt hat und es schon immer als völlig normal galt, Kinder einfach, nun ja, Kinder sein zu lassen, die die Welt erkunden und dabei lernen, und zwar jedes auf seine ganz eigene Weise. Wenn die Entfernung und das Wetter es zulassen, legen die meisten ab sechs Jahren oder auch schon früher den Weg zur Grundschule allein oder mit einem älteren Geschwister zurück. Nicht viel später, oft mit acht oder neun Jahren, traut man Kindern zu, mit öffentlichen Bussen zur Schule und zurück sowie zu Aktivitäten nach dem Unterricht zu fahren. Wobei die isländische Gesellschaft Grundschulkinder durch Zuschüsse massiv zu außerschulischen Aktivitäten ermuntert. Diese reichen von Reiten und Bogenschießen bis zu Theater- und Zirkuskursen. Denn Kinder, die am Trapez turnen, kommen nicht auf den Gedanken zu rauchen oder Alkohol zu trinken. So sind die Fälle von Drogenmissbrauch und Vandalismus drastisch zurückgegangen, seit man diese Freizeitförderung eingeführt hat.[3]

Bei den jüngeren ist es nicht ungewöhnlich, einen Siebenjährigen im Supermarkt beim Brotkaufen oder beim Abholen eines kleinen Geschwisters vom Fußballtraining zu sehen. Zehnjährige dürfen ohne Begleitung von Erwachsenen öffentliche Schwimmbäder besuchen. Viele Kinder ab der dritten Klasse machen sich nach Schulschluss gegen 14 Uhr auf den Heimweg und sind dann allein, bis die Eltern von der Arbeit zurückkommen. Ich weiß noch, wie entsetzt ich war, als mein ältester Sohn mit sechs die Schule besuchte und mich eine andere Mutter eines Nachmittags anrief, um zu fragen, ob ihr gleichaltriger Junge bei uns zum Spielen sei. Seit Schulschluss ein paar Stunden zuvor war er noch nicht nach Hause gekommen, erklärte sie mir gelassen. Deshalb rief sie jetzt bei ein paar Familien an, um zu hören, wo er gelandet sei. Und tatsächlich wurde sie bei der dritten fündig.

In Gegenden, wo die Entfernungen größer und öffentliche Verkehrsmittel nicht so erreichbar sind oder in den dunklen Wintermonaten oder bei nicht seltenem schlechtem Wetter springen Mitglieder der erweiterten Familie gern für berufstätige Eltern ein. Großeltern, die bereits im Ruhestand sind, shutteln die Kinder bereitwillig zwischen Aktivitäten hin und her oder versorgen sie nachmittags mit Pfannkuchen oder Leberwurstbroten. Jüngere, selbst noch berufstätige Großeltern – in Island ist es nämlich nichts Besonderes, schon in den Vierzigern Enkel zu bekommen – haben oft die Möglichkeit, die Kleinen mal über Nacht oder bei ausgedehnten Besuchen zu übernehmen. Familien helfen sich auch gegenseitig, und so funktioniert das Ganze für die meisten Leute die meiste Zeit über, auf eine unstrukturierte, aber keineswegs chaotische Weise, dafür mit hilfreichen sozialen Voraussetzungen wie leistbarer Kinderbetreuung und einer sehr niedrigen Kriminalitätsrate. Das soll nicht heißen, alle Familien verfügten über ein derartiges ausgedehntes Netzwerk aus kostenlosen Nannys, Chauffeuren und Hilfskräften. Manche sind schließlich selbst in anderen Gegenden aufgewachsen oder haben ihre eigene Familie im Ausland. Die Mentalität dieser Gruppenverantwortung ist allerdings so weit verbreitet, dass Angestellte, Lehrkräfte und Institutionen flexibler reagieren, falls die eher traditionellen Netzwerke aus welchen Gründen auch immer keine praktikable Option sind. Wenn der Sohn während der Schulzeit eine Tanzprobe hat, muss man keinen halben Tag Urlaub nehmen, sondern kann einfach für eine Stunde oder mehr von seinem Schreibtisch verschwinden. Und wenn derselbe Sohn mal einen Tag schulfrei hat, dann gibt es am Arbeitsplatz oft einen Raum für Kinder, wo diese sich ohne Aufsicht beschäftigen, während man selbst seiner Arbeit nachgeht.

Wie wir in Island so schön sagen, das kriegen wir schon hin wie mit Butter geschmiert. Dann flutscht es entlang der sozialen

Normen, und man kann leichter zwischen den Welten hin- und herwechseln – egal ob es um mehr Frauen geht, die außer Haus arbeiten, oder um mehr Männer, die gemeinschaftliche Fahrdienste für die Kinder übernehmen. Das alles erzeugt Vertrauen und Verlässlichkeit, die es dank der nötigen Flexibilität mehr Menschen ermöglichen, außer Haus zu arbeiten, sich mehr zuzutrauen und mehr Verantwortung zu übernehmen. Im Beruflichen wie im Privaten.

Als ich in dieses Land kam, um mit einem einheimischen Partner ein Leben aufzubauen, fand ich schon bei meiner Ankunft eine erweiterte Familie vor, die unseren Kindern von Anfang an ein verlässliches Nest bot. Wie ich dieses Netz nutzen konnte, musste ich erst lernen. Mit achtzehn war ich Hunderte Kilometer vom Zuhause meiner Kindheit weggezogen und nie wieder dorthin zurückgekehrt – da konnte man schon das Gefühl bekommen, auf sich allein gestellt zu sein. Bald merkte ich jedoch, dass Verlass ist auf diese engen Kontakte, und die gegenseitige Abhängigkeit von Familien mit kleinen Kindern sich zu einem Netzwerk der Unterstützung entwickelt hatte, das sich in verschiedene Richtungen quer durch die Gesellschaft erstreckte. Als meine Kinder ein bisschen größer waren, konnten sie nach der Schule auf einen Snack mit dem Bus zu ihrer *Amma* (der Großmutter) fahren. Regelmäßig gab es Geburtstagspartys von Cousinen und Cousins, ganz zu schweigen von den Spielverabredungen mit den Kindern anderer Immigranten, deren eigene Großfamilien zu weit weg lebten.

Als ich Gudni in Großbritannien kennenlernte, fragte ich ihn, ob er aus Reykjavík stamme, um lässig mit meinen umfassenden Kenntnissen in isländischer Geografie anzugeben. »Nein«, meinte er damals entschieden. »Ich bin aus Gardabær. Das ist ein Ort *in der Nähe* von Reykjavík.«

Nun muss man wissen, dass das Ortszentrum Gardabærs neun Kilometer vom Reykjavíker Rathaus entfernt liegt. Selbst wenn man lauter rote Ampeln erwischt, schafft man es mit dem Auto in zehn Minuten dorthin. Mit dem Fahrrad ist die Strecke leicht zu bewältigen. Meine unter zehnjährigen Kinder sind sie sogar schon zu Fuß gegangen.

Doch selbst wenn ein Isländer es jemandem erklärt, der von einem anderen Kontinent stammt, ist Gardabær definitiv eine eigene kommunale Einheit und kein – Gott bewahre! – Vorort der Hauptstadt. Ironischerweise können in einer kleinen Gesellschaft kleine Entfernungen in Bezug auf die Identität eine Riesenrolle spielen.

Unsere erste Bleibe in Island war ein winziges, möbliertes Ein-Zimmer-Apartment, das wir in der Nähe der Universität gemietet hatten. Man konnte von dort zu Fuß zu den Restaurants und Pubs und den meisten anderen Orten laufen, die für mich von Interesse waren. Wenige Wochen nach meiner Ankunft fuhr mich meine Schwiegermutter nach einem Abendessen bei ihr zu unserer Wohnung zurück. Dabei erzählte sie mir, wie froh sie sei, dass Gudni endlich wieder nach Island zurückgekehrt sei und wir uns hier niedergelassen hätten. Sie fügte noch hinzu, dass sie es, weil ich ja noch neu in Island sei, absolut verstehen könne, dass ich im Zentrum wohnen wolle, wo ich schnell von einem Ort zum anderen und auch zur Arbeit käme.

»Aber sobald du dich besser eingewöhnt hast«, meinte sie abschließend, »hoffe ich doch, dass ihr ein bisschen näher an zu Hause leben werdet.«

Mit »zu Hause« war wohlgemerkt Gardabær gemeint, wo Gudni, wenn die Zeit es erlaubte, an Sonntagvormittagen manchmal joggen ging, nicht der *viertausend Kilometer entfernte* Ort, an dem ich aufgewachsen war.

Mir wurde klar, dass ich meine Vorstellung von Entfernung

ändern musste. Denn meine Schwiegermutter brachte nur das Gefühl von Einzigartigkeit der Kommunen in Island zum Ausdruck – dass jede davon ihren eigenen Charakter besitzt. Eben das schenkt diesem Land eine Nähe und Verbundenheit, die man meiner Meinung nach in keiner anderen Hauptstadt der Welt erzeugen könnte. Jede Gemeinde ist stark und bietet reichlich Unterstützung, da sie sich als eigene, unverwechselbare Nachbarschaft versteht. Doch gleichzeitig gehört jede wie eine Matrjoschka-Puppe in eine größere Region, wo sie wiederum ihren festen Platz hat. Auf der jeweiligen Ebene bilden diese Gemeinschaften einen Teil des Netzwerks familialer Unterstützung. Oft ist es die kleinste, am engsten verbundene, zu der zurückzukehren eine Mutter von ihrem Sohn erwartet. Und so gilt es sogar in der Region um Reykjavík nicht als ungewöhnlich, wenn Schwiegereltern in fußläufiger Entfernung zur Familie wohnen.

Regelmäßige Treffen der Großfamilie sind in den Stoff der isländischen Gesellschaft eingewebt. Es beginnt mit der Taufe. Obwohl Island ein ziemlich säkulares Land ist, gibt es eine evangelisch-lutherische Staatskirche, und die Mehrzahl aller Babys wird von einer Pastorin oder einem Pastor getauft. Allerdings findet die Taufe oft in einem Privathaus und nur selten im Rahmen eines regulären Gottesdiensts statt. Die erweiterte Familie und Freunde sind dazu eingeladen. Anschließend werden starker Kaffee und Torten, verziert mit Marzipan oder Schlagsahne, serviert. Auf der Fahrt zur ersten Taufe, bei der ich eingeladen war, schlug ich Gudni vor, noch in einem Laden für alkoholische Getränke eine Flasche Sekt für die frischgebackenen Eltern mitzunehmen. »Das ist eine *Kinds*taufe!«, rief Gudni und schien entsetzt von der Idee, Alkohol zu einem Anlass mitzubringen, bei dem ein Kind gefeiert wurde. Doch das war nur eines der zahlreichen kulturellen Fettnäpfchen, in die ich im Laufe der Jahre noch treten sollte.

Familien kommen auch zu Konfirmationen zusammen, also zu ähnlich alkoholfreien Anlässen, bei denen das Erwachsenwerden eines Teenagers gefeiert wird. Oder zu runden Geburtstagen und Hochzeitsjubiläen. Üblicherweise gibt es keinen Alkohol auf Partys, auf denen Kinder anwesend sind, und reichlich davon auf solchen ohne Kinder. Coca-Cola wird immer angeboten, genau wie pikante Gerichte aus vorgeschnittenem Brot, Dosenspargel oder -pilzen und Mayonnaise. Die Süßspeisen könnten ein eigenes Buch füllen. Bisher war ich noch auf keiner Geburtstagsfeier, wo es nicht mindestens drei verschiedene Kuchen gab.

Viele Familien besuchen jedes Wochenende eine Taufe, Geburtstags- oder sonstige Familienfeier. Da schwirrt man von einer Pavlova-Torte zur nächsten und trinkt eiskalte Cola direkt aus der Flasche. Fast immer sind es die Damen des Hauses, die alles geplant, eingekauft, vorbereitet, dekoriert, gekocht und am Ende wieder aufgeräumt haben. Die Matriarchinnen der Familie wissen alle, wie man die besten Crêpes zubereitet, wie man die mit Schlagsahne gefüllten faltet, wie die besten Kardamom-Donuts gebacken werden und wie man die luftigsten Baisers dekoriert.

Obwohl sie in großer Zahl ebenfalls außer Haus arbeiten, sind es immer noch überwältigend oft die Frauen der Familie, die diese Geselligkeiten koordinieren, planen und als Gastgeberinnen fungieren, wenn ihre Kinder oder besseren Hälften etwas zu feiern haben. Zweifellos sind auch sie es, die ein schlechtes Gewissen haben oder den Druck spüren, falls ein Event in ihren Augen nicht den gesellschaftlichen Anforderungen genügt, die andere aufgestellt haben. Manche Dinge sind in allen Ländern so ziemlich gleich.

Sogar den Frauen in Island, genau wie den Frauen im Rest der Welt, können selbst die hilfreichsten familiären Netzwerke zur Unterstützung nur in begrenztem Umfang unter die Arme greifen. Und das hat oft praktische Gründe. Frauenfreundschaften, sowohl innerhalb organisierter Gruppen wie auch völlig unstrukturiert, liefern unschätzbare Hilfe, Kameradschaft und die Gelegenheit, auf erhebliche Weise etwas für die Gesellschaft zu tun und diese weiterzuentwickeln. Sie sind auch eine Chance, die eigenen Grenzen zu erweitern und persönlich zu wachsen, wie das ja viele populäre Psychologie-Bestseller propagieren.

Die Zeit, als isländische Frauen nach ihren Backkünsten und Fähigkeiten als Gastgeberin beurteilt wurden, liegt noch kein Menschenalter zurück. Manchmal gilt das heute noch, vor allem bei Geburtstagsfeiern und ähnlich offiziellen Anlässen. Den nötigen Feinschliff erhielten diese Fähigkeiten oft bei den regelmäßigen Treffen der Ortsgruppen von *Kvenfélög*, den Frauenverbänden. Diese offiziellen Organisationen haben Jahresbeiträge, Aufnahmekriterien und einen gewählten Vorstand. Wichtiger als die informelle Unterweisung in sozialen Nettigkeiten als Ehefrau und Managerin des Haushalts war, dass die Frauenverbände einen Ort für Frauenfreundschaften und weibliche Interaktion boten, eine Gelegenheit für Frauen, Führungsrollen zu übernehmen. Und zwar in einer Ära, als man ihnen diese in der Arbeitswelt oft noch verwehrte. Dazu kam das Bekenntnis zu sozialer Verantwortung durch umfangreiche Spendenkampagnen und Zuwendungen für gute Zwecke und Menschen in Not.

Meine Schwiegermutter war jahrzehntelang Mitglied des einzigen katholischen Frauenverbands im Land. Mit einer Handvoll anderer Damen traf sie sich im Lehrerzimmer der katholischen Schule, um Fäustlinge zu stricken und Tischdecken zu nähen, die dann beim alljährlichen Kirchenbasar verkauft wurden. Ich selbst bin so eine Art Ehrenmitglied der Women's Association of Álftanes, also der Ortsgruppe, auf deren Gebiet die Präsidentenresidenz liegt. Ich gestehe, dass sowohl meine Anwesenheiten bei Terminen als auch meine Fähigkeiten im Stricken unterdurchschnittlich sind.

Heute setzen die Verbände größtenteils die Arbeit von vor Jahren fort, während sie sich gleichzeitig den vielfältigen Herausforderungen einer Gesellschaft anpassen. Dennoch werden Frauenfreundschaften weiterhin ebenso geschätzt wie das Aufwenden von Zeit und Mühe für notwendige Anliegen der Gemeinschaft. In Island besitzen diese Gruppen gerade auf dem dünn besiedelten Land noch besonderen Einfluss. Denn dort gibt es unter Umständen weniger Möglichkeiten für ehrenamtliche Tätigkeit, aber den gleichen Bedarf an Unterstützung, die so eine Organisation bietet. In vielen Regionen bleiben die Gruppen aktiv, selbst wenn das durchschnittliche Alter der Mitglieder ständig steigt. Unter jüngeren Frauen hat die Beliebtheit abgenommen, weil sie ihre Sozialkontakte eher über den Arbeitsplatz knüpfen. Zudem wohnen immer mehr Frauen in einer urbanen Umgebung, wo sie geografisch weniger isoliert sind.

Eine modernere und weniger strukturierte Form von geselligen Treffen unter Frauen sind die »Näh-Clubs«. Meist handelt es sich um eher inoffizielle Gruppen von Freundinnen seit Kindertagen, die sich auch als Erwachsene und bis ins hohe Alter regelmäßig treffen. Näh-Clubs sind fast wie Sororities, also weibliche Studentenvereinigungen, aus fünf bis zehn Frauen. In den Anfängen war es wahrscheinlich verpflichtend, dass die Damen sich zu Treffen mit irgendetwas zum Nähen einfanden. Doch die Näh-Clubs (oder *saumó*, wie man sie meist nennt) des 21. Jahrhunderts haben sich inzwischen zu einem bloßen Vorwand entwickelt, um einander zu treffen, zu essen, zu trinken, zu tratschen und die großen und kleinen Probleme der Welt gemeinsam zu lösen. Man kann sie sich wie eine Art Buchclub vorstellen, nur mit mehr Essen und Wein und ohne Literatur. Ein weiterer entscheidender Unterschied zwischen einem *saumó* und jeder anderen Form von weiblichem Freundeskreis ist, dass die Handvoll Mitglieder jeweils darüber entscheidet, wer Mitglied des Clubs wird. Ich bin in meinen späten Zwanzigern nach Island gekommen, und egal wie viele einheimische Freundschaften ich inzwischen geschlossen habe – meine Gelegenheit für einen *saumó* habe ich um ein paar Jahre verpasst.

Zusammen mit der Wichtigkeit familiärer Bindungen haben diese Gruppen im modernen, geschäftigen Island immer noch Konjunktur, weil sie Kameradschaft, Vertrauen und Unterstützung auf einzigartige weibliche Art fördern.

1942 lebten im ländliche Bezirk Hrunamannahreppur im Süden des noch nicht ganz unabhängigen Island gerade mal gute vierhundert Menschen. In einer Gegend größer als Los Angeles hatten nur zwei Bauernhöfe ein Telefon und nur zwei Strom. Außerdem gab es einen einzigen Kleinlaster für die ganze Region.[4] Die Straßen waren eher für Pferde gemacht und oft schwer passierbar, im Winter zeitweise unbefahrbar. Über einige Flüsse gab es keine Brücke. Reykjavík, in einem modernen Fahrzeug nur eine gute Stunde entfernt, war beinah ein anderes Universum, eine ferne Stadt, die man nur selten besuchte.

Unter solchen Bedingungen wurde die Frauenvereinigung Hrunamannahreppur an einem winterlichen Märzabend jenes Jahres gegründet, als siebzehn Frauen sich zu diesem Anlass trafen. Der Verein war einer der eher spät entstandenen im Süden des Landes. Der älteste ist von 1888 und damit, soweit man weiß, auch eine der ersten Frauenvereinigungen der Welt. Die Ziele dieser Gruppen ähnelten sich: Spenden für die Bedürftigen in der Gemeinde sammeln und einen Ort schaffen, an dem Frauen einander treffen und zusammenwirken konnten.

Knapp acht Jahrzehnte später hat die Women's Association of Hrunammanahreppur stolze siebzig Mitglieder und veranstaltet drei offizielle Versammlungen pro Jahr (außer während der Corona-Epidemie), an denen jeweils ein paar Dutzend Frauen teilnehmen. Die Mitglieder engagieren sich bei unzähligen Aktivitäten und halten einander über eine Facebook-Gruppe auf dem Laufenden. Die Region ist immer noch ziemlich ländlich, auch wenn die Höfe inzwischen über die modernsten Traktoren und Glasfaseranschlüsse verfügen. Der nächstgelegene Ort, das Dorf Flúdir, lockt Tagesausflügler aus der Hauptstadt in ein Restaurant mit pikanter äthiopischer Küche und ist im ganzen Land für seine großen Gewächshäuser bekannt. Mithilfe von Geothermie wird dort ein überproportional großer Anteil frischen Gemüses für ganz Island angebaut. Und das praktisch ohne CO2-Fußabdruck.

Gudbjörg Björgvinsdóttir, die fünfundsiebzigjährige ehemalige Vorsitzende des Frauenvereins und von allen Bubba genannt, lud mich zum Kaffee in ihr Haus auf dem Land nahe Flúdir ein. Es waren noch zwei weitere Mitglieder des Vereins anwesend sowie zwei von einem benachbarten, der Women's Association of Gnúpverja. Letzterer wurde 1929 gegründet und zählt derzeit fünfunddreißig Mitglieder.

Nachdem ich inzwischen knapp zwanzig Jahre in Island lebe, bin ich dahintergekommen, dass eine Einladung zum Kaffee viel mehr ist als ein bloßes Treffen in einem privaten Zuhause, um heiße koffeinhaltige Getränke zu sich zu nehmen. Obwohl auch das in meiner Wahlheimat fast schon einem Lieblingszeitvertreib gleichkommt. »Auf einen Kaffee« zu jemandem nach Hause zu kommen, das bedeutet insbesondere für die ältere Generation, ein sehr zuckerreiches Miniaturbankett in der Zeit zwischen Mittag- und Abendessen zu besuchen.

Als jahrzehntelanges Mitglied der Frauenvereinigung enttäuschte Bubba in dieser Hinsicht nicht. Auf der mit einem Tischtuch gedeckten Tafel standen frische Blumen und brennende

Kerzen in finnischen Kristallleuchtern. Das Geschirr hatte das gleiche Muster aus gelben und roten Rosen wie das Porzellan, das ich als Kind gesammelt hatte.[5] Zu sechst teilten wir uns Servierplatten mit zuckerbestreuten aufgerollten »Pfannkuchen« (die mehr Ähnlichkeit mit Crêpes haben), solche, die mit Marmelade und Schlagsahne gefüllt waren (beides Standardrezepte für jedes Mitglied eines Frauenvereins, das etwas auf sich hält). Außerdem gab es selbst gebackene Brötchen, vier Sorten Cracker, dreierlei Käse, Marmelade (Käse allein auf einem Cracker ist für isländische Gaumen zu herzhaft), selbst gemachtes Dattelpesto sowie weitere selbst gemachte Antipasti. Die Krönung bildete eine turmhohe fluffige Pavlova – zwei Schichten aus leicht knusprigem Baiserboden, gefüllt mit Schlagsahne, dann überzogen mit einer dicken Schicht Milchschokolade und bestreut mit aufgeschnittenen frischen Erdbeeren und großzügigen Stücken gehackter Schokolade mit Karamellfüllung. Irgendwo im Hintergrund versteckte sich noch starker Kaffee. (Wehe der Frau, die in Island nur Tee trinkt oder sich vor weißem Zucker graust!)

Die vier anderen Damen, die Bubba an diesem Tag zu sich eingeladen hatte, übten jeweils verschiedene Funktionen in ihren Vereinen aus. Jetzt zwischen sechsundfünfzig und fünfundachtzig Jahre alt waren sie alle in ihren Zwanzigern Mitglieder geworden, weil sie sich nach Sozialkontakten sehnten und etwas für die Gemeinschaft tun wollten. Nach jahrzehntelangem ehrenamtlichem Engagement hatten sie liebevolle und lustige Erinnerungen daran zu erzählen. Es waren ihnen aber offenbar auch ein Anliegen, mir zu erklären, was Frauenverbände wie die ihren damals und heute so wertvoll macht. Dazu ergriffen sie in geordneter Folge das Wort und blickten oft in Notizen, die sie sich zur Vorbereitung auf unser Gespräch gemacht hatten.

Mit der Zeit gewöhnte ich mich ein bisschen an die herzliche Feierlichkeit, mit der diese Frauen mir begegneten. Vielleicht war es in ihren Augen an erster Stelle die First Lady, die sie bei sich zu Hause empfingen, und nicht sosehr die unerfahrene Buchautorin. Mit ihren Recherchen wollten sie mich nach Kräften unterstützen und dabei den angemessenen Respekt für meine Funktion aufbringen. Obwohl ich mir manchmal wünsche, es wäre anders, weiß ich, dass man mich, selbst wenn ich »außer Dienst« bin, immer noch als Repräsentantin des Präsidentenamts betrachtet. Ich gebe auch mein Bestes, um mich so zu benehmen, wie es der Würde des Amtes entspricht. Aber ich bin trotzdem noch Eliza, die in ihrer Kindheit in einer kanadischen Kleinstadt Porzellantässchen gesammelt hat. Für mich selbst ist es wichtig, ohne Pomp und Verstellung den Mittelweg zwischen würdevollem Verhalten und Ich-selbst-Sein zu finden. Daher bemühe ich mich auch, mein Berufsleben und das als Frau des Staatsoberhaupts voneinander zu trennen. Vielleicht war ich für Bubba und ihre Freundinnen eine Enttäuschung, als ich in meiner gebrauchten Familienkutsche ankam, anstatt vom Chauffeur des Präsidenten kutschiert zu werden. Aber selbst wenn sie innerlich seufzten, weil es nicht die Luxuskarosse mit der 1 auf dem Nummernschild war, ließen sie es sich nicht anmerken.

Nachdem die Unterhaltung mithilfe der maximalen Zuckerdosis eines Tages in Schwung gekommen war, lachten und scherzten wir miteinander, und es war bald nicht mehr so förmlich.

»Früher pflegte man Sozialkontakte hauptsächlich übers Telefon«, erinnerte sich Rosemarie Brynhildur Thorleifsdóttir, die ehemalige Vorsitzende des Vereins aus Gnúpverja. Bevor sie 1964 Mitglied wurde, holte sie sich ihr Quantum an Geselligkeit über die begrenzte Anzahl von Telefonanschlüssen im Bezirk. Über eine Zusammenschaltung konnte eine Gruppe von Frauen sich gleichzeitig unterhalten. Quasi eine Art Audio-only-Zoom Mitte des 20. Jahrhunderts.

Der soziale Kontakt war für sie und andere in vergleichbarer Lage zweifellos von entscheidender Bedeutung, aber das Vereinsleben umfasste damals wie heute auch alle möglichen klar festgelegten Aktivitäten. Rosemarie Brynhildur hatte eine ganze Liste davon zu unserem Treffen mitgebracht. Zu den Tätigkeiten gehörte das Zubereiten von Kaffee, Kuchen und Sandwiches für Zusammenkünfte nach Beerdigungen. Man verkaufte auch Weihnachtskarten und unterstützte das örtliche Krankenhaus mit den eingenommenen Spenden. Selbst gestrickte Mützen waren Geschenke für alle Neugeborenen in der Gegend. Krankenwagen wurden mit Teddybären ausgestattet, die aufgeregte kleine Patienten trösten sollten. Hausfrauen aus dem Bezirk konnten sich um finanzielle Unterstützung bewerben, damit sie sich ein paar Tage Urlaub von ihren Verpflichtungen rund um die Uhr gönnen konnten. 2010 blockierte man, wie die achtundsiebzigjährige Rosemarie Brynhildur fröhlich berichtete, sogar den Verkehr auf der Hauptbrücke. Aus Protest gegen geplante Kürzungen am lokalen Krankenhaus, das die Frauen so loyal unterstützt hatten.

»Seit 1999 haben wir mehr als fünfzig Millionen Kronen (ungefähr 390 000 US-Dollar) für verschiedene Zwecke gesammelt«, schloss sie stolz.

Außer im Spendensammeln engagierte sich der Verein auch dafür, die Situation der eigenen Mitglieder zu verbessern. So konnten beispielsweise erkrankte Hausfrauen auf Hilfe der anderen zählen.

»Es war die reinste Haushaltsschule«, sagte Rosemarie Brynhildur. Da gab es Nähkurse oder Englischunterricht, lauter wertvolle Lernangebote für Frauen, von denen viele über die zehn Pflichtschuljahre hinaus keine Ausbildung hatten. Inoffiziell eigneten sie sich auch Fähigkeiten in Buchhaltung und Psychologie an.

»Ich nenne es Schule des Lebens«, meinte Bubba grinsend.

»Man braucht eine bestimmte Einstellung, um einem Frauenverein beizutreten«, sagte die Milchbäuerin Arnfridur Jóhannsdóttir, während sie einen Klecks Erdbeermarmelade auf ein Stückchen Brie tupfte, der wiederum auf einem Cracker lag. »Man muss bereit sein, Zeit und Energie aufzubringen, aber man bekommt natürlich auch immer etwas zurück.«

Die warmherzigen, großzügigen Frauen, die an diesem sonnigen Herbsttag ihre Erinnerungen mit mir teilten, hätten sich selbst vielleicht nicht als Feministinnen bezeichnet – wobei ich sie nicht danach gefragt habe. Aber sie haben Jahrzehnte durchlebt, in denen ihre Arbeit gering geschätzt wurde und ihre Mühen oft unbemerkt blieben. Oder zumindest wurden sie nicht so offiziell anerkannt wie etwa Spenden von männerdominierten Clubs wie den Lions oder Kiwanis.

»Frauen bekommen immer zu hören, sie sollen in ihren Worten und um ihre Taten kein Gewese machen«, sagte die achtundfünfzigjährige Sigrún Símonardóttir, von Beruf Friseurin und ebenfalls ehemaliges Vorstandsmitglied im Verein von Gnúpverja. »Das ändert sich nur langsam.«

»Die Hälfte der Arbeit in meinem Leben war ehrenamtlich«, schätzte Rosemarie Brynhildur, die sich noch in zahlreichen anderen lokalen Organisationen und Vereinen engagierte. Unter anderem stand sie als erste Frau dem örtlichen Pferdeverband vor, einer echten Männerbastion.

»Mein Sohn arbeitet bei mir mit, aber ich besitze und führe den Hof«, erzählte Arnfridur von dem Hof, den sie zusammen mit ihrem vierundzwanzigjährigen Sohn betreibt. »Trotzdem rufen uns Leute an, die erwarten, dass er derjenige ist, der alle Entscheidungen trifft.«

»Inzwischen arbeiten so viele Frauen außer Haus, daher haben sie weniger Zeit und brauchen diese Art von Organisation weniger. Aber wir haben alle so viele Erfahrungen und Freundschaften daraus gewonnen. Ich habe von den jüngeren wie auch von den älteren Mitgliedern eine Menge gelernt«, sagte Bubba. »Es ist besonders schön zu sehen, wie junge Paare heute beim Großziehen der Kinder und den Aufgaben im Haushalt zusammenarbeiten. Als ich jünger war, galt es als selbstverständlich, dass eine Frau das Haus nicht verließ, bevor das Abendessen oder alles für den Nachmittagskaffee vorbereitet war.«

Bevor ich mich aus diesem Frauenkonklave verabschiedete, zeigten sie mir noch ein gebundenes Buch aus Hochglanzpapier von 1978. Es war zum fünfzigsten Jubiläum der Gründung des Frauenvereins in Südisland erschienen. In Island werden viele Jubiläen mit einer Buchveröffentlichung gefeiert, und diese Frauenorganisation bildete da keine Ausnahme. Jeder Verein im Süden des Landes war in dem Band vertreten. Man erfuhr im Detail von der Gründung, den Spendenschwerpunkten sowie lustige Anekdoten aus den vergangenen fünf Jahrzehnten. Schwarz-Weiß-Fotos vom Gründungs- und vom damals aktuellen Vorstand sind auch Teil des Buchs. Die Frauen auf den frühen Fotos tragen fast ausnahmslos traditionelle Peysuföt-Kappen mit langen schwarzen Troddeln und machen ernste Gesichter, wie es sich für einen so außergewöhnlichen Anlass gehörte. Die Ortsgruppe aus Gnúpverja hatte das Gedicht einer gewissen Ólöf Ó. Briem hinzugefügt, die es offenbar als Erwiderung auf die beiläufige Bemerkung einer Lehrerin geschrieben hatte, sie würde im Nähunterricht, den der Verein sponserte, nicht genügend Fortschritte machen:

Das herrliche Werk ist nun getan,
ein Meisterstück der Lohn dieser Plage.
Und was ich jetzt begriffen han:
So sture Frauen gibt's nur hier, ohne Frage.

Oft trafen sie sich zum gemeinsamen Werken,
zum Sticken, Versäubern und Fädenvernäh'n.
Tag und Nacht so gesessen, kein Bissen zum Stärken,
Weder Hände noch Häupter hat man ruhen geseh'n.[6]

»Erzähl ihr, was dieser Mann einmal zu dir gesagt hat«, forderte Bubba Gudrún Sveinsdóttir auf, bevor ich, den Bauch voller Kaffee, Baisers, Cracker und Käse, das Haus verließ.

»Also«, begann die Älteste und Gesprächigste der Runde, »einmal trafen wir in einem Altersheim einen Mann, der mir erklärte: ›Leute, die noch ein normales Leben haben, begreifen gar nicht, wie wichtig der Frauenverein ist, wenn man ein Leben führt, in dem außer dem Sonnenaufgang und Sonnenuntergang nichts Bemerkenswertes mehr passiert.‹ Ich fand das ziemlich nett.«

»Ziemlich nett« war bescheiden ausgedrückt. Obwohl die Frauen in Island immer noch dafür kämpfen, dass ihr Engagement genauso gewürdigt wird wie das der Männer, bleibt ihre Arbeit dem anderen Geschlecht nicht verborgen. Diese Frauenvereine bilden in ländlichen und früher regelrecht abgeschnittenen Regionen eine Matrix für Gemeinschaft. Sie sind eine Art lebenswichtiges Bindemittel.

Angesichts der winzigen Gesamtbevölkerung überrascht es nicht, dass die meisten Gespräche unter Fremden in Island damit beginnen, dass man nach den unvermeidlichen persönlichen Verbindungen sucht. So war das auch 2018, als Frauen sich trafen, um eine Gruppe für Outdoor-Abenteuer zu gründen, die sich Jellyfish nannte. Thórey und Soffia waren zusammen zur Schule gegangen. Die Töchter von Birna und Brynhildur sind eng befreundet. Halldóra und Thórey sind Cousinen – obwohl sie sich nie als Verwandte getroffen hatten. Brynhildur und Soffia hatten ausgerechnet in Saudi-Arabien miteinander gearbeitet. Und Thórey und Soffia waren Mitbegründerinnen der inzwischen nicht mehr existierenden, aber auf ewig beliebten Walking-Gruppe mit dem interessanten Namen »Shut up, Magnus«.

Birna und Thorey brachten diese Truppe aus so unterschiedlichen Frauen zusammen, die sich alle das abenteuerliche Ziel gesetzt hatten, den Ärmelkanal zu durchschwimmen. Damit wollten sie einerseits Spenden sammeln, sich aber andererseits vermutlich auch mit dieser Leistung schmücken. Abgesehen von den schon erwähnten zufälligen Verbindungen einte sie alle die Liebe zu (diversen) Aktivitäten im Freien. Zudem waren alle über vierzig, also in ihren goldenen Fuck-it-Years, wenn der persönliche Ehrgeiz nicht mehr in erster Linie darauf ausgerichtet ist, alle anderen zu beeindrucken.

Sechzehn Jahre nach meinem ersten Versuch, im Meer zu schwimmen, hatte ich es also nun mit dieser Gruppe von Meerschwimmerinnen zu tun, die noch härter im Nehmen waren als meine mexikanischen Freunde damals. Nur befand ich mich diesmal an einem sonnigen, mit 19 Grad ungewöhnlich warmen Augusttag am geothermischen Strand Nauthólstvík in Reykjavík.

Nauthólsvík ist unter Meerschwimmern der beliebteste Ort in der Hauptstadt, weil es eine geschützte Bucht mit einem Hot Pot und Umkleiden direkt am ungewöhnlich sandigen Strand ist. Vor allem aber pumpt die Stadt tatsächlich einiges von dem reichlich vorhandenen heißen Wasser direkt in diese menschengemachte Lagune. Dadurch erreichen die Temperaturen im Sommer sehr erträgliche 15 bis 19 Grad. Das ist warm genug, um dort eine Eisbude zu rechtfertigen. Wobei Isländer sich nicht auf Hitzewellen beschränken, um die kalte, sahnige Süßigkeit zu genießen.

Ein Meer mit künstlich erwärmtem Wasser ist für Jellyfish natürlich nicht authentisch genug. Daher haben sie entschieden, jeden Mittwoch in der Mittagspause ein paar Bahnen im unbeheizten Bereich der Bucht zu schwimmen, der Hardcore-Schwimmerinnen vorbehalten bleibt.

»Geh bis zum Hals rein und bleib dort, bis du normal atmen und bis zehn zählen kannst«, riet Sigrún Geirsdóttir, die den Ärmelkanal schon viermal (davon einmal allein) durchschwommen hat. Für ihre Verdienste wurde ihr der Falkenorden, die höchste Auszeichnung, die Island zu vergeben hat, verliehen. »Anfangs ist es für jeden schrecklich. Jedes Mal.«

Normal atmen? War das der erwachsene Ersatz für den Schluck Wodka, den ich mir bei meinem einzigen Versuch, im Meer zu schwimmen, vor all den Jahren gegönnt hatte? Oder war es bloß so, dass ich mich als Frau mittleren Alters und vierfache Mutter irgendwie weniger draufgängerisch fühlte als in meinen Zwanzigern?

Die Jellyfish sind allerdings genauso alt wie ich oder sogar älter. Am Nauthólsvík sind sie berühmt und werden von anderen regelmäßigen Badegästen mit Jubel begrüßt.

Das Wasser war an jenem Sommertag 12 Grad kalt. Vielleicht nur ein paar Grad wärmer als damals der sibirische Baikalsee, in den ich, zusammen mit einem Schweizer Pärchen in den Flitterwochen, nackt eintauchte. In meinem billigen Badeanzug, den ich beim isländischen Äquivalent von Target erstanden hatte, tat ich wie mir geheißen und watete bis zum Hals ins Wasser. Unwillkürlich stieß ich einen kleinen Schreckenslaut und einen Fluch aus, der mir zuletzt in den Wehen über die Lippen kam. Aber ich zählte in normalem Tempo bis zehn und bekam danach die Erlaubnis, ans Ufer zurückzukehren. Nachdem ich mir im Stillen zu meinem erfolgreichen »Schwimmen im Meer« mit Jellyfish gratuliert hatte, erklärten die anderen, dass sie an einem normalen Tag ein paar Kilometer draußen schwimmen und erst dann wieder aus dem Wasser kommen. Diese Prä-Anfängerversion hatten sie nur mir zuliebe gemacht.

Nachdem ich höfliches Lob für meinen nicht vorhandenen Eifer als Meeresschwimmerin eingeheimst hatte, unterhielt ich mich mit den Jellyfish über den Wert ihrer Freundschaft. Für ihr eigenes Wohlbefinden und als Ansporn für andere, vor allem Frauen, sich ehrgeizige Ziele zu setzen und Erwartungen zu übertreffen. Wie auch die Mitglieder der Frauenvereine sind Jellyfish für wohltätige Zwecke aktiv. Trotz des klingenden Namens handelt es sich allerdings um keine offizielle Organisation. Es ist eher ein sportlicher Nähzirkel oder *saumó* mit ausgeprägterem gesundheitlichen Nutzen. Ein Ort für vielbeschäftigte Karrierefrauen, die ihrer persönlichen Entwicklung Priorität einräumen.

»Das hier ist wirklich wichtig. Es ist unsere Therapiestunde«, meinte Sigrún, die ausgezeichnete Meerschwimmerin. »Wir sprechen über alles, aber was auf dem Wasser gesagt wird, bleibt auch auf dem Wasser.«

Ohne schlechtes Gewissen Zeit für sich selbst beanspruchen, das war eines der Themen unseres Gesprächs. »Für Frauen ist es wichtig, etwas in der Pipeline zu haben«, sagte Soffia Sigurgeirsdóttir, die sich um Logistik und PR der Gruppe kümmert, aber nicht mit über den Kanal geschwommen ist. Wobei ich keinen Zweifel daran habe, dass sie dazu imstande wäre. »Männer haben ja das Gefühl, sie könnten auschecken, wann immer es ihnen gefällt. Aber bei etwas wie unserem Projekt kriegen Frauen die Chance, auch mal für eine Weile unterzutauchen.«

Ihr Untertauchen, um angemessen für das Staffelschwimmen über die vierunddreißig Kilometer lange Strecke zu trainieren, bestand aus einer toughen Kombination von regelmäßigen Bergwanderungen, Schwimmen und sogar Terminen bei einem Sportpsychologen. Die Regeln für die offizielle schwimmende

Überquerung des Kanals sind streng. Darin geht es darum, welche Art von Badeanzug getragen werden darf (kein Neopren, Einteiler, keine weiteren Hilfsmittel außer Schwimmbrille und Badekappe). Vorgeschrieben ist auch die Reihenfolge, in der die Schwimmerinnen jeweils eine Stunde absolvieren. (Wenn jemand die vorgesehene Stunde nicht schafft, gilt der ganze Versuch nicht mehr.) Irgendwann im Laufe des Trainingsprogramms schwamm Jellyfish von Nauthólsvík durch die Bucht zur offiziellen Präsidentschaftsresidenz Bessastadir, also zu unserem Zuhause, um dort Gudni zu treffen. Der musste allerdings nur ein paar Meter ins Wasser waten, um sie zu begrüßen.[7]

Das Ganze war hart und mental sowie körperlich eine Herausforderung. Aber Jellyfish schaffte es.

»Es ist wichtig, dass unsere Kinder sehen, wie wir etwas hinkriegen, und dass wir uns selbst diesen Freiraum in unserem Alltag schaffen«, sagte Thórey Vilhjálmsdóttir Proppé, die von Beruf Consultant ist. »Frauengruppen trauen sich nicht so oft wie die Männer solche großen körperlichen Herausforderungen zu. Da gibt es immer Leute, die fragen, ›Und was ist mit den Kindern?‹ oder ›Was sagt denn dein Mann dazu?‹. Männern stellt man solche Fragen nicht.«

»Wenn du solche Sachen hörst, musst du genau das Gegenteil machen«, fügte Birna Bragadóttir hinzu, die ein Büro für Stadtplanung leitet. »Lass dich von nichts aufhalten.«

»Wir haben ja so viele Vorbilder«, sagte Soffia, während sie sich im Schneidersitz auf dem Gras neben dem Strand niederließ. »Das reicht von Hallgerdur der Langbeinigen bis zu unserer Präsidentin Vigdis. Es bewirkt einen großen Unterschied. Wir alle haben auch starke Vorbilder in unserem unmittelbaren Umfeld – unsere Mütter, Großmütter und Urgroßmütter. Viele waren in Frauenvereinen und anderen Gruppen, die heute noch überall im Land aktiv sind, ehrenamtlich engagiert. Es ist wichtig, damit aufzuwachsen, dass man hört, wie Frauen in ihren Communitys etwas bewegten und starke Stimmen hatten.«

Die Frauen von Jellyfish fungieren als Vorbilder füreinander und für diejenigen in ihrem Umfeld. »Zuerst war ich nervös wegen der Kälte«, gab Halldóra Gyda Matthiasdóttir Proppé zu. (Isländische Mittelnamen sind übrigens mehr als nur Deko für die Geburtsurkunde. Man verwendet sie oft und mit Stolz.) »Aber wir haben uns gegenseitig ermutigt, es anzupacken. Jede von uns hat sich ihr eigenes Motto ausgedacht. Meins war, dass ich positiv bleibe und stahlhart bin. Daran habe ich jedes Mal gedacht, wenn ich ins Wasser gegangen bin.«

»Mein Mantra war, ruhig und gelassen bleiben«, meldete Silla M. Jónsdóttir, eine Psychologin, sich zu Wort.

»Das war weit außerhalb meiner Komfortzone«, fügte Halldóra hinzu. »Mental und physisch war es hart, aber gemeinsam waren wir wirklich stark.«

Thórey fragte sich, ob es Frauen in anderen Ländern schwererfallen würde, so eine körperliche Herausforderung zu organisieren und durchzuziehen. Oder ob sie auf großen Widerstand stoßen würden. Sie meinte, viele Leute mögen es nicht, wenn Frauen sich behaupten.

»Ich habe im Ausland an vielen Ultra-Trail-Rennen teilgenommen«, erzählte Halldóra. »Bei diesen Wettbewerben gibt es oft einige Teilnehmerinnen aus Island. Und wenn du in Ländern wie Frankreich, Italien, Spanien versuchst, einen Mann zu überholen, dann wird wütend reagiert. Einen Mann lässt man vorbei, aber wenn du eine Frau bist, versuchen sie, dich zu blockieren. Das würde hier nie passieren. Wir betrachten uns einfach alle als gleichwertig. Man muss nicht der Erste oder die Beste sein, aber du solltest ein gewisses Selbstvertrauen zeigen, die Herausforderung anzunehmen.«

»Wenn ich meiner Familie erzähle, dass wir eine Wanderung unternehmen, dann fragen die Kids, ob es normal schwer oder ›Mama-schwer‹ sein wird«, berichtete Thórey lächelnd.

Mit vier Stückchen blauem Posterkitt ist der DIN-A4-Ausdruck eines Fotos an die leuchtend gelbe Wand in meinem Homeoffice geklebt. Es handelt sich um ein Foto von meiner Solo-Rucksackreise nach Westafrika im Jahr 2006. Das Bild wurde im Kakum-Nationalpark in Ghana gemacht. Dort können Besucher die abwechslungsreiche Flora und Fauna der Gegend aus der Vogelperspektive betrachten, indem sie einem überdachten Trail folgen, der aus sieben Brücken besteht, die eine neununddreißig Meter tiefe Schlucht überspannen. Diese Brücke ist nur so breit wie ein Mensch.

Ich hasse Höhe. Das ist eine der vielen irrationalen Eigenarten (im Klartext: Ängste), die ich angesichts von Situationen habe, in denen mir körperlich etwas zustoßen könnte. Allein in mehrere wenig touristisch erschlossene Länder der Welt zu reisen, trieb meinen Blutdruck nicht in die Höhe. Aber ich habe nie versucht, Alpinski zu fahren, mit einem Motorroller richtig schnell unterwegs zu sein oder in eine Achterbahn für Erwachsene zu steigen. Allerdings ist man auf Reisen ja irgendwie eher bereit, seine Grenzen auszutesten und etwas zu wagen, das man zu Hause nicht tun würde.

So war das für mich mit diesem Trail. Während andere mit begeistert strahlenden Mienen darauf unterwegs waren und die Brücken so stark wie möglich zum Schwingen brachten, setzte ich zögernd einen Fuß vor den anderen. Mit beiden Händen umklammerte ich das aus Seilen geflochtene Geländer, während ich mich zwang, ruhig zu atmen. Ich versuchte, den Blick nicht auf den Dschungel unter mir, sondern auf das sichere Ende der

Brücke zu richten – die Chance, mich wie ein Vogel zu fühlen, war mir piepegal.

Das Foto in meinem Büro zeigt mich mitten auf einer der Brücken, meine Fingerknöchel fast weiß, weil ich das Geländer so fest packe. Meinem Gesicht sieht man die Konzentration und mein Bemühen, Ruhe zu bewahren, deutlich an. Über das Foto habe ich »YOU CAN DO IT!« gekritzelt. Es ist meine ständige visuelle Erinnerung für den Fall, dass ich mal wieder vor einer Herausforderung stehe. Denn nachdem ich meine Höhenangst überwinden und mehrere Hängebrücken überqueren konnte, werde ich wohl mit der nächsten Prüfung fertigwerden, die das Leben für mich bereithält. Oder zumindest sollte ich keine Angst davor haben, etwas Neues auszuprobieren.

Wir alle haben unterschiedliche Vorstellungen davon, was uns angenehm ist. Immer ausgehend vom jeweiligen Status quo. Wenn äußere Umstände diesen verändern, hilft es, eine Art mentale Werkzeugkiste zu besitzen, um damit umzugehen: regelmäßig etwas für unser mentales Wohlbefinden tun, für frische Luft und Bewegung sorgen, uns auf Unterstützung von Freunden und Familie verlassen. Es kann das Erlernen neuer Fähigkeiten sein oder das gute Gefühl, in einer organisierten Gruppe wie einem Frauenverein etwas für die Gemeinschaft zu leisten. Man kann sich aber auch zusammentun und mit Freundinnen ins sprichwörtliche kalte Wasser springen. So ein mentaler Werkzeugkasten kommt uns ein Leben lang zugute, wenn wir mit Widrigkeiten und Wendungen ringen oder Selbstvertrauen, Erfahrungen und neue Fähigkeiten gewinnen.

Brynhildur Ólafsdóttir, furchtloses Mitglied von Jellyfish, machte ihren Master im Fach Internationale Beziehungen in New York

City. Begeistert erzählte sie von ihren Erfahrungen in den USA und den Freundschaften, die sie dort geschlossen hatte und bis heute pflegte.

»Aber nachdem wir begonnen hatten, Kinder zu bekommen, fing ich an, Unterschiede zwischen uns zu bemerken«, erzählte sie mir nach dem Bad im Meer. »Eine meiner Freundinnen beklagte, dass sie so gerne Kinder wollte, aber keinen Ehemann hätte. Ich versicherte ihr immer wieder, dass das nicht entscheidend sei. ›Wenn du wirklich welche möchtest, dann mach es einfach‹, erklärte ich ihr. Aber das wollte sie nicht mal in Betracht ziehen.

Vielleicht ist das eine typisch isländische Perspektive, weil das Netzwerk zur Unterstützung hier so stark ist. Das Konzept, wonach du und dein Partner beide in anspruchsvollen Jobs arbeiten, nachdem ihr Kinder bekommen habt, das konnten einige dieser Freundinnen einfach nicht verstehen.«

Die Mitglieder von Jellyfish sind in einer sehr privilegierten Lage. Sie können sich die Zeit nehmen, um ihre Freundschaften zu pflegen. Und sie verfügen über die Mittel, kühne körperliche Herausforderungen anzugehen, mit denen sie gleichzeitig auch noch Spenden für wohltätige Zwecke sammeln. Diese schwesterliche Zuneigung habe ich in anderer Form auch unter den Frauen der schon so lange bestehenden Vereine in Südisland gesehen – die Zufriedenheit, weil man der Gemeinschaft geholfen, etwas Neues gelernt und weil man einander unterstützt hat. Ob bei Krankheit, persönlichen Krisen oder Naturkatastrophen. Meist klaglos, oft ohne besondere Anerkennung.

Diese stabilen sozialen Netze, außerdem die durch verwandtschaftliche Bindungen geknüpften haben viel zur Unabhängigkeit isländischer Frauen beigetragen. Ebenso haben sie dabei geholfen, anzuerkennen und zu akzeptieren, dass niemand alles allein schaffen kann. Und nicht zuletzt vermitteln sie uns, welche Vorzüge es hat, wenn wir lernen, unsere eigenen Grenzen infrage zu stellen. Die zusätzliche Last der Mental Load, die das Managen eines Haushalts uns aufbürdet, und das schlechte Gewissen, wenn wir gelegentlich Zeit für uns selbst abzweigen, ist immer noch da und stellt ein echtes Hindernis auf dem Weg zur Gleichheit der Geschlechter dar. Während wir uns in diese Richtung weiterkämpfen, leisten diese Freundinnen und die erweiterte Familie viel, um uns dabei zu unterstützen – in Bezug auf unser seelisches Gleichgewicht, bei körperlichen Herausforderungen und mit all den Sahnetorten.

KAPITEL 4

SEXUALITÄT OHNE STIGMATISIERUNG

Gib es unter den Fuß[1]

Isländisch, die Landessprache meiner Wahlheimat, ist eine uralte Sprache und noch fast identisch mit der, die nordische Wikinger und Seefahrer benutzten, als sie Island ab dem 9. Jahrhundert zusammen mit ihren keltischen Sklaven besiedelten. Englischsprechende können sich bei den Isländern für Wörter wie *berserk* oder *geyser* in ihrem Vokabular bedanken. Zahlreiche andere umgangssprachliche Ausdrücke wie *fell* für Berg oder *bairn* für Kind, die auf den Britischen Inseln noch geläufig sind, haben ihre Wurzeln in derselben nordischen Geschichte. Sogar das aktuelle französische Wort für Hummer, *homard*, ist ein Relikt, das irgendwelche südwärts streifenden Wikinger hinterlassen haben.

Islandbesucher erwähnen oft, wie gut die Einheimischen Englisch und diverse andere Fremdsprachen beherrschen. Trotzdem ist die isländische Sprache hier identitätsstiftend und etwas, worauf man stolz ist. Anstatt fremdsprachige Ausdrücke für neue Technologien und Konzepte zu übernehmen, erfinden diverse Komitees neue isländische Wörter fürs Lexikon: *tölva* (eine Zusammensetzung aus »Zahl« und »Prophetin«) für Computer, *friðþjófur* (»Dieb des Friedens«) für Pager und *skriðdreki* (»kriechender Drache«) für Panzer.

Es gibt einen nationalen Tag des Isländischen, und viele Regierungsstellen legen inzwischen Wert darauf, die Sprache in einer globalen Zeit von Englisch als einer Art Lingua franca des ganzen Planeten zu stärken und zu schützen. Einmal jährlich gibt der staatliche Rundfunk die neuesten isländischen Wörter und Redewendungen bekannt, die in den vergangenen zwölf Monaten Eingang in die Alltagssprache gefunden haben. Zu den Wörtern, die unter dieser illustren Schirmherrschaft ins Lexikon des Isländischen kamen, gehören *loftslagskvíði* (Furcht vor dem Klimawandel), *líkamsvirðing* (Respekt vor dem eigenen Körper) oder *smitskömm* (Verlegenheit, weil man sich mit dem Coronavirus angesteckt hat). Dazu kommt eine Vielzahl anderer Ausdrücke, für die es im Englischen keine spezifische Bezeichnung gibt.

Ein ausschließlich isländischer Begriff, der gleichzeitig die Einstellung des Landes zur Sexualität und seine Kleinheit, wenn auch normalerweise nicht auf bewundernde Weise, widerspiegelt, ist das Wort *kviðsystur* (wörtlich übersetzt: »Bauchschwestern«) für zwei Frauen, die mit derselben Person geschlafen haben.

Wie ihre nordischen Nachbarn ist auch die isländische Gesellschaft von einer offenen Einstellung zur Sexualität geprägt. Kinder erfahren schon in der Grundschule von Verhütungsmethoden. Nur 30 Prozent der 2019 geborenen Kinder hatten verheiratete Mütter. (Wobei die Mehrzahl der Mütter zum Zeitpunkt der Geburt mit dem anderen Elternteil zusammenlebte.) Und obwohl das Durchschnittsalter der Erstgebärenden im Laufe der Jahrzehnte kontinuierlich gestiegen ist, von unter zweiundzwanzig zwischen 1960 und 1980 auf 28,6 im Jahr 2019, werden alleinerziehende oder junge Mütter kaum stigmatisiert. Auch Angehörige der Queer-Community stoßen selten auf Vorurteile und werden in ihrem Kampf um Gleichberechtigung von der Gesetzgebung unterstützt. Dennoch müssen wir wachsam bleiben und vor allem die Festschreibung der Rechte und Bedürfnisse von Transmenschen im Gesetz vorantreiben.

Bislang existiert keinerlei Theorie darüber, wie sich diese offene, liberale Einstellung zum Sex entwickelt hat. In einem Interview las ich, der Grund sei, dass im 18. Jahrhundert der dänische König, der damals über Island herrschte, Frauen ermutigt habe, jeweils sechs Kinder zu bekommen, um die Bevölkerung wieder wachsen zu lassen, nachdem sie durch eine Pockenepidemie dezimiert worden war. Vielleicht hat es aber auch mit der toleranten Einstellung »leben und leben lassen« zu tun, einer Art nationaler Philosophie. Dazu möchte ich den ehemaligen kanadischen Premierminister Pierre Trudeau zitieren (weil auch ich einen Kleinstaatenkomplex habe): »In den Schlafzimmern der Nation hat der Staat nichts zu suchen.« Aber ich frage mich, ob es nicht auch am allgemeinen Lebensstandard in Island liegt. Wenn die Dinge gut laufen, suchen wir nicht bei Sitten und Moral anderer nach einem Sündenbock für Probleme. Und weil wir so wenige sind, kennen viele Cis-Menschen beispielsweise eine Transperson, was wiederum einen wesentlichen Bezug zu deren ganzer Community herstellt. Oder vielleicht besteht der Grund einfach darin, dass Isländer tatsächlich die Haltung verinnerlicht haben, dass jeder nach seiner eigenen Fasson leben (und knutschen) soll.

Was auch immer die Ursachen sein mögen, eine liberale Einstellung bietet Frauen in allen Bereichen einer Gesellschaft fairere Bedingungen. So kann beispielsweise eine junge Studentin, deren Kind Windpocken hat, ihre Hausarbeit in Wirtschaft ein paar Tage nach dem Stichtag abgeben, ohne Nachteile befürchten zu müssen. Eine Frau in ihren Dreißigern, die eine Nacht mit einem Fremden verbringt, den sie in einer Bar kennengelernt hat, kann ihren Freundinnen von diesem Abenteuer erzählen, ohne Kritik fürchten zu müssen. Genauso wenig wird jemand die Nase rümpfen, wenn eine Zweiundvierzigjährige, die ihr drittes

Kind von einem dritten Vater erwartet, sich extra freinimmt, um mehr Zeit mit ihrer zwanzigjährigen Tochter zu verbringen, die sich gerade auf ihre erste Mutterschaft vorbereitet. Die Pastorin einer Kirchengemeinde kann mit ihrer Ehefrau und den gemeinsamen Kindern ein Nachbarschaftsfest besuchen. Solche Situationen sind nicht nur üblich, sondern tatsächlich in alltäglichen Gesprächen nicht einmal der Rede wert.

Es ist Viertel vor drei nachts, also fünfzehn Minuten vor der traditionell letzten Runde in Reykjavíks legendären Bars und Clubs. Zwischen Mitte Mai und Anfang August steht die Sonne so hoch am Himmel, dass man auf dem Laugavegur, der Ausgehmeile der Hauptstadt, meinen könnte, es wäre eher drei Uhr nachmittags als drei in der Nacht. Einfach weil es so hell ist und so viele Leute auf der Straße unterwegs sind. Zumindest bis einem dämmert, dass fast alle unter vierzig sind und wirklich sehr viele die Ausstrahlung und gute Laune – oder Wut – von Betrunkenen haben.

Falls man sich ein bisschen Mut angetrunken und vorgenommen hat, an diesem Abend anzubandeln, dann ist jetzt die Zeit, die hier »Viertel vor drei« genannt wird – die letzte Chance für *gefa undir fótinn* (»es unter den Fuß geben«). Also zum Flirten und um jemanden zu finden, mit dem man noch ein paar Stunden verbringen möchte. Lernt man jemanden kennen und geht zusammen nach Hause, dann ist das keine unausgesprochene längerfristige Verpflichtung, sondern eben nur die Übereinkunft, den Rest der Nacht gemeinsam zu genießen.

Niemand erwartet, dass ein Mann den ersten Schritt macht oder lange um eine Vertreterin des sogenannten schwachen Geschlechts wirbt. Vielleicht hat das mit der historischen Unvorhersehbarkeit des Lebens in Island zu tun. Schließlich weiß man nicht, wann der nächste Vulkanausbruch oder eine Hungersnot die Insel trifft. Wenn man sich die Hörner abstoßen will, ob als Mann oder Frau, bleibt da keine Zeit zu verschwenden.

Ich war eine relativ junge Erwachsene, als ich nach Island zog. Aber ich tat es mit einem Partner, dem ich in Treue verbunden war. Daher verfüge ich über keine Erfahrung mit der »Viertel vor drei«-Kultur. Ein Freund von mir schon.

Als wir das erste Jahr in einer kleinen Wohnung im Zentrum Reykjavíks wohnten – ich war noch in meinen Zwanzigern –, besuchte uns ein Freund aus Übersee. Am Ende eines Tages mit lauter Sightseeing lernte er in einer Bar um Viertel vor drei eine Frau kennen.

Am nächsten Tag erzählte uns der Freund, er und seine neue Bekannte hätten sich zum Abendessen verabredet. Er kannte nur ihren Vornamen und eine Telefonnummer, die auf ein Stück Papier gekritzelt war. Aber eine schnelle Internetrecherche erbrachte ein paar weitere Details. Vor allem, dass sie, zumindest von Rechts wegen, noch keine Erwachsene war. Die achtzehnjährige Gymnasiastin hatte eindeutig geschwindelt und sich als Zwanzigjährige ausgegeben, um in den Nachtclub hineinzukommen, wo mein Freund sie kennengelernt hatte. Nachdem wir ihn ein bisschen damit aufgezogen hatten, überlegte er sich, zu dem Date zu gehen, aber ihr richtiges Alter sofort anzusprechen.

Wie er uns später berichtete, kam sie zu dem Essen und wollte ihm sofort die Wahrheit sagen. Sie gestand, dass sie, als sie ihm am Vorabend erzählt hatte, sie sei Maschinenbaustudentin, eigentlich gemeint hatte, sie hoffe, das zu werden – nachdem sie mit der Schule fertig wäre. Darüber musste mein Freund schmunzeln. Sie war witzig, klug und interessant. Aber er war doch einige Jahre älter und nur für ein paar Tage in der Stadt. Außerdem, fügte er hinzu, wohnte sie noch bei ihren Eltern und beschwerte sich genauso über die zu Hause geltenden Regeln wie Teenager auf der ganzen Welt. Allerdings …

»Meine Mom ist so streng«, lamentierte die künftige Ingenieurin. »Wenn ich einen Typen über Nacht mitbringe, besteht sie drauf, dass ich ihn ihr am nächsten Morgen vorstelle.«

»Die eigene Sexualität ausleben und sich als sexuelles Wesen zu behaupten, das ist für die Geschlechtergerechtigkeit sehr wichtig«, erklärte die Sexualberaterin Ragnheidur Eiríksdottír. »Die Ermächtigung meiner Tochter und ihrer siebzehnjährigen Freundin hier in Island ist auch im Hinblick auf unsere Schwestern in Übersee wichtig. Schließlich ist es eine Welt.«

Wie die meisten Isländer*innen tanzt auch Ragnheidur auf den sprichwörtlichen vielen Hochzeiten. Die charismatische Neunundvierzigjährige, die meist Ragga genannt wird, trägt eine Brille mit kräftigem knallrotem Gestell, hat Tattoos auf Händen, Füßen und an vielen Stellen dazwischen. Sie hat schon als Krankenschwester, Journalistin, Coach für sexuelle Gesundheit und Selbstbewusstsein gearbeitet sowie als Organisatorin einer Strick-Tour. Von diesem letzten Job kenne ich sie. Erstmals interviewte ich sie 2009 nach der Wirtschaftskrise Islands, als das traditionelle Hobby – in harten Zeiten zu stricken – wieder aufkam. Bei unserem letzten Treffen sprachen wir über Sex. Ragga strickte dabei, während sie mit untergeschlagenen Beinen auf ihrem Sofa saß. Gelegentlich hielt sie inne, um Maschen zu zählen, ließ sich von dem gelben Pulli, den sie gerade für ihre Enkelin strickte, allerdings nicht im Fluss ihrer Gedanken stören.

»Ich habe beruflich schon mit Stricken und Sexualität Erfahrung, deshalb fragen Leute mich manchmal, wie ich diese scheinbar so verschiedenen Aktivitäten miteinander vereinbaren kann«, erzählte Ragga mir, während ihre Nadeln klapperten. »Aber in meiner Vorstellung gibt es da durchaus Ähnlichkeiten. In beiden Fällen versuche ich, den Leuten Mut zu machen und sie zu mehr Kreativität zu ermuntern. Und es existiert noch ein Zusammenhang zwischen beidem und seelischer Gesundheit.

Ich denke, Frauen in Island sind selbstbewusster«, fuhr Ragga fort. »Wir sind hier frei von der Last patriarchaler Dating-Kultur, bei der der Mann die Kontrolle hat, dich abholen und alles bezahlen muss. Natürlich ist es schön, irgendwohin zu gehen und eingeladen zu werden, aber beim Dating und in romantischem Zusammenhang erwartet man das hier nicht.« Sie nahm einen Schluck von ihrem Kaffee. »Normalerweise hat man sowieso schon miteinander geschlafen, bevor man sich zum ersten Date verabredet.«

Dieses sexuelle Selbstbewusstsein hat sich natürlich auch unter ausländischen Besuchern bereits herumgesprochen. Vor ungefähr zwanzig Jahren warb eine kleine Fluglinie mit einer verleumderischen Kampagne in der Londoner U-Bahn, man solle Island für ein »dirty weekend« besuchen. Auf den Plakaten waren Schlamm und Getümmel eines geothermischen Spas im Freien zu sehen, aber die Zweideutigkeit war klar. Vor kürzerer Zeit kursierten falsche Behauptungen, wonach Isländerinnen ausländische Männer bezahlen würden, um sie heiraten zu können. Und einheimische Frauen haben keinerlei Bedenken, Scharen von herablassenden, flegelhaften Touristen klarzumachen, was sie von solcher Arroganz halten.

Vor einigen Jahren erlangte eine isländische App kurz internationale Bekanntheit. Das Projekt selbst war nicht neu, die App schon. Von ausländischen Medien »Affären-App« genannt handelte es sich eigentlich um ein genealogisches Projekt, um herauszufinden, wie Menschen mit isländischer ID-Nummer (der hiesigen Sozialversicherungsnummer) miteinander verwandt sind.[2] (Dank geordneter Aufzeichnungen über Jahrhunderte und einer relativ homogenen Bevölkerung sind alle ethnischen Isländer innerhalb von sieben bis acht Generationen miteinander verwandt.) Die Überlegung dahinter war, dass man kurz vor einem One-Night-Stand noch checken konnte, ob man keinen gesellschaftlich inakzeptablen Inzest beging. Aber tun Leute das wirklich?

»Nein, natürlich nicht«, meinte Ragga. »Aber wenn du mit jemandem nach Hause gehst, miteinander schläfst und dann am nächsten Tag super stalky drauf bist, checkst du vielleicht online nicht, *ob*, sondern *wie* du miteinander verwandt bist.«

Die wertfreie Haltung der Gesellschaft zu Sexualität hat auch dazu beigetragen, Slut Shaming zu begrenzen, wenn auch keinesfalls zu eliminieren.

»Mädchen und Frauen schämen sich nicht mehr so wie früher dafür zu zeigen, dass sie sexuelle Bedürfnisse haben und sexuelle Wesen sind«, sagte Ragga. »Das ist allerdings ein zweischneidiges Schwert. Denn mit mehr Freiheit und offen ausgelebter Sexualität steigt auch massiv das Bedürfnis nach dem Bewusstsein für respektvolle Grenzen und Einverständnis. Mädchen, die mit den Auswirkungen von #MeToo aufwachsen, werden so viel besser darauf vorbereitet sein, Grenzen zu setzen. Wenn ich zurückdenke, dann hatte ich in dem Alter keinen Schimmer von Einverständnis oder gar begeistertem Einverständnis.«

Erinnern wir uns an die bezaubernden, unabhängigen Kleinen aus dem letzten Kapitel. Die man wie kleine Erwachsene für reif genug hält, um Besorgungen im Supermarkt zu machen oder ein kleineres Geschwister abzuholen und nach Hause zu bringen. Als Teenager benehmen sie sich auch eher erwachsen.

Das gesetzliche Alter für einvernehmlichen Sex ist in Island fünfzehn. Ein Teenie, der jemanden schon über ein Jahr datet, spricht mit gewisser Wahrscheinlichkeit von Schwiegermutter oder Schwiegervater, wenn es um die Eltern des Dates geht. Sie oder er verbringt auch ziemlich sicher viele, wenn nicht sogar die meisten Nächte der Woche in den Armen ihres/ihrer oder seiner/seines Liebsten. Und zwar im Doppelbett des Kinderzimmers, während die Eltern oder ein Elternteil gleich den Flur runter schläft.

Gibt es die Sorge vor Teenagerschwangerschaften? Ja und nein. »Eine Teenagerschwangerschaft ist hier nicht so ein absolutes Drama wie in den USA«, meinte Ragga. Es kommt immer seltener dazu, weil preiswerte Verhütungsmittel leicht erhältlich sind und Abtreibungen kein so heißes politisches Thema darstellen wie in manch anderen Ländern. Mädchen benötigen für einen Schwangerschaftsabbruch nicht die Zustimmung ihrer Eltern.

»Und für den Fall der Fälle stehen wir uns nahe. In unseren Familien ist man eng verbunden, Babys sind immer willkommen, und man hilft einfach bei ihrer Versorgung zusammen.« Achselzuckend machte sie eine Pause, um eine neue Farbe in den gelben Pulli einzustricken.

Ein paar Jahre später, wenn sie als junge Erwachsene ein selbstständiges Leben in den Städten beginnen, wo die Mieten bestenfalls eine Herausforderung und schlimmstenfalls unerschwinglich sind, trauen viele Paare sich schon nach ein paar Wochen »Dating« zusammenzuziehen. Wenn es schon so ernst ist, dass man erwägt, eine Zahnbürste beim anderen zu deponieren, warum dann nicht mit nur einer Zahnbürste an einem Ort ein paar Hunderttausend Kronen sparen? Sollte es nicht funktionieren, gibt es normalerweise noch ein Gästezimmer bei den Eltern zum Übernachten. Wegen einer gescheiterten Beziehung stigmatisiert zu werden, das ist ungefähr so wahrscheinlich wie ein Rüffel, weil man seinen Professor oder seine Ärztin mit Vornamen angesprochen hat. Das macht einfach jede*r.

Ragga leitete in den letzten zwei Jahrzehnten immer wieder gefragte Workshops zu sexueller Gesundheit und sexuellem Selbstvertrauen für Frauen. »Wenn bei einer Übung Nacktheit vorgesehen war, durften sie die zu Hause machen«, scherzte sie. Aber Ragga erzählte mir auch von einer im Laufe der Zeit geänderten Einstellung. Zu Beginn des Jahrhunderts fragten Leute sie oft nervös, wie sie den Kursraum finden sollten. Ob es ein Schild »Hier zur Sexhilfe« an der Tür geben würde, sodass »jeder wüsste«, dass sie etwas über offene Beziehungen, einvernehmlichen Sex und Beckenbodenübungen lernen wollten. Aber in jüngster Zeit würden Teilnehmerinnen stolz Fotos von sich in den sozialen Medien posten, auf denen sie neue Dildos präsentierten, die sie bei einem Kursausflug erstanden hatten. Neben wachsendem Selbstbewusstsein registriert Ragga aber auch Selbstzweifel.

»Das hat wahrscheinlich mit den sozialen Medien zu tun und den Erwartungen, die sie hervorrufen«, überlegte sie. »In unserer Jugend begannen wir, die eigenen Körper nur infrage zu stellen, wenn wir zufällig mal eine *Vogue* in die Finger bekamen. Aber meine Tochter wird via TikTok und Instagram mit Nachrichten dazu bombardiert, wie Körper auszusehen haben.

Ich sehe trotzdem auch viel Empowerment«, fuhr sie fort und strickte dabei geschickt ein paar Maschen zurück. »Bei diesen jungen Mädchen merke ich zudem, dass ihnen sehr bewusst ist, wie man über den eigenen Körper, über die eigenen Rechte als Menschen sprechen sollte. Und sie tadeln uns Eltern, wenn wir das in ihren Augen auf zu ›altmodische‹ Weise tun.«

Vielleicht ist das ein Beispiel für die Evolution der isländischen Gesellschaft, die letztlich Veränderungen in der Gesetzgebung bewirkt. Auch wenn der nationale Lehrplan inzwischen mehr Empfehlungen zu positivem Selbstbild, Kommunikation, Geschlecht und sexueller Orientierung enthält, wird das Thema Sexualerziehung vom Standpunkt privater Gesundheit eher durch das Gesundheitswesen und Schulkrankenpfleger*innen vermittelt. Weiterhin hängt es von der einzelnen Lehrkraft, der Schule oder sogar der lokalen Verwaltung ab, ob man diese sehr grundlegenden Vorgaben erweitert. Die Umsetzung ist so vielfältig wie die Schulen und Bezirke selbst.[3] Mittlerweile produziert die NGO Stígamót (das Bildungs- und Beratungszentrum für Opfer von sexuellem Missbrauch und Gewalt) kurze unterhaltsame Videoclips. Die werden über Schulen verbreitet (nachdem der gesponserte Vertrieb über Plattformen wie Facebook und Instagram wegen des »anstößigen« Inhalts verboten wurde). In diesen Spots klären isländische Jugendliche andere über Themen wie Masturbationstipps, Pornos contra Realität, einvernehmlichen Sex und positives Body-Image auf.

Führen dieser beiläufige Umgang mit Sex und häufiger Partnerwechsel zu moralischem Verfall, oder wirkt sich dieses Verhalten auf quantifizierbare Indikatoren aus? Nicht im Geringsten. Aber es gibt Herausforderungen. Etwa die höchste Rate von Chlamydien-Infektionen und beinah nur Spitzenplätze bei anderen sexuell übertragbaren Erkrankungen (pro Kopf, versteht sich). Man braucht nur »Reykjavik handshake« bei urbandictionary.com eingeben, um mehr Belege dafür zu finden.

»Vielleicht ist die Tatsache, dass wir in einem so winzig kleinen Land leben, der Grund dafür, dass wir uns manchmal unbesiegbar fühlen«, spekulierte Ragga.

Anzeigen wegen sexueller Übergriffe sind in Island auch vergleichsweise häufig. (Das gilt tatsächlich für alle nordischen Länder und wird auch als nordisches Paradox bezeichnet.) Es ist unklar, ob es wirklich mehr sexuelle Übergriffe gibt, oder ob dies die Folge einer Kombination aus Vertrauen in die Polizei, relativ leichtem Zugang zur Anzeigenerstattung und einer breiten juristischen Definition von sexueller Gewalt ist. Frauen in Island scheinen versierter zu erkennen, was sexuelle Gewalt ist, als ihre Geschlechtsgenossinnen in Ländern, wo diese als Tabu gilt. Sie scheuen auch seltener davor zurück, Gerechtigkeit einzufordern, als in patriarchalen Gesellschaften. Islands Trinkgewohnheiten spielen auch eine Rolle. Als Bars und Clubs während der Corona-Pandemie gezwungen waren, früh zu schließen, gab es bei der Polizei in der Hauptstadt merklich weniger Anzeigen wegen Vergewaltigung (allerdings einen Anstieg bei Anzeigen wegen häuslicher Gewalt). Allgemein lässt sich wohl sagen, dass, obwohl viele Frauen – ich eingeschlossen – sich in Island sicherer als anderswo fühlen, wenn sie nach Einbruch der Dunkelheit allein unterwegs sind, unerwünschte Annäherungen, verbale und körperliche Belästigung und Vergewaltigungen auch hier passieren. Und es versteht sich von selbst, dass Belästigung, egal auf welchem Niveau, inakzeptabel ist.

Diese progressive Haltung fördert entsprechenden Aktivismus, damit Gesetze helfen, gesellschaftliche Konventionen anzupassen und gleichzeitig die Geschlechtergerechtigkeit zu fördern. So verabschiedete das isländische Parlament beispielsweise 2009 ein Gesetz, das Sexarbeit an sich legalisiert, aber das Kaufen der Dienste einer Sexarbeiterin oder das Profitieren von der Sexarbeit einer anderen Person unter Strafe stellt. Das macht die Freier und Zuhälter zu Kriminellen, aber nicht die Prostituierten selbst. Generell ist im Gesetz jetzt von »Eltern« statt von »Müttern und Vätern« die Rede. 2019 wurde das Gesetz zur Regelung von Abtreibungen erstmals seit vierzig Jahren überarbeitet. Man strich die Bedingung der Zustimmung eines Komitees, bevor der Eingriff zwischen der 16. und 22. Schwangerschaftswoche vorgenommen werden kann. Im Februar 2021 trat ein neues Gesetz in Kraft, das sogenannten *revenge porn* und andere Formen der Verletzung sexueller Privatsphäre unter Strafe stellt.[4]

»Jemand meinte, dass Frauenkörper ein politisches Schlachtfeld sind, und wir müssen uns nicht besonders anstrengen, um das zu bestätigen«, sagte Ragga. »Schau dir an, was in Polen passiert, in den USA. Frauen hatten in globaler Hinsicht nie das Sagen über ihre Körper. Körper und Sexualität sind so miteinander verwoben. Von daher ist die Art, wie eine Frau ihre Sexualität ausdrücken darf, ein guter Maßstab dafür, wie viel Selbstbestimmung sie über ihren Körper hat.«

Es gibt hierzulande auch besonders kreative Wege, um sich für gesellschaftlichen Wandel einzusetzen. Seit 2011 veranstaltet Island einen alljährlichen »Slut Walk«. Das erste Mal nur wenige Monate nach so einem Event im kanadischen Toronto. Der Protestmarsch soll die Täter-Opfer-Umkehr bekämpfen und den Fokus bei sexuellen Übergriffen weg vom Opfer auf den Täter lenken. 2015 war der Bürgermeister von Reykjavík, Dagur B. Eggertsson, mit der Bildunterschrift »I am a slut« auf einem Plakat für die Veranstaltung zu sehen.

Im Jahr 2015 wurde die Besucherin eines lokalen Freibads dafür gerügt, dass sie oben ohne badete. Das löste den Hashtag #FreeTheNipple aus, unter dem Frauen Fotos der inkriminierten Körperpartie posteten. Im egalitären Island stammte einer der Posts von der damaligen Parlamentsabgeordneten (und späteren Umweltministerin) Björt Ólafsdóttir, die ein Foto ihrer eigenen nackten Brust auf Twitter veröffentlichte. Und zwar mit der Zeile »Das ist dazu da, um Babys zu füttern. Steckt euch das in euer Patriarchat« (auf Isländisch).

Die Fürsprache fröhlich unerschrockener Politikerinnen (und anderer), junge Frauen, die Slut Shaming widerlegen, und all jene, die die Kontrolle über ihren eigenen Körper feiern – zusammen hat das dazu beigetragen, den anhaltenden Kampf für Gleichberechtigung einer besonders marginalisierten Gruppe in Island zu stärken: der queeren Community. Das isländische Wort für die LGBTQIA+-Community lautet *hinsegin* (wörtlich »andersrum«). Eine inklusive Definition, die all jene umfasst, die sich selbst als queer identifizieren.

»Ich denke, die feministische Bewegung geht Hand in Hand mit der lesbischen Bewegung. Schließlich gibt es noch mehr Grund, für Gleichberechtigung zu kämpfen, wenn man mit einer anderen Frau zusammen ist!«, erklärte mir Eva María Thórarinsdóttir Lange in ihrer elegant designten Wohnung im Zentrum Reykjavíks. Auf allen Seiten des Penthouses im sechsten Stock bot sich ein Panoramablick auf die Hauptstadt.

Die charmante und selbstbewusste vierzigjährige Eva María organisierte seit sieben Jahren die Pride-Festivitäten in Reykjavík. Landesweit gilt sie als bekannte Stimme zu queeren Themen. Ich kenne sie allerdings am besten in ihrer Funktion als Mitbegründerin und Eigentümerin von Pink Iceland. Dieses Reisebüro leitet sie mit ihrer Ehefrau Birna Hrönn Björnsdóttir und ihrem gemeinsamen Freund Hannes Pálsson. Sie haben sich auf den LGBTQIA+-Markt spezialisiert und sind beliebt für Hochzeiten, sonstige Events und besondere Reiseerlebnisse in Island.

Was die gesetzlichen und gesellschaftlichen Bedingungen angeht, genießt Island den wohlverdienten Ruf, bei den Rechten queerer Menschen führend zu sein. 1996 erkannte es als viertes Land der Welt gleichgeschlechtliche Partnerschaften an. Seit 2006 können gleichgeschlechtliche Paare ein Kind adoptieren. (Wobei Kolumbien das einzige Land ist, mit dem Islands Adoptionsbehörde eine Vereinbarung hat und das diese Form von Adoption erlaubt; im Inland sind Adoptionen durch nicht Blutsverwandte extrem selten, weil fast immer irgendwelche Verwandte bereit sind, bei Bedarf einzuspringen.) Gleichgeschlechtliche Ehen legalisierte die Regierung 2010, und man war damals beileibe nicht das erste Land der Welt. Dafür aber vielleicht eines der wenigen, bei denen das Gesetz ohne Gegenstimme verabschiedet wurde.

Im Jahr 2009 bekam Island internationales Lob für seine LGBTQIA+-Rechte, als Jóhanna Sigurdardóttir die erste offen lesbische Regierungschefin und erste Premierministerin des Landes wurde. Ich erinnere mich noch an diesen Moment, aber hauptsächlich, weil in den inländischen Nachrichten anlässlich von Jóhannsdóttirs Wahl zur Premierministerin davon die Rede war, dass sie als Flugbegleiterin gearbeitet hatte, bevor sie in die Politik wechselte. Dass sie offen lesbisch war und schon gut zehn Jahre mit ihrer Partnerin, der Schriftstellerin Jónína Leósdóttir, zusammenlebte, war in Island allgemein bekannt. Als Immigrantin war ich mit ihrem Hintergrund weniger vertraut. Es überraschte mich positiv, dass ihre Sexualität nicht als hervorstechender Aspekt galt, den man betonen wollte.

Jóhanna blieb bis 2013 im Amt. In dieser Zeit und darüber hinaus brachten zahlreiche heterosexuelle Führungspersönlichkeiten ihre Unterstützung für die queere Community zum Ausdruck. Der ehemalige Bürgermeister Reykjavíks, Jón Gnarr, heterosexuell und fünffacher Vater, fuhr bekanntermaßen in voller Drag-Montur auf einem der ersten Festwägen bei der alljährlichen, sehr familienfreundlichen Pride Parade in seiner Stadt mit. Der gegenwärtige Bürgermeister setzt diese Tradition fort, wenn auch ohne Kostümierung. Mein Mann ist Schirmherr der National Queer Association, Samtökin '78, und soweit wir wissen, ist er weltweit das erste amtierende Staatsoberhaupt, das auf einer nationalen Pride Parade gesprochen hat. (Viele weisen zu Recht darauf hin, dass der kanadische Premierminister Justin Trudeau da bereits an einigen solchen Paraden teilgenommen hatte. Aber – man möge mir die Spitzfindigkeit verzeihen – als Regierungschef und eben nicht als Staatsoberhaupt.)

Als Gudni Schirmherr der Queer Association wurde, bekam er ein schmales Regenbogen-Armband aus Baumwolle geschenkt, wie junge Leute es häufig tragen. Er hat es immer an seinem Handgelenk und ersetzt es, wenn es ausfranst oder locker wird. Deshalb war es auch auf den offiziellen Fotos, als er 2017 beim International Arctic Forum dem russischen Präsidenten Wladimir Putin die Hand schüttelte. Oder beim Kurzbesuch des amerikanischen Vizepräsidenten Mike Pence 2019.

Natürlich war die Situation hier nicht immer so. Die queere Community musste hart um ihre Rechte und um Anerkennung kämpfen. Vor noch gar nicht so vielen Jahrzehnten etwa floh der Aktivist Hördur Torfason nach Dänemark, nachdem man ihn wegen seiner Sexualität körperlich bedroht hatte. Damals wurden offen homosexuelle Paare, die in der Öffentlichkeit Zeichen ihrer Zuneigung austauschten, noch gelegentlich attackiert. Wie auch an anderen Orten der Welt brauchte in Island die Gesellschaft Zeit, um ihre eigenen Vorurteile als solche zu erkennen und zu überwinden.

In ihrem Zuhause erzählte Eva María von eigenen Erfahrungen in Island im Vergleich zu anderen Ländern. Sie lebte zwischen ihrem achten und fünfzehnten Lebensjahr mit ihrer isländischen Mutter und dem italienischen Stiefvater in Neapel.

»Lesbisch zu sein, das war dort nicht wirklich eine Option«, erklärte sie mir. »Ich hatte tatsächlich nicht mal ein Wort dafür. Von daher war Island mein Paradies, der Ort, wo ich hinwollte. Für die Familie in Italien bin ich selbst jetzt noch nicht gay.«

Ihr Coming-out in Island als Teenager war für Eva María hingegen keine große Sache. »Ich war so erleichtert, dass ich es vor mir selbst getan hatte. Wenn das passiert und du dich endlich in deiner eigenen Haut wohlfühlst, dann kannst du alles aushalten.«

Doch der Mangel an verschiedenen Rollenvorbildern in der queeren Community war ein Problem. »Kurz nach meinem Coming-out meinten Leute zu mir: ›Du siehst gar nicht wie eine Lesbe aus.‹« Als sie davon berichtete, musste sie selbst grinsen. »Ich ging im Rock, mit Nagellack und Lippenstift in eine lesbische Bar, und die Leute hielten mich für ein Hetero-Girl, das sich verlaufen hat. Dabei brauchen wir alle Role Models – den superextravaganten Gay Guy, die maskuline Lesbe und die lesbische Femme.«

Diese Stereotypen sind in Island, wo die queere Community sich nicht in eigenen Vierteln absondert, allesamt vertreten. Gleichgeschlechtliche Paare zeigen in der Öffentlichkeit ihre Zuneigung, Formulare in Schulen fragen nach Elternteil 1 und Elternteil 2, statt nach Mutter und Vater. Und homosexuelle Menschen baggern potenzielle Partner in jeder Bar an, nicht nur in den für ihr eigenes Geschlecht »ausgewiesenen«.

»Leute kommen hierher, weil die Gesellschaft so tolerant ist, nicht nur weil es die entsprechenden Gesetze gibt«, beschreibt Eva María Ihre Kundschaft.

Sie arbeitet auch an den von ihr so genannten »winzigen Schritten«, die Einstellungen und Vokabular verbessern sollen. »Ich war bei einem Meeting, als jemand meinte, eine andere Person hätte etwas ›wie ein Mann‹ aufgenommen. Kurz darauf kommentierte ich, dass jemand anders ›wie eine Dame mit etwas umgegangen‹ sei. Alle checkten, was ich damit sagen wollte, und ich glaube, derjenige wird so eine Bemerkung nicht noch mal machen.«

Auch ich habe meine Sprache verändert, nachdem Eva María mich im Anschluss an eine Rede zur Gleichberechtigung auf etwas aufmerksam machte. Ich hatte angesprochen, dass unsere Elternzeit-Politik der Mutter und dem Vater jeweils Monate dafür ermöglicht. »Es ist einfacher zu sagen, dass sie dem einen und dem anderen Elternteil zugesprochen werden«, korrigierte sie mich höflich. Das habe ich mir gemerkt, und ich denke jetzt immer an sie, wenn ich über unsere Politik für beide Eltern – ohne Ansehen des Geschlechts – rede.

Es gibt einige Kunden von Pink Iceland, die Eva María besonders im Gedächtnis geblieben sind. Wie das Paar aus West Hollywood, dem »wahrscheinlich schwulsten Teil aller Städte«. Sie sagten zur Eigentümerin von Pink Iceland, Händchenhalten in einem winzigen Dorf im Norden Islands hätte schlicht bedeutet, dass sie »ganz normale menschliche Wesen« waren und kein Klischee eines homosexuellen Paars erfüllen mussten. Die erste Hochzeit, die sie für Pink Iceland plante, fand am UNESCO-Weltkulturerbe Thingvellir statt. Und zwar zwischen einem amerikanischen Arzt, der bei der Army Dienst tat und demnächst in den Nahen Osten versetzt werden sollte, und dessen deutschem Freund. Letzterer wollte, »für den Fall, dass ihm dort irgendetwas zustößt,« heiraten. Bei der Eheschließung las die Schwester eines Bräutigams den berührenden Brief ihrer entfremdeten Mutter vor, die ihm alles Gute wünschte. Zwei indische Frauen aus der Oberschicht, beide Mitte fünfzig, liebten sich schon länger als ein Vierteljahrhundert. Trotz Helikopterausflügen, Gletscherwanderungen und Ausreiten an schwarzen Sandstränden empfanden sie es als Höhepunkt ihrer Reise, dass sie Hand in Hand über Reykjavíks Einkaufsmeile spazieren und damit zum ersten Mal überhaupt in der Öffentlichkeit Händchen halten konnten.

»Eines der stärksten menschlichen Bedürfnisse ist das Gefühl von Zugehörigkeit. Wenn man nirgendwo dazuzugehören scheint, wird man niemals glücklich sein«, meinte Eva María zu der Wirkung solcher Erfahrungen auf sich selbst und ihre Kundschaft.

Aber selbst nachdem die Gesetzgebung endlich die gesellschaftliche Entwicklung eingeholt hat und homosexuell zu sein nicht mehr wie früher eine stigmatisierende Krise bedeutet, gilt es ihrer Ansicht nach immer noch, Herausforderungen zu meistern.

»Erstmals erleben wir ältere offen queere Menschen. Würde ein Neunzigjähriger, der hier in ein Altersheim zieht, stolz auf seine Homosexualität sein? Da wäre ich mir nicht so sicher. Junge Leute müssen sich jetzt nicht mehr wirklich outen. Vielleicht sind sie sogar genderfluid. Aber die ältere Generation, die um ihre schiere Existenz kämpfen musste, die hat vielleicht weiterhin mit ihren eigenen Vorurteilen zu tun.

Hätte ich mit fünfzehn die Wahl gehabt, hetero zu sein, dann hätte ich mich immer für gay entschieden. Weil es mein Leben viel besser gemacht und mir mehr Chancen eröffnet hat. Ich habe niemals gedacht, dass ich irgendwas nicht tun konnte, weil ich eine Frau oder lesbisch bin. Das kam mir nie in den Sinn. Ob das auch damit zu tun hat, dass ich in Island lebe? Natürlich.«

Während lesbische Frauen sich in der isländischen Gesellschaft und Gesetzgebung respektiert fühlen, kämpfen Transfrauen und nonbinäre Menschen immer noch darum, dass ihre Rechte im Gesetz verankert werden.

Ugla Stefanía Kristjönudóttir Jónsdóttir outete sich bei ihren Eltern, einem Landwirt und einer Hausfrau, in Form eines fünfseitigen, am PC geschriebenen Briefs. Darin sprach sie die am häufigsten gestellten Fragen und alles an. Sie erklärte ihnen, dass das bei ihrer Geburt zugewiesene Geschlecht nicht dazu passt, wie sie sich selbst fühlt, nämlich nonbinär, also nicht ausschließlich männlich oder weiblich.

»›Lasst euch Zeit damit, das zu verarbeiten, lest es und geht dann raus, die Kühe melken‹, schrieb ich. ›Und wenn ihr so weit seid, können wir darüber reden.‹«, erinnerte Ugla Stefanía sich, als wir uns im Zentrum Reykjavíks beim Hauptsitz der Queer Association of Iceland trafen.

So machten sie es dann und setzten sich um den massiven vierzig Jahre alten Küchentisch. Nachdem sie Ugla ihre Unterstützung zugesichert hatten, lautete die erste Frage, die Uglas Vater stellte: »Welche Umkleide wirst du im Schwimmbad benutzen?«

»Es ist so typisch isländisch, dass einem das Schwimmen als Erstes einfällt!«, meinte Ugla lächelnd. »Und ich sagte, wir werden einfach einen Schritt nach dem anderen tun.«

Ugla Stefanía wurde auf einem Bauernhof in der Nähe des Dorfs Blönduós im Nordwesten Islands geboren und ist dort auch aufgewachsen. Der Ort selbst ist bekannt für sein beliebtes Schwimmbad und ein interessantes Textilmuseum. Die grüne Landschaft mit ihren baumlosen Hügeln und klaren Bächen genießt den guten Ruf, fruchtbares Ackerland zu sein, und bei einigen den weniger guten, die vielleicht eifrigsten Polizisten zu haben, die es lieben, Autofahrer aus dem Verkehr zu ziehen, die zwischen der Hauptstadt und Akureyri, der größten Stadt im Norden, zu schnell unterwegs sind. Uglas Schule besuchten weniger als hundert Schüler, von der ersten bis zur zehnten Klasse. Das nächste Haus war fünf Autominuten entfernt. Es gab keinen Handyempfang. Uglas Vater, der 1959 auf dem Hof zur Welt kam, lebte, fast bis er Teenager war, ohne Elektrizität. Seine Eltern, Kristjana Stefanía Jóhannesdóttir und Jón Gíslason, bewirtschafteten den Hof seit ihrem siebzehnten bzw. neunzehnten Lebensjahr gemeinsam.

»Die Leute glauben, auf dem Land aufzuwachsen, das sei automatisch ziemlich konservativ. Aber ich bin wirklich dankbar dafür und glücklich, hier groß geworden zu sein. Denn so konnte ich mich viel inniger mit der Natur verbinden als meine Freunde, die in der Stadt aufwuchsen«, erinnerte Ugla sich. »In meiner Kindheit war ich offensichtlich ganz anders als typische Jungs. Und meine Eltern kamen immer gut damit klar. Nie gaben sie mir das Gefühl, es wäre schlecht, anders zu sein.«

Ugla Stefánia identifiziert sich selbst als transfeminine nonbinäre Person und benutzt das Pronomen they/them für sich. Im Isländischen wird in letzter Zeit zunehmend ein neues Wort, *hán*, verwendet, das für eine genderneutrale 3. Person Singular steht. Im Unterschied zu *tölva* für Computer und *sími* für Telefon kommt dieses Wort aus der queeren Community selbst, aber es steht immer noch nicht in der offiziellen Datenbank Isländischer Morphemik.

»Bei Frauen stoße ich auf mehr Solidarität und Verständnis«, berichtete Ugla mir, die »absolut einverstanden« damit war, im Kontext von weiblicher Unterstützung für Geschlechtergerechtigkeit in Island interviewt zu werden.

»Meine ganze Welt und Erfahrung dreht sich darum, als Frau wahrgenommen zu werden. Und meine Erfahrungen sind unter fast allen Umständen die gleichen wie die von Frauen«, sagte Ugla. »Daher spüre ich da eine echte Verbindung, auch wenn ich meine Gender-Identität als breiter empfinde.« Ugla ist eine lautstarke Transaktivistin in Großbritannien und anderen Teilen Europas. Die BBC zählte sie zu ihren 100 Frauen des Jahres 2019.[5]

Während ich mit Ugla sprach, fiel mir auf, wie oft sie Ausdrücke wie »Glück gehabt«, »günstige Umstände« und »dankbar« verwendete. In Großbritannien, wo sie lebt, ist Ugla besser bekannt unter dem Spitznamen Owl Fisher. (*Ugla* ist das isländische Wort für »Eule«.) Eindeutig ist sie ein Mensch, der Chancen statt Hürden sieht, Segen statt Fluch. Kein Zugang zum Internet bis zu den ersten Jahren dieses Jahrhunderts? »Das lässt mich die Technologie jetzt umso mehr schätzen.« Eine herausfordernde Zahl von Identitäten, wenn im Gespräch von LGBTQIA+ die Rede ist? »Unsere Sprache erzeugt Solidarität mit dem Wort *hinsegin*. Was für ein Glück für uns, dass wir es haben.«

Die Fakten zu Transpersonen bleiben trotz allem krass: Transmenschen haben ein beträchtlich höheres Risiko im Hinblick auf Depressionen, Angststörungen und Selbstmord. Vielen ist es unangenehm, öffentliche Toiletten zu benutzen. In zahlreichen Ländern werden Transjugendliche gemobbt. Man verweigert ihnen Zugang zu grundlegenden Dienstleistungen und stigmatisiert sie.[6] Es gibt kaum Statistiken zur seelischen Gesundheit von Transmenschen in Island, man kann aber sicher annehmen, dass es trotz besserer Zahlen in diesem Land immer noch viel Raum für Verbesserungen gibt.

Langsam, aber sicher passieren diese Verbesserungen und werden gesetzlich festgeschrieben. So können Transjugendliche in Island mit Einsetzen der Pubertät beginnen, Hormonblocker zu nehmen, was einer Art Pausentaste für die weitere Entwicklung entspricht. Ab fünfzehn dürfen Isländer*innen legal ihren Namen und ihre Geschlechtszugehörigkeit ändern. Ab dem sechzehnten Lebensjahr und in Absprache mit Ärzten, die die körperlichen Charakteristika und die emotionale Verfassung der Person evaluiert haben, können Transmenschen beginnen, Hormone des anderen Geschlechts zu nehmen. 2020 wurden die Rechte intersexueller Minderjähriger dahingehend geschützt, dass medizinisch nicht notwendige Operationen ohne ihre Zustimmung verboten sind.

Ugla empfindet »Hochachtung« vor den isländischen Transkids von heute. »Sie tun einfach, was sie tun müssen, und sind dabei so nonchalant. Trans zu sein ist einfach eine Facette ihrer Persönlichkeit.«

Seit 2012 werden Behandlungen zur Geschlechtsangleichung vom staatlichen Gesundheitswesen bezahlt, und es gibt am National Hospital ein »Trans Team«. Das hilft bei der Koordinierung der zahllosen Eingriffe und Behandlungen, für die viele Transmenschen sich entscheiden – von Laserbehandlung zur Entfernung unerwünschter Behaarung bis zur psychologischen Betreuung und einer Operation der Genitalien. Niemand benötigt irgendeine offizielle Erlaubnis zur Geschlechtsumwandlung.

»Wenn Menschen sich die medizinische Angleichung nicht leisten können, heißt das im wahrsten Sinne des Wortes, dass sie es sich nicht leisten können, sie selbst zu sein«, stellte Ugla klar.

In Island haben Menschen die Wahl, sich für eine genderneutrale Option zu entscheiden, wenn sie einen Pass beantragen oder verlängern. Das gilt auch für die nationale Identitätsnummer. Wer als genderneutral registriert ist, kann auch einen genderneutralen Familiennamen wählen, der auf *-bur* (»Abkömmling«) endet, anstatt auf das traditionellere -son oder -dóttir.

Der gesellschaftliche Diskurs über Transthemen erreicht auch zunehmend den Mainstream. So war während des nationalen Pride-Monats 2020 ein Stadtbus in den Farben der Transflagge bemalt. Im selben Jahr sorgte eine Fernsehsendung über Transkids in Island für positive Kritiken. Selbst die Lutherische Staatskirche Islands warb für ihre Sonntagsschule mit der Zeichnung eines bärtigen, vollbusigen hellhäutigen Jesus. Das löste zugegebenermaßen eine heftige Debatte und Kontroverse aus, aber es gab keinen allgemeinen Aufschrei im ganzen Land.[7]

»Ich glaube, die Mehrheit der Leute möchte wirklich, dass Transmenschen mit sich selbst im Reinen sind und an der Gesellschaft teilhaben«, versicherte Ugla mir. »Ich erlebe Island als eine Gesellschaft, die offen sein und Menschen ungeachtet ihrer Identität respektieren will.«

Die letzten fünf Jahre lebte Ugla in Südengland, und sie erzählte, dass die Unterschiede bei den Rechten der Transmenschen enorm sind. »In Island begegnen die meisten irgendwann einer Transperson, während die Wahrscheinlichkeit dafür in Großbritannien viel kleiner ist. Das Problem mit Vorurteilen und Furcht ist das Unbekannte.

Wenn ich in Großbritannien ein Interview gebe, dann wird daraus gleich ein Streit. Man muss auf Krieg gefasst sein, und das kann echt anstrengend werden«, erzählte sie weiter. »In Island habe ich nie ein Interview gegeben, in dessen Verlauf Leute unhöflich zu mir waren, selbst wenn sie mir problematische Fragen stellten.«

Ugla Stefanía beharrt darauf, Perspektivwechsel zu fördern und Transthemen immer wieder ins Gespräch zu bringen. »Eine gemeinsame Basis und geteilte Werte finden, das ist wahrer Aktivismus. Dann können die Leute sich in dich als Person reinversetzen.«

Gerechtigkeit in diesem Bereich wird sich auch auf andere auswirken. Und genau wie das Wort *hinsegin* für die Aktivistin von einem Hof in der Nähe von Blönduós so viele verschiedene Orientierungen zusammenfasst, legt es Lektionen nahe, die sich auch anderswo anwenden lassen.

»Feminismus konzentriert sich oft noch auf einen bestimmten Typ Frau. Dann sehen wir keine behinderten oder geflüchteten Frauen, keine Women of Color. Dabei müssen auch sie am Gespräch beteiligt sein. Sie müssen mit im Raum sein, weil wir sonst etwas machen, das sie ausschließt. Und dann haben wir die gleiche Dynamik wie immer.«

Mein Gespräch mit Ugla Stefanía fand an einem sonnigen Sommertag statt. Und zwar in dem Jahr, als wegen der weltweiten Pandemie Einheimische das Land fast für sich hatten. Ugla und ich trugen Masken in Regenbogenfarben, die hatte die Queer Association verteilt. Es war ein bittersüßes Gefühl, an einigen der interessantesten Orte der Hauptstadt so viel Platz um sich zu haben, denn wir wussten, dass die geringen Besucherzahlen viele in wirtschaftliche Schwierigkeiten brachten.

Im Stadtzentrum, mitten zwischen diesen bunten Häusern mit korrodiertem Wellblech, die auf so vielen Postkarten zu sehen sind, verläuft (teilweise nur für Fußgänger zugänglich) eine der Hauptverkehrsadern Reykjavíks. Einen steilen Hügel von der geschäftigen Einkaufsmeile hinauf liegt das turmhohe Wahrzeichen der Stadt, die Hallgrimskirkja, eine lutherische Kirche. Der erste Abschnitt der Skólavördustígur-Straße ist mit einem Regenbogen bemalt. Ursprünglich war er nur für einen Pride-Monat gedacht, aber er blieb – und wurde regelmäßig erneuert. Als Erinnerung an die Selbstverpflichtung der Stadt und der Gesellschaft zu Diversität und Gleichberechtigung.

Wir alle brauchen solche Gedächtnisstützen. Gleichberechtigung kommt nicht von allein, und während wir alle Schritte in ihre Richtung feiern, dürfen wir nie vergessen, wie leicht es zu Rückfällen kommen kann. Ein Regenbogen für Diversität, ein buntes Band, das sich durch das Stadtzentrum windet, das ist wie ein greifbares zustimmendes Nicken zu dem, was wir erreicht haben, und zu dem Weg, der noch vor uns liegt. Es ist zugleich ein Signal dafür, dass wir alle dazugehören, ganz egal, wo im Spektrum wir uns einordnen.

Von Eva Marías Penthouse blickt man auf den Regenbogen in der Skólavördustígur, was für sie zu den größten Vorzügen der Wohnung gehört. In den Souvenirshops zu beiden Seiten können Einheimische Wolle kaufen und Touristen Pullover oder

Handschuhe im gleichen Stil, wie sie die Sexberaterin und leidenschaftliche Strickerin Ragga so gerne produziert, weil sie das beruhigend findet. Spätnachts können diejenigen, die die »Viertel vor drei«-Kultur pflegen, Hand in Hand diesen autofreien Teil der Straße entlangschlendern.

Trotz der noch nie da gewesenen Zeiten, in denen wir uns trafen, war Ugla Stefanía, wie es ihrem Wesen entsprach, guter Dinge und erfreut über die Gelegenheit, ihr Heimatland zu besuchen.

»Immer wenn ich herkomme, gönne ich mir einen Moment zum Durchatmen«, erklärte sie mir. Außer den Treffen mit Freund*innen und Familie, um sich gegenseitig auf den neuesten Stand zu bringen, dem Einkauf von Leckereien, die es in Großbritannien nicht gibt, der Beratung von verunsicherten Transkids oder Interviews für die einheimische Presse gibt es Zeit zum Entspannen, zum Besuch eines Schwimmbads, wo sie einfach sie selbst sein und atmen kann.

Ugla Stefanías optimistische Beharrlichkeit inspiriert mich dazu, die Stimmen anderer zu verstärken, wo es in meiner Macht steht. Sie inspiriert mich, die unsichtbaren und ungehörten Herausforderungen nicht zu vergessen, mit denen so viele konfrontiert sind. Und sie erinnert mich daran, dass kleine Änderungen in meiner Wortwahl große Wirkung entfalten können. Es gelingt mir nicht immer. Unbewusst falle ich in Klischees zurück, die ich vor langer Zeit verinnerlicht habe, in Vorurteile über das Liebesleben anderer Menschen. Die tolerante Einstellung zu Sex ist wahrscheinlich das, was mich am meisten überrascht hat, als ich hierherzog. Dabei hat das alles nichts mit mir persönlich zu tun. Vielmehr geht es darum, Menschen zuzugestehen, das Leben nach ihren Wünschen zu leben. Als diejenigen, die sie nach ihrer eigenen Erkenntnis eben sind. Es geht darum, den Mund aufzumachen und den gesellschaftlichen Druck zu erhöhen, damit sich die Einstellung in unseren Communitys ändert. Und zugleich darum, Gesetze zu machen, die die Rechte aller Menschen festschreiben und sicherstellen.

Nichts ist perfekt, aber wir versuchen in diesem Land, die Brustwarze zu befreien, bei Slut Walks mitzumarschieren und zu flirten, wann und mit wem wir wollen. Es gibt immer noch gewisse Vorurteile und Ignoranz, aber wir können uns glücklich schätzen, dass sexuelle Freizügigkeit und Schamlosigkeit im heutigen Island keine geläufigen Stigmata mehr sind.

EINE KOMPROMISSLOSE SPRAKKI DES MITTELALTERS

Island im 15. Jahrhundert: Die Insel mit ungefähr siebzigtausend Seelen stand unter dänischer Herrschaft. Erdbeben, Vulkanausbrüche und Unwetter konnten ohne Vorwarnung enormen Schaden anrichten. Die Ausbreitung der Pest raffte gleich zu Beginn etwa die Hälfte der Bevölkerung dahin.

In dieser Zeit allgemeiner Armut lebte eine Elite eng verbundener Individuen auf Kosten des dänischen Königs und nutzte den zunehmenden Handel mit weitverstreuten anderen Ländern für sich.

Ólöf »die Reiche« Loftsdóttir war die eine Hälfte eines mittelalterlichen isländischen Power-Couples und das, was für isländische Verhältnisse einer Adeligen am nächsten kam. Als Tochter eines Gouverneurs wuchs sie privilegiert und im Luxus auf. Ólöf und ihr Mann Björn Thorleifsson waren das reichste Paar Islands. Gemeinsam besaßen sie große Landstriche im Westen. Ólöf kaufte und verkaufte Eigentum auch im eigenen Namen und führte Missionen mit Segelschiffen an. Einigen ihrer Zeitgenossen schien es, dass sie sowohl als Ehefrau wie auch als Ehemann auftrat.

Das Paar verdiente sich auch die Gunst von König Christian I., der ein üppiges Lösegeld für die sichere Rückkehr der beiden bezahlte, nachdem Piraten sie auf die Orkney-Inseln vor der schottischen Küste entführt hatten.

Jahre nach ihrer Heimkehr, nämlich 1467, griff eine Bande englischer Kaufleute, die sich über neue Zölle Dänemarks für den wachsenden Handel mit Island empörten, Island an und enthauptete Björn sowie sieben weitere Männer. Anschließend zerteilten sie den Leichnam des Gouverneurs, salzten die Teile ein und schickten sie in einem Sack an Ólöf.

Als sie die grausige Sendung erhalten hatte, soll die unbeugsame Ólöf gesagt haben: »Trauert nicht um Björn, sondern sammelt Männer, um ihn zu rächen.«

Und dann übte sie Rache. Ólöf hatte genügend Männer, um Dutzende englischer Kaufleute gefangen zu nehmen. Mithilfe ihres ältesten Sohns Thorleifur kaperte Ólöf drei englische Schiffe für den Fischfang mit ihrer jeweiligen Besatzung. Viele der Gefangenen mussten Zwangsarbeit auf ihrem Gutshof verrichten, andere schickte sie nach England zurück, manche ließ sie töten.

Der Legende nach soll Ólöf noch einmal aufgebrochen sein, um den dänischen König zu treffen und ihm persönlich vom Mord an ihrem Mann zu berichten. Der König war von ihrer Selbstsicherheit und ihrem Auftreten derart beeindruckt, dass ihre Klage möglicherweise zu einem fünfjährigen Krieg zwischen Dänemark und England führte.

Nach dem Ableben ihres Mannes leitete Ólöf weiterhin den großen Hof und ließ auch eine Kirche errichten, die drei Jahrhunderte überdauerte.

Als Ólöf ihr Ende nahen fühlte, soll sie Gott gebeten haben, etwas Bedeutsames solle geschehen. In den letzten Tagen des Jahres 1479 verstarb sie, während in der Region ein heftiger Sturm wehte. Kirchen, Wohnhäuser und Boote wurden zerstört. In England sanken fünfzig Schiffe, während in Norwegen Häuser von ihren Fundamenten gerissen wurden.

Der Sturm wurde fortan »Ólöfs Sturm« genannt.[8]

KAPITEL 5

ANS KAPITAL KOMMEN

Wer nie in ein salziges Meer gepinkelt hat[1]

Wie so viele gute Ideen entstand auch diese bei einer Flasche Wein. Im dunklen Herbst 2012 genossen meine Freundin Erica Jacobs Green und ich gerade einen körperreichen Rioja, als sie mir von einer inspirierenden amerikanischen Schriftstellerkonferenz erzählte, an der sie kürzlich teilgenommen hatte.

»Isländer*innen lieben das Schreiben so sehr«, sinnierte sie. »Deshalb frage ich mich, warum es hier keine vergleichbaren Konferenzen gibt.«

»Da hast du absolut recht«, erwiderte ich mit zwei Gläsern intus. Das Licht in meinem Kopf ging flackernd an. »Warum gründen wir nicht etwas in der Art?«

So nahm unsere Geschäftsidee, das Iceland Writers Retreat, ihren Anfang. In kürzester Zeit saßen Erica und ich in der emotionalen Achterbahn, die es bedeutet, ein Event aus dem Nichts auf die Beine zu stellen: werben um Sponsoren; Marketingpläne und Budgets erstellen; Autor*innen von unserer Wunschliste einladen, die Workshops leiten sollten; Fallstricke der Werbung in den sozialen Medien kennenlernen; uns Touren mit Buchbezug ausdenken, um unserer Kundschaft, die aus ungefähr zwanzig verschiedenen Ländern käme, die Schönheit Islands zu zeigen. Für die Idee hatten wir beide Feuer gefangen. Erica und ich lieben es zu organisieren, zu planen und Veranstaltungen zu managen. Sie hatte fast zwei Jahrzehnte lang als Lektorin gearbeitet und ich jahrelang Artikel für Zeitschriften verfasst, hauptsächlich im Genre Reisen. Inzwischen war ich Herausgeberin des Bordmagazins von Icelandair und generierte den Großteil des Inhalts. Das IWR schien die perfekte Mischung zu sein, um etwas zu tun, das uns beiden lag (Planen), und zwar in Bereichen, die wir beide liebten (Schreiben und Island).

Achtzehn Monate, Dutzende von Meetings, viele Sorgen und wahrscheinlich eine Kiste Rioja später veranstalteten wir unser erstes IWR. Und wir sind immer noch erfolgreich damit. Wir managten Schneestürme im April oder die Absage einer unserer berühmtesten Autorinnen am Vorabend ihrer geplanten Ankunft, obwohl sie komplett ausgebuchte Workshops leiten sollte. Wir organisierten eine reibungslose Veranstaltung trotz Gerüchten um die mögliche Präsidentschaftskandidatur meines Mannes und wurden mit den Herausforderungen der Corona-Pandemie fertig, die diese für eine internationale Konferenz wie unsere bedeutete.

Das Iceland Writers Retreat ist mein berufliches Baby. Während ich damit schwanger war, lernte ich viel darüber, wie Entrepreneurship in Island funktioniert. Bevor die Leitung einen Großteil meiner Arbeitszeit beanspruchte, war ich bei einem Start-up und dann bei einer Zeitschrift angestellt. Durch meine Tätigkeit als Freelancerin hatte ich Einblick in die Bereiche Text und Marketing zahlreicher anderer Organisationen gewonnen. Aber ich hatte noch nie »in eine salzige See gepinkelt«: Ich hatte keine Erfahrung damit, für die Kohle (oder besser gesagt, die Króna) verantwortlich zu sein. Die Entwicklung von der Angestellten über die freie Mitarbeiterin zur Entrepreneurin war niemals langweilig. Der Lohn dafür – miterleben, wie Leute aus aller Welt sich trafen und, wie viele behaupteten, eine der erfüllendsten Erfahrungen ihres Lebens machten – war aller Mühe wert.

Im Unterschied zu meinen wenigen Jahren als Berufstätige in Großbritannien, wo ich als Führungskraft mit Mitte zwanzig bei Besprechungen oft für die Sekretärin gehalten wurde, habe ich in Island niemals offene Diskriminierung erlebt. Natürlich wurde ich, wie jede andere Person meines Geschlechts, unterbrochen und ignoriert. Einige isländische Männer sind genau wie ihre Pendants rund um den Globus geübt im Mansplaining und werden laut, um Kolleginnen zu mobben, anstatt respektvoll mit ihnen zu sprechen. Es wäre auch unaufrichtig zu behaupten, dass sexuelle Belästigung am Arbeitsplatz in Island nicht existiert.

Und trotzdem. Mehr als drei Viertel der ökonomisch aktiven Frauen über fünfzehn in Island arbeiten außer Haus, und ihre Präsenz ist in praktisch allen Wirtschaftsbereichen spürbar. (Die Partizipation am Arbeitsmarkt beträgt in den USA 56 Prozent, in Kanada 61 Prozent.)[2] Zugegebenermaßen sind viele Branchen, wie Pflege und Schulunterricht, von Frauen dominiert, und die Gehälter sind dort, wenig überraschend, niedriger. Viele andere Bereiche, etwa Fischerei oder, ganz entscheidend, die Investmentbranche, sind nach wie vor Männerdomänen. Dennoch gibt es nur wenig reine Männerenklaven.

Island ist nicht immun gegen Probleme und schwierige Bedingungen, die es anderswo gibt, aber es ist sich der Rolle des Geschlechts bei beruflicher Ungleichheit eher bewusst. Wie auch in anderen Ländern übernehmen eher Frauen Niedriglohnjobs. Im Jahr 2020 wurde ein landesweiter Streik der am schlechtesten bezahlten Menschen, darunter Stadtwerker, aber auch Leute aus der Vorschulbetreuung, von der Gewerkschaft unter das Motto »Kampf gegen Sexismus« gestellt. Nach über einem Monat Streik einigte man sich auf neue Konditionen: höhere Löhne, kürzere Wochenarbeitszeit und mehr Gewicht auf Ausbildung und Erfahrung bei der Berechnung des Einkommens. Die Gewerkschaft nannte das einen wichtigen Schritt der Aktualisierung von Verträgen im Minimallohnbereich, wo hauptsächlich Frauen tätig sind.

Wie so oft ist der Blick auf das Land von außen rosiger. Island stand 2020 laut *Economist* an der Spitze des Glass-Ceiling-Indexes und erhielt Lob für die große Zahl von Frauen mit Universitätsabschluss (über die Hälfte) und für den Frauenanteil in den Vorständen börsennotierter Unternehmen (dank gesetzlich vorgeschriebener Quoten).

Doch innerhalb des Landes konzentrieren wir uns auf die weiter bestehenden Herausforderungen. 2019 war das durchschnittliche Jahreseinkommen von Frauen 30 Prozent geringer als das der Männer. Und wenn Frauen im Laufe ihrer Berufstätigkeit weniger verdienen, dann zahlen sie auch weit weniger für ihren Ruhestand ein. Während ich das hier schreibe, fehlen weibliche CEOs in allen an der isländischen Börse notierten Unternehmen. Nur 13 Prozent der CEOs in den Top 800 isländischer Firmen sind weiblich.[3]

In der Geschäftswelt Islands ringt man zunehmend verzweifelt die Hände, weil es in den Vorstands- und Führungsetagen an Geschlechtergerechtigkeit fehlt. Gesetze, die ein ausgeglichenes Verhältnis in Aufsichtsräten und gleiche Bezahlung für gleiche Arbeit vorschreiben, haben geholfen, den Prozess zu beschleunigen. Grundsätzlich scheinen Männer mit dem Konzept einverstanden zu sein und einzusehen, dass Diversität in Bezug auf Gender und Ethnizität unterm Strich den Gewinn steigern.[4] Lautstarke Vorbilder sorgen dafür, dass das Thema in den Köpfen der Entscheidungsträger*innen bleibt. Doch das Geld – also die börsennotierten Unternehmen und Investoren wie mächtige Pensionsfonds – bleibt weiter fest in Männerhand. Inzwischen steht eine wachsende Zahl eingewanderter Frauen vor besonderen Herausforderungen im Bereich Entrepreneurship und in der Privatwirtschaft. Die oft zitierte Hürde auf dem Weg zu mehr Gleichheit in

Unternehmen – die Vereinbarkeit von Beruf und Familie – kam im Dialog mit den Frauen, die ich gesprochen habe, erstaunlich selten vor. Und sie fehlt auch in meinen Erfahrungen als Unternehmerin. Hier erleichtern Islands gesellschaftliche Strukturen die berufliche Einbeziehung, auch wenn es noch viel zu verbessern gibt. Vor allem, was das Rankommen ans Kapitel betrifft.

Im Jahr 2010 waren die Augen der Welt auf Island und seinen unaussprechlichen Vulkan Eyjafjallajökull gerichtet. Damals beeinträchtigte die Aschewolke des Ausbruchs den europäischen Luftverkehr wie noch nie seit Ende des Zweiten Weltkriegs.

Doch in gewisser Weise war der Vulkanausbruch tatsächlich ein Segen. Plötzlich wurde der Welt bewusst, dass Island gar nicht so weit weg liegt. Immerhin nahe genug, um Asche über dem europäischen Kontinent zu verteilen. Und wie man aus den Fotos schließen konnte, gibt es dort einige sehr fotogene Naturwunder. Dank dieses ungeplanten Ereignisses, der bereits bestehenden Bekanntheit, weil man eine der größten Finanzkrisen der Geschichte überstanden hatte (jede Publicity ist gute Publicity!), und durch eine konzertierte Werbekampagne staatlich finanzierter Tourismusverbände kamen scharenweise Gäste nach Island. Die Zahl der Touristen stieg explosionsartig: von dreihundertsechzigtausend im Jahr 2004 auf 2,3 Millionen 2018. 2013 überholte der Tourismus das Fischereiwesen als Sektor mit dem größten Beitrag zum Bruttoinlandsprodukt.

Die exponentielle Zunahme von Touristen mit ihren Dollars, Euros, Yen und Rubel bewirkte auch eine Blüte der damit verbundenen Dienstleistungen. Oder anders formuliert: Isländische Entrepreneure fanden innovative Wege, um den Urlaubenden dabei zu helfen, ihre Reisekassen zu leeren.

Sagen wir, diese ganze Vulkan-PR und die wachsende Zahl potenzieller Zuschauer*innen bringt einen auf Gedanken. Man kommt auf die verrückte Idee, vor Publikum Lava zu schmelzen und diese dann auf uraltes Gletschereis zu gießen, um die Ehrfurcht gebietende Kraft der Natur zu demonstrieren. Auf den ersten Blick klingt das beängstigend und möglicherweise gefährlich. In der Realität ist es sogar noch viel schwieriger. Man muss an echte Lava kommen, die nicht mehr als 5 Prozent Alkalimetalloxide enthält, um ein gleichmäßiges Fließen zu gewährleisten. Es braucht einen Ofen und ein Belüftungssystem, die Hitze bis zu 1250 Grad aushalten. Dann benötigt man 1800 Kilowattstunden über vier bis fünf Stunden, um hundert Kilogramm vulkanisches Gestein in fließende Lava zu verwandeln. Und schließlich muss auch noch die Viskosität stimmen – die Masse soll nicht zu dick, aber auch nicht zu flüssig sein, um den richtigen Showeffekt zu erzielen.

Genau das nahmen Ragnhildur Ágústsdóttir und ihr Mann Júlíus Ingi Jónsson sich vor. Im September 2018 eröffneten sie im Dorf Vík, im Schatten des imposanten Vulkans Katla die Icelandic Lava Show. Dabei hören bis zu fünfzig Zuschauer*innen in einem kleinen Saal gebannt zu, während Júlíus die Geschichte seiner Vorfahren in dieser Gegend erzählt. Dann erinnert er das Publikum gelassen daran, dass – sollte Katla beschließen, der Moment des lange überfälligen Ausbruchs wäre gekommen – allen Bewohnern des Dorfs möglicherweise gerade mal fünfzehn Minuten blieben, um höheres Gelände aufzusuchen, bevor eine Flutwelle aus geschmolzenem Gletschereis über sie käme.

Als Nächstes bittet Júlíus, die am Eingang verteilten Schutzbrillen aufzusetzen. Außerdem schlägt er vor, sich vielleicht der Thermounterwäsche zu entledigen. »Es wird ein bisschen warm hier drinnen«, untertreibt er. Dann lässt er die Lava fließen. Kaum jemand bleibt unbeeindruckt vom Anblick geschmolzenen Gesteins, das kontinuierlich über Gletschereis fließt. Im Saal wird es fast sofort gute zehn bis fünfzehn Grad wärmer, während die glutrote Masse blubbert und zischt. Aller Augen sind auf diese Show gerichtet, während Júlíus die wissenschaftlichen Ursachen der Formen erklärt, die die rasch abkühlende Lava annimmt. Ein paar Glückliche aus dem Publikum dürfen ein Stückchen neu entstandenes Gestein mitnehmen.

Das berufliche Baby von Ragnhildur und Júlíus wurde ein Hit. Am 1. Januar 2020 hatten sie bereits eine Anzahl von Buchungen zu verzeichnen, die 68 Prozent der Buchungen des gesamten Vorjahrs entsprach.

Ragnhildur ist es gewohnt, sich als Frau in einer Männerwelt zu bewegen. Außer als Entrepreneur arbeitet sie noch in der IT-Industrie, wo sie mit fünfundzwanzig erstmals zur CEO aufstieg. Sie und Júlíus sind so ideenreich, dass sie in der Zeit, bevor sie Kinder hatten, regelmäßig ihre Handys und andere Ablenkungen ausschalteten, um Brainstorming für Start-ups zu betreiben oder Lösungen für alle möglichen Probleme zu entwickeln. Die charismatische, wortgewandte und enthusiastische Ragnhildur hat viel um die Ohren, aber ihre selbstbewusste, lebensfrohe Art ist ansteckend. Wenn man mit ihr spricht, beginnt man bald zu überlegen, dass man wahrscheinlich auch so viel stemmen und vielleicht sogar eine eigene unternehmerische Initiative starten könnte. Schnell wird einem allerdings klar, dass nur wenige Menschen derart talentiert im Multitasking sind.

»Sogar in Island gibt es einen Unterschied zwischen weiblichen und männlichen Entrepreneuren«, meinte Ragnhildur in einem Videogespräch, das sie von ihrem Zuhause in einem Vorort mit mir führte. Dabei ragten hinter ihr auf einem Tisch Berge gefalteter Wäsche auf. »Aber man findet kaum Orte, wo es besser wäre als hier.

Ich glaube, dass viele von uns Frauen grundsätzlich weniger

risikobereit sind und eine Chance im Berufsleben einfach seltener ergreifen. Vielleicht weil einige unserer sonstigen Zuständigkeiten, wie die Mutterrolle, der Haushalt und all die anderen Kleinigkeiten wie Geburtstagsgeschenke oder Arzttermine, immer noch stärker auf uns lasten, selbst wenn die Männer inzwischen engagierter sind«, fuhr sie fort, bevor ihr kleiner Sohn ins Bild gewackelt kam, weil er Hilfe mit den Kopfhörern brauchte. »Sehr wenige von uns genießen den Luxus eines Partners, der genau diese Aufgaben übernimmt. Wenn ein Mann Entrepreneur ist, geht man irgendwie davon aus, dass die Frau ihm den Rücken freihält. Aber wenn du als Frau Entrepreneur bist, erwartet man das dann von deinem Partner?«

Während die Gesellschaft die Entschlossenheit eines Mannes belohnt, der alles riskiert, um seine Ideen in die Tat umzusetzen, meinte Ragnhildur zu mir, würden Frauen strenger beurteilt, wenn sie über den Tellerrand hinausdenken. Es ist Aufgabe beider Geschlechter, darauf hinzuarbeiten, dass diese Doppelmoral ein Ende hat.

»Was für Botschaften senden wir denn aus? Versuchen wir, Gleichberechtigung zu betonen?«, überlegte sie, ohne sich auch nur im Geringsten davon ablenken zu lassen, dass hinter ihr etwas zum Wurfgeschoss umfunktioniert wurde, das für mich wie ein Plüschdinosaurier aussah.

Bei dieser Herausforderung sind, wie bei so vielen anderen, Vorbilder von entscheidender Bedeutung. Ragnhildur musste nicht überlegen, bevor sie die Namen zahlreicher Vorbilder in der Wirtschaft und darüber hinaus herunterratterte.

»Im Alter von acht Jahren erklärte ich, dass ich Präsidentin werden würde«, erzählte sie mir. »Das lag daran, dass wir damals eine Präsidentin hatten. Etwas anderes kannte ich gar nicht.«

Außer den zu wenigen Frauen, die Wegbereiterinnen in den Vorstandsetagen sind, sollten wir laut Ragnhildur die Bedeutung von Frauen in allen gesellschaftlichen Bereichen unterstreichen.

»Wir müssen nicht nur die größten Vorbilder hervorheben, sondern auch ganz normale Frauen, die einen großartigen Job an dieser oder jener Front machen. Und wir brauchen auch männliche Rollenvorbilder, die die Bestrebungen nach Gleichberechtigung unterstützen. In diesem Punkt müssen wir Einfluss auf Männer wie Frauen nehmen. Und wir müssen unsere Söhne so erziehen, dass sie solche Männer werden. Es reicht nicht, eine Frau im Aufsichtsrat oder im Führungsteam zu haben. Die Gender-Brille muss man immer aufhaben. Wenn es irgendwo nur eine einzige Frau gibt, dann bleibt sie die Ausnahme, die die Regel bestätigt.«

Vorbilder allein können nicht die ganze Arbeit tun, die es braucht, um mehr Geschlechtergerechtigkeit in Unternehmen zu bewirken. Die Firma Marel ist eine von Islands größten Erfolgsstorys. Sie wurde 1983 von einigen ehemaligen Maschinenbaustudenten der Universität Island gegründet. Heute ist sie einer der führenden Hersteller von Technik und Lösungen für die fleisch-, fisch- und geflügelverarbeitende Industrie. Basierend auf den historischen Grundlagen einer Fischfangnation, die von Innovation und Nachhaltigkeit profitiert, umfassen Marels Produkte den patentierten FleXicut. Diese Maschine optimiert die Nutzung von Filets. Ebenfalls von Marel stammt Innova, eine Software-Lösung zur Überwachung des gesamten Produktionsvorgangs in Echtzeit.

Sollte das jetzt sehr nach einer Marketingbroschüre für Kunden in der fleischverarbeitenden Industrie klingen, ist da etwas Wahres dran. Ein paar Jahre lang arbeitete ich als Freelancer in

Marels Abteilung für globales Marketing. Dort musste ich englische Texte über FleXicut oder die aktuellsten Serviceverträge für Innova korrigieren und mir Slogans für Plakate auf internationalen Seafood-Messen ausdenken. Ich arbeitete mit einem Team aufgeweckter und engagierter Leute. Die Atmosphäre im Unternehmen war positiv und energiegeladen.

Doch wenn man nach traditionell männerdominierten Branchen sucht, dann liegen Design und Produktion von Maschinen für diese Industriezweige ganz weit vorne. An Marels erstem Standort, der zugleich die Zentrale in Island ist, sind weniger als ein Viertel der Belegschaft Frauen. Betrachtet man die Branche weltweit, fällt der Anteil laut Statistik auf unter 15 Prozent.

»Wir haben gerade eine deutsche Firma mit ungefähr sechshundert Beschäftigten und darunter relativ wenig Frauen gekauft«, berichtete mir Gudbjorg Heida Gudmundsdóttir, die stellvertretende Geschäftsführerin von Marel Fish, als wir über die Frauen in dieser männerdominierten isländischen Erfolgsgeschichte sprachen. »Jedes Mal, wenn wir ein Unternehmen kaufen, gehen diese Zahlen wieder in den Keller.«

Sie lachte und sprühte vor Lebensfreude. »Es ist schon verrückt. Wir hier in Island bemühen uns um Gleichberechtigung, aber global sieht es anders aus.«

Sogar das Verhältnis von 75 zu 25 Prozent bei den Angestellten in Island ist bei näherer Betrachtung nicht gerade beeindruckend. Auf der Managementebene sieht es mit 65 zu 35 etwas besser aus, und der Aufsichtsrat besteht aus vier Männern und drei Frauen. Das globale Managementteam bilden fünf Männer und vier Frauen. Für die zehn Jahre von 2017 bis 2026 hat Marel sich einen jährlichen Gewinnzuwachs von 12 Prozent vorgenommen, also muss irgendwas in der Alchemie stimmen.

Die Verhältnisse auf der Führungsebene, die schon eher zu einer Gesellschaft mit Stolz auf die angestrebte Gleichberechtigung passen, sind die Folge von Gesetzen. Diese wurden erlassen, um Diversität in die richtige Richtung anzustoßen. 2013 verabschiedete das isländische Parlament ein Gesetz, das Unternehmen mit mehr als fünfzig Angestellten, also auch Marel, vorschreibt, dass Vorstände mindestens ein Geschlechterverhältnis von 60 zu 40 haben müssen. 2017 machte Island wieder einmal weltweit Schlagzeilen: als erstes Land der Welt, das es unter Strafe stellte, wenn Firmen Männern mehr bezahlen als Frauen (gleiche Bezahlung für gleiche Arbeit).[5] Marel erhielt 2019 das Zertifikat, ein gleich entlohnender Arbeitgeber zu sein.[6]

»Ich bin mir sicher, dass wir die Gleichberechtigung in den Aufsichtsräten ohne das Gesetz nicht hätten«, bestätigte Gudbjorg, die als erste Frau für eines der globalen Gewinn-und-Verlustkonten der Marke verantwortlich ist. Die Ingenieurin hat bis März 2020 das Büro der Firma in Island geleitet, bevor sie die neue Aufgabe übernahm. In dieser Funktion führt sie ein Team von gut zweihundert Mitarbeitenden und ist verantwortlich für einen Umsatz von circa hundertfünfzig Millionen Euro. Vor der Pandemie hätte der Job für die alleinerziehende zweifache Mutter mindestens hundert Tage auf Reisen bedeutet.

Ragnhildur von der Icelandic Lava Show teilte Gudbjorgs Einschätzung über die Bedeutung der Gesetzgebung. »Zuerst war ich ganz und gar gegen die Idee von Quoten. Ich war damals noch richtig jung und zuversichtlich, dass die Dinge sich ändern würden«, erinnerte sie sich. »Arrogant dachte ich, dass frühere Generationen von Frauen eben nicht gezeigt hätten, wozu sie imstande waren. Doch mit der Zeit habe ich meine Einstellung komplett geändert. Ich weiß, dass wir so etwas brauchen, um Veränderung zu beschleunigen.«

Trotz des Gesetzes betrug der durchschnittliche Frauenanteil in Vorständen, die es betraf, 2019 nur 34,7 Prozent. Auch wenn das einen beachtlichen Anstieg von den 12,7 Prozent im Jahr 2007 bedeutet. Vielleicht war der Anstieg nicht höher, weil es keine Auswirkungen hat, wenn diese Anforderung nicht erfüllt wird.[7]

»Gäbe es eine Strafe, wenn nicht mindestens die 40-Prozent-Regel in Vorständen erfüllt ist, dann sähen die Ergebnisse sicher besser aus«, argumentierte Ragnhildur. »Das haben wir bei den GDPR (*global data protection regulations*) zur Speicherung persönlicher Daten in Unternehmen gesehen. Die potenziellen Strafen, wenn man sich nicht an diese Regeln hält, sind immens [bis zu 4 Prozent vom Gesamtumsatz], sodass es in der Folge eine geschäftliche Priorität wurde.

In den ungefähr zehn Jahren seit Einführung des Gesetzes sind wir immer noch weit von der Gleichberechtigung entfernt«, fuhr sie fort. »Das macht mich wirklich wütend. Es geht immer noch zu langsam voran.« Sie bezog das auch auf das neuere Gesetz zu gleicher Bezahlung für gleiche Arbeit.

Gudbjorg hatte schon einige Jahre bei Marel gearbeitet, bevor man ihr die Leitung des Büros in Island antrug. Nie hatte sie das Gefühl gehabt, wegen ihres Geschlechts in diesem Job anders behandelt worden zu sein. Nach ihrer Berufung ins globale Managementteam, eine Chance, die sie selbst einen »wahr gewordenen Traum« nennt, stellte sie allerdings fest, dass einige aus ihrem neuen Vertriebsteam gegenüber einer Frau als Vorgesetzter skeptisch waren.

»Wahrscheinlich hatten sie vorher noch nie eine Chefin gehabt«, bemerkte Gudbjorg. »Aber wenn man eine Beziehung entwickelt, fängt man an, Erfolg zu haben, und Erfolg will jeder. Sobald man den hat, ist das Geschlecht vergessen.«

Gudbjorg denkt, dass die Unternehmenskultur in Island der Gleichberechtigung zuträglicher ist.

»Das kann ich beispielsweise in den Niederlanden sehen. Dort wird immer noch debattiert, ob gesetzliche Quoten eingeführt werden sollen. Für Frauen ist es sehr ungewöhnlich, in einen

Vollzeitjob zurückzukehren, nachdem sie Kinder bekommen haben. Island ist ein winziges Land, und ich liebe, wie leidenschaftlich wir uns für Gleichberechtigung einsetzen. Ich denke, da sind wir anderen Ländern weit voraus.«

Als Gudbjorg den Topjob in Island antrat, fand sie es trotzdem an der Zeit, ein paar andere Wertvorstellungen in die Unternehmenskultur einzubringen. »Wenn du die Macht hast, musst du dich trauen, Dinge zu verändern«, sagte sie. »Ich habe alle siebenhundert hier Beschäftigten zu einem Gender-Awareness-Training und zu einem Anti-Mobbing-Training geschickt. Außerdem habe ich mehr Ingenieurinnen eingestellt.«

Gesetze, um die Gleichstellung zu beschleunigen und diejenigen, die sie nicht umsetzen, zu sanktionieren – das ist ein wichtiger Bestandteil, um für Gleichberechtigung in der Berufswelt zu sorgen. Ebenso wichtig ist individuelles Selbstvertrauen, erklärte Gudbjorg mir. In einem TV-Interview wurde sie mit dem Zitat konfrontiert, ihre größte Herausforderung sei sie selbst. »Es geht tatsächlich um die Überzeugung, dass man in der Lage sein wird, etwas zu erreichen«, gestand sie.

»Einmal hat mich ein Typ gefragt, was mein Traum wäre. Da wurde ich sauer und erklärte ihm: Ich bin alleinerziehend. Ich muss sicherstellen, dass ich alles habe, was meine Familie braucht. Ich darf nicht träumen«, erinnerte sie sich. »Da meinte er zu mir: ›Doch, das darfst du. Du lebst in dieser reichen Gesellschaft mit dieser ganzen Gleichstellung. Wenn *du* nicht träumen darfst, wer dann?‹«

Die nötige Unterstützung und Zeit zum Träumen sind sicher ein Luxus, der vielen Frauen in Island gewährt wird. Aber aus Träumen eine Realität in der Unternehmenswelt zu machen, lässt sich in einer Bubble nicht erreichen. Über Jahrzehnte, wenn nicht länger, haben Männer ihren Zugang zu ihnen vorbehaltenen Enklaven ausgenutzt. Clubs für Mitglieder, Sportstätten und – gerade in Island häufige – Angel- oder Jagdhütten, das sind die Orte, wo man vertrauliche Kontakte knüpft. Wenn Jón also nach einem neuen Kopf in seinem Führungsteam sucht oder Magnús ein paar Kronen zum Investieren übrig hat, dann entspricht es eben der menschlichen Natur, sich als Erstes unter denjenigen umzusehen, zu denen man bereits Vertrauen und eine persönliche Beziehung hat.

Für gleiche Chancen brauchen Frauen die Gelegenheit, berufliche Netzwerke zu knüpfen. »Eine Beförderung bekommst du nicht, weil du hart arbeitest. Die bekommst du, weil du gute Kontakte hast«, erklärte Gudbjorg mir. Gruppen wie die traditionellen Frauenverbände, von denen ich in Kapitel 3 berichtet habe, sorgten für dringend benötigte Freundschaften und vermittelten sehr oft auch Fähigkeiten. Aber in der isländischen Privatwirtschaft haben in den letzten Jahrzehnten Verbände für berufstätige Frauen an Bedeutung gewonnen.

Auch ich habe über diese Gruppen neue Freundschaften geschlossen und die Treffen genossen, die oft darauf ausgerichtet sind, Verbindungen zwischen Frauen zu knüpfen, die auf ihrem Gebiet Führungspositionen besetzen. Die Association of Women Business Leaders (FKA) und EXEDRA (benannt nach dem lateinischen Wort für einen nischenartigen Raum, der an eine Halle oder einen Saal angeschlossen ist und in dem man gut ins Gespräch kommt) sind Vereine, die Vorträge und andere Veranstaltungen organisieren. Noch wichtiger ist jedoch, dass sie ein starkes Netzwerk von Frauen sind, die sich gegenseitig unterstützen – unabhängig von Alter, Beruf oder politischen Ansichten. Wenn ein Mitglied sich in den sozialen Medien unfair behandelt fühlt, stärken die anderen ihr den Rücken. Sie stellen Trolle in

Kommentarbereichen zur Rede, teilen positive Nachrichten miteinander oder schicken sich einfach mal ermutigende SMS. Wir treffen uns zu Mittagessen, bei denen eine bekannte Vortragende präsentiert wird, um tagespolitisch aktuelle Themen zu diskutieren. Oder wir machen als Frauen in Führungspositionen Druck, damit Frauen in der Geschäftswelt besser integriert und in den Medien stärker repräsentiert werden. Diejenigen, die sportlich aktiver sind als ich, nehmen an Golfturnieren, Bergtouren und Yoga-Sessions teil.

Die FKA gibt im akademischen Bereich auch Studien und Forschungsprojekte zur Gleichstellung in Unternehmen in Auftrag. Alljährlich wird an Firmen, Kommunen und öffentliche Organisationen, die mindestens ein Geschlechterverhältnis von 60 zu 40 auf der höheren Führungsebene haben, ein Preis verliehen. Im ersten Jahr dieser Auszeichnung erreichten achtzehn Unternehmen den Meilenstein. 2020 standen schon fünfundvierzig Gruppen auf der Liste, und weitere einundsiebzig verpflichteten sich dazu, das Kriterium vor 2027 zu erfüllen.

Die Preise beeinflussen die Firmenpolitik in Unternehmen, die ihren Ruf als sozial verantwortungsvolle Organisationen verbessern wollen. Ganz zu schweigen natürlich von dem Effekt, dass man dadurch die besten Talente jeglichen Geschlechts anzieht.

Gudbjorg hat ihre Mitgliedschaften in diesen Gruppen optimal genutzt. Sie war schon knapp fünf Jahre lang im oberen Management bzw. leitete Marels Büro in Island, aber sie wollte noch mehr erreichen. Es war ihr allerdings nicht gelungen, die Aufmerksamkeit des Vorstands auf sich zu ziehen.

»Also überlegte ich, dass ich mich von außen in die Führungsriege arbeiten würde«, sagte sie. »Anfang 2020 ernannte mich die FKA zur Frau des Jahres.« Diese Auszeichnung zog eine umfangreiche lokale Berichterstattung nach sich. »Zwei Wochen später war ich Executive Vice President.«

Einer der am häufigsten thematisierten Bereiche der FKA ist eine Datenbank der Mitglieder, die für Aufsichtsratsposten oder Interviews in den Medien zur Verfügung stehen. Die Idee dahinter ist, dass sich niemand mehr hinter der Ausrede verstecken kann, man hätte von keinen qualifizierten Frauen für einen Job oder ein Interview gewusst.

Ragnhildur ist allerdings von der Effektivität der Datenbank nicht überzeugt. »Seit vielen, vielen Jahren bin ich auf der FKA-Liste derjenigen, die für einen Aufsichtsratsposten zur Verfügung stehen. Und ich kenne keine Frau, die angefragt wurde, weil sie auf dieser Liste stand. Viel zu oft sind es dieselben paar Frauen, die in viel zu vielen Aufsichtsräten sitzen. Es ist eine echte Schande, dass man nicht die Gelegenheit nutzt, neue, talentierte Frauen einzubinden, die so viel zu bieten haben.«

Die stärkeren Netzwerke und die verbesserte Zusammenarbeit dank dieser Gruppen haben ihre Vorzüge. Aus den Begegnungen ergaben sich gemeinsame Firmengründungen, Unternehmenskäufe, und die Ermutigung durch Kolleginnen und Freundinnen sorgte für mehr Bewerbungen um hochrangige Jobs auf dem jeweiligen Gebiet.

Wenn Netzwerke schon für Frauen, die in Island geboren und aufgewachsen sind, eine wichtige Rolle spielen, dann gilt das erst recht für diejenigen, die nicht durch ihre Großfamilie oder Freundschaften von Kindheit an einen Bienenstock voller Kontakte vorzuweisen haben.

Fida Abu Libdeh hat ihre beruflichen Netzwerke schon immer sorgsam gepflegt. Die Vierzigjährige ist seit fünf Jahren Mitglied bei FKA und saß bereits im Innovationskomitee der Organisation. Außerdem gehört sie dem Vorstand der Association of

Start-up Enterprises an und ist Mitglied bei der Women in Geothermal Energy Association, die weibliche Solidarität in einem stark von Männern geprägten Bereich stärken will.

»Gemeinsam sind wir stärker, und wir arbeiten am Zusammenhalt«, sagte Fida über sich und die anderen weiblichen Entrepreneure.

Fida kam als Teenager aus Palästina nach Island, zog aber mit Anfang zwanzig auf der Suche nach ihren Wurzeln nach Jerusalem. Das war eine schwierige Zeit für sie. Die weiterführende Schule hatte sie wegen einer unerkannten Lese-Rechtschreib-Schwäche und den Schwierigkeiten mit der neuen Sprache nicht abschließen können. Ihr Weg von der erwachsenen Schülerin zur Gründerin eines Unternehmens für geothermische Energie mit Kunden in fünf verschiedenen Ländern ist umso beeindruckender. Der Erfolg ist Beweis für ihr Durchhaltevermögen, aber auch für ein Start-up-Ökosystem, dessen relative Homogenität Fluch und Segen zugleich darstellt.

Wer Island besucht, dem fällt oft auf, dass es einer der wenigen Orte weltweit ist, wo man das Wasser erst abkühlen lassen muss, wenn man den Hahn aufdreht. Eine heiße Dusche mit kontinuierlicher Temperatur riecht hier auch immer stark nach Eiern. Beides belegt die extensiven geothermischen Ressourcen des Landes, wo man natürlich vorkommendes heißes Wasser unter der Erdoberfläche anzapft.

Diese Energiequelle heizt fast alle Privathaushalte des Landes und viele Outdoor-Schwimmbäder, Gewächshäuser und Fischfarmen. Kombiniert mit der umfangreichen Nutzung von Wasserkraft bedeutet es, dass fast die gesamte Wärmegewinnung und Elektrizität des Landes aus erneuerbaren Energiequellen stammt.[8]

Fidas Firma, GeoSilica, nutzt die Mineralien, die als Nebenprodukte aus dem Wasser gewonnen werden, das die geothermischen Kraftwerke nutzen. Der Prozess, in dem diese (aus der

Sicht der Kraftwerke) unerwünschten Mineralien extrahiert werden, ist die primäre Besonderheit ihrer Technologie. Trotzdem interessierten Investoren sich zunächst für die Nutzung der Mineralien, vor allem der Kieselerde. Das von GeoSilica gewonnene Siliziumdioxid ist Bestandteil eines Nahrungsergänzungsmittels, das Osteoporose vorbeugt sowie unter anderem Haut und Haare stärkt. Die Firma plant, künftig auch andere Mineralien wie Kalzium und Magnesium zu extrahieren, die ebenfalls eine gesundheitsfördernde Wirkung haben.

Für Fida war es ein langer Weg bis zur Gründung ihres Startups. Als sie endgültig wieder nach Island zurückkehrte, holte sie ihren Schulabschluss nach, und zwar an einer neu gegründeten Schule auf einem ehemaligen amerikanischen Militärstützpunkt. Danach konnte sie sofort mit einem Bachelorstudium in Energie- und Umwelttechnologie weitermachen.

»Ich habe mich für die Hochschule entschieden, weil sie nah an meinem Zuhause und am Kindergarten der Kleinen lag. Als Immigrantin entscheidest du dich für das, was praktisch ist, weil die Großeltern nicht in der Nähe sind, um die Kinder abzuholen«, erklärte Fida.

»Nach Abschluss meines Studiums wusste ich, dass ich nicht einfach so einen Job finden würde«, erzählte sie mir auf Isländisch. (Ich empfinde immer besonderen Stolz, wenn zwei Immigrant*innen ihre zweite oder wievielte Sprache auch immer so gut beherrschen, dass sie sich entscheiden, in ihr zu kommunizieren.) »Immigrantin, gerade erst das Studium beendet, mit kleinen Kindern. Nein. Ich bewarb mich um ungefähr fünfzig Jobs und bekam ein einziges Vorstellungsgespräch. Ich wusste, dass ich mir selbst etwas suchen musste.«

Das Ergebnis war ihre eigene Firma GeoSilica, die von Beginn an florierte. Inzwischen sind Fidas palästinensische Wurzeln nicht mehr nur Herausforderung, sondern auch ein Vorteil für sie.

»Bei einem Event in Reykjavík präsentierte ich das Unternehmen, und eine Frau fragte mich immer wieder, ›Ja, aber wem gehört die Firma?‹«, erinnerte Fida sich. Diese Geschichte kommt vielen Immigrant*innen bekannt vor. »Beim dritten Versuch wechselte sie sogar zu Englisch, weil sie dachte, ich würde sie nicht verstehen. Sie konnte nicht begreifen, dass ich hinter alldem steckte.« Fida beeilte sich jedoch hinzuzufügen, dass die Mehrzahl der Frauen, die ihr bisher begegnet sind, ihre Anstrengungen sehr gefördert haben.

Positiv kann man vermerken, dass Fidas Story in den Medien viel Widerhall fand. Das gilt auch für Organisationen, die Wert auf ein diverses Image legen. »Es ist wirklich gut, Entrepreneur in Island zu sein, und sogar noch besser, wenn du ausländische Wurzeln hast«, erzählte sie mir. »Erst musst du darum kämpfen, Gehör zu finden, doch dann hilft es dir, aus der Masse herauszustechen.«

Trotzdem gab Fida zu: »Ich bekomme mehr Anrufe zu gesellschaftlichen Themen als zu meinem Fachgebiet, also Energie- und Umwelttechnologie. In den Augen der Fachleute aus dem Ausland bin ich Isländerin. Hier in Island betrachtet man mich als Ausländerin.«

Ob Immigrantin oder Einheimische, ob in einem Land, das an der Spitze des Glass-Ceiling-Index steht oder an einer deprimierend durchschnittlichen Stelle – Fida, Gudbjorg und Ragnhildur waren sich in einem Punkt einig: Wer die Brieftasche kontrolliert, trifft die Entscheidungen. Im 21. Jahrhundert wie zu Zeiten von Ólöf der Reichen sind finanzstarke Frauen, die es den Big Boys zeigen, dünn gesät. Eine aktuelle isländische Studie ergab, dass nur 11 Prozent der Leute, die die größten Fonds in Island leiten, Frauen sind. Und nur 1,4 Prozent der Mittel aus Investmentfonds fließen in Unternehmen, die ausschließlich von Frauen gegründet wurden. 88 Prozent fließen an diejenigen, die nur Männer gegründet haben. (Das zeigt uns auch, wie dringend Frauen ermutigt werden sollten, eigene Firmen zu gründen.) Solange Männer die meisten Finanzen managen, dürfte Gleichbehandlung der Geschlechter, ob bewusst oder unbewusst, nur ein Lippenbekenntnis bleiben.

»Hätte ein Mann dieselbe Idee wie ich, dann würde er mit viel größerer Wahrscheinlichkeit Investitionen bekommen«, glaubt Fida. »Frauen haben nicht die gleiche Möglichkeit zu erfahren, wo sie nach Förderung suchen sollen. Um für Chancengleichheit zu sorgen, müssen wir tatsächlich mehr Fonds nur für Frauen anbieten.«

Wie Fida mir berichtete, gilt das auch innerhalb der Europäischen Union.[9] »Ich habe mich da um eine Förderung beworben, und nur 2 Prozent der Mittel gingen an Frauen. Wenn man sich Össur, Marel, CCP [einige der erfolgreichsten isländischen Unternehmen] ansieht, dann wurden die alle von Männern gegründet. Ich werde niemals so groß werden, wenn ich jetzt keine Investitionen bekomme. Es wirkt wohl so, als wäre das für mich nur ein Hobby, obwohl ich eine einzigartige Technologie entwickelt habe.«

»Männer besitzen 95 Prozent des Geldes, und das Geld bestimmt«, bestätigt Gudbjorg. »Wenn Männer also nicht bereit sind, Frauen besserzustellen, dann wird es nicht funktionieren. Island ist so sozial, und es geht nur um Netzwerke. All die Jungs mit dem ganzen Geld rufen sich abends einfach gegenseitig an, da haben Frauen nie eine Chance. Gleichheit wird es erst geben, wenn Frauen an das Geld kommen.

Man geht in finanziellen Dingen kein Risiko ein und stellt jemanden an, weil man sich dazu verpflichtet fühlt«, fuhr sie fort.

»Du stellst die Person ein, von der du glaubst, sie erzielt den größten Erfolg für dein Unternehmen. Und genau deshalb werden meist Männer auf diese Posten gesetzt – weil das die Typen sind, die einem in solchen Rollen vertraut sind. Ich wurde gefragt, ›Kannst du Entscheidungen treffen?‹. Ich glaube, das hat man noch keinen Mann gefragt.«

Wenige Männer haben mit Mobbing am Arbeitsplatz zu kämpfen. Ragnhildur war eine der ersten Frauen, die im Zuge der #MeToo-Debatte mit ihrer Geschichte an die Öffentlichkeit ging. Sie veröffentlichte einen detaillierten Bericht über eine Erfahrung, während sie mit ihrem zweiten Kind schwanger war. Als sie kurze Zeit später in einer aktuellen Sendung im abendlichen Fernsehprogramm zu sehen war, wiederholte sie, was ihr widerfahren war: Zwei männliche Vorstandsmitglieder des Unternehmens, das sie leitete, hatten sie in ein Zimmer gesperrt, um sie unter Druck zu setzen; sie sollte dazu gebracht werden, ein Rücktrittsgesuch zu unterschreiben, das auch ihre Ansprüche auf eine Abfindung eingeschränkt hätte. Ragnhildur zeigte die beiden Männer wegen Freiheitsberaubung an, auch wenn die Anklage später fallen gelassen wurde.

Ragnhildur erhielt Anerkennung für ihre Offenheit und ist froh, sich so verhalten zu haben, auch wenn die Täter ihrer gerechten Strafe entgingen. »Es gab mir trotzdem das Gefühl, die Oberhand gewonnen zu haben und nicht das stille Opfer zu sein. Ich bekam überwältigenden Zuspruch von Frauen wie Männern, nachdem ich den Mund aufgemacht hatte. Frauen lobten grundsätzlich meinen Mut, während Männer eher so etwas sagten wie, ›Gut für dich. Man darf sich von Mobbern nicht unterkriegen lassen.‹«

Haben die Mobber letztlich gewonnen, weil sie nicht bestraft wurden? Verloren haben sie jedenfalls nicht, und solche Typen kommen wahrscheinlich mit vielen Sachen durch, bevor sie eine

Quittung dafür kriegen. Aber für den Moment und für sich selbst wusste Ragnhildur immerhin, dass sie das Richtige getan hatte, und sie fühlte sich von den Reaktionen ihrer Umgebung bestärkt.

Am Morgen des allerersten Meetings, das Erica und ich mit einem potenziellen Sponsor für das Iceland Writers Retreat vereinbart hatten, stellte ich fest, dass ich schwanger war. Mit meinem vierten Kind in fünf Jahren. Ich erinnere mich, während der Besprechung ziemlich abgelenkt gewesen zu sein. Denn im Kopf rechnete ich Wochen und Daten aus und überlegte, dass – wenn alles gut ging – ich während unseres ersten Events ein sieben Monate altes Baby hätte. Das konnte gut funktionieren. Wenn mir morgendliche Übelkeit und andere Beschwerden während der Schwangerschaft erspart blieben, sollte das wachsende Baby keines unserer Planungsmeetings beeinträchtigen. Die fünf Monate Elternzeit würde ich nutzen, um ein bisschen Mundpropaganda für die bevorstehende Konferenz zu machen. Und zu dem Zeitpunkt, wenn wir Autor*innen aus aller Welt begrüßen würden, befände sich das Kleine schon in den fähigen Händen seines Vaters in Elternzeit.

Alles lief nach Plan – wir kamen sogar mit dem ersten Sponsor ins Geschäft! Unsere kleine Edda war die jüngste Teilnehmerin unseres Tagesausflugs. Gudni hatte sie in einem Tragesack vor dem Bauch, während er den Teilnehmer*innen etwas aus der Geschichte Islands erzählte. (Unser Budget war sehr knapp, und wir brauchten einen Tourguide. Gudni war recht preiswert.)

Wäre es mir gelungen, ein neues Business zu starten und eine internationale Konferenz zu veranstalten, während ich gleichzeitig auch noch meine andere Arbeit als freischaffende Journalistin erledigte, unter anderem die Redaktion von Islands Hochglanzmagazin mit der höchsten Auflage, wenn es die geförderte Kinderbetreuung für unsere anderen Kinder und die Elternzeit für meinen Mann nicht gegeben hätte? Definitiv nicht. Vielleicht genieße ich es deshalb so sehr, über die Vorzüge des Unternehmerinnentums in Island zu sprechen, wenn ich im Ausland eine Rede als First Lady halte. Ich kenne aus eigener Erfahrung die Freuden und Herausforderungen, die es mit sich bringt, etwas Neues zu erschaffen. Und ich weiß, welche Hilfe die isländische Gesellschaft auf dem Weg dorthin bietet.

Inzwischen ist das in unserer Arbeitskultur derart verwurzelt, dass die Vereinbarung von Familie und Arbeitsleben für Ragnhildur, Gudbjorg und Fida – allesamt selbst Mütter – kein wichtiger Faktor ist, um Chancengleichheit im Beruf herzustellen. Zwei der drei unter zehn Jahre alten Kinder von Ragnhildur haben besondere Bedürfnisse und benötigen zusätzliche Betreuung. Die alleinerziehende Gudbjorg wurde dank eines anonymen Samenspenders zum zweiten Mal Mutter. Sie war nicht bereit zu warten, bis sie den perfekten Mann fände, um ihren Traum zu verwirklichen. Fidas drei Kinder hatten keine Großeltern im Nachbarhaus, die als Taxi einspringen und sie zum Fußball hätten bringen können. Trotzdem betrachtete keine der drei Frauen irgendwelche Komplikationen in ihrem Privatleben als größere Hindernisse für den beruflichen Erfolg.

Auch wenn ich selbst ein Neugeborenes zu Besprechungen rund um die Gründung des Iceland Writers Retreat mitnahm – immerhin ein unerprobtes Unterfangen, für das wir verschiedene Förderungen anstrebten – und wir einen guten ersten Eindruck hinterlassen sollten, hatte ich nie das Gefühl, ein Baby, zwei Kindergartenkinder und ein Erstklässler würden mich an einer erfolgreichen Karriere hindern. Es gab keine Nanny und kein Au-pair in unserem gelben Häuschen, aber einen genauso eingebundenen und fürsorglichen Partner, ausgezeichnete, preiswerte Kinderbetreuung und eine sichere Umgebung, die zur Unabhängigkeit ermutigte anstatt dazu, Helikopter-Eltern zu sein. Ich habe nicht »alles allein hingekriegt«, weil das auch niemand von mir erwartet hat. (Ich bin mir sicher, dass auch niemand meinen Mann, der gleichzeitig lehrte und ein Buch schrieb, gefragt hat, ob er das alles hinkriegt.)

Ich betrachte diese Freiheit als beachtliches Statement, sowohl offizieller als auch inoffizieller, gesellschaftlicher Unterstützung, die auf lange Sicht uns allen hilft. Es ist aber auch wichtig zu erkennen, welches Privileg das voraussetzt. Trotz des starken sozialen Netzes muss man fairerweise sagen, dass Frauen in der arbeitsintensiveren Dienstleistungsbranche oder anderen Niedriglohnjobs mit festen Arbeitszeiten und ohne Möglichkeit zur Telearbeit es viel schwerer haben, alles unter einen Hut zu bringen.

Wir brauchen mehr Frauen als Entscheidungsträgerinnen in Unternehmen und als Verantwortliche für die Vergabe von Krediten und Finanzierung von Neugründungen. Dies sind effektive Werkzeuge, um fähigen Frauen die Erfahrung zu verschaffen, die sie für Führungspositionen benötigen. Aber wir müssen auch weiter darauf hinarbeiten, dass es für berufstätige Frauen in allen Bereichen leichter wird, Arbeit und Vergnügen unter einen Hut zu bringen und ihre Träume zu verwirklichen. Am wichtigsten ist, dass wir uns von der Annahme verabschieden, die Benchmark für den Erfolg von Frauen wäre, wie lange jede Privates und Öffentliches, Betreuung und Arbeit effizient miteinander vereinbaren kann. Es gibt nicht die eine magische Formel, die für alle passt. Wer davon ausgeht, erweist allen Frauen einen schlechten Dienst, erhöht den Druck und vergeudet Energie, die sich, wie wir alle wissen, besser verwenden ließe.

»In unserer Gesellschaft sind wir unabhängig und leidenschaftlich und motiviert«, sagte Gudbjorg am Ende unserer Telefonkonferenz. »Wir haben eine soziale Struktur geschaffen, die für jede von uns gut ist, selbst wenn wir noch nicht am Ziel sind.«

In der Zwischenzeit könnte die männlich dominierte Unternehmenswelt mehr Einsatz männlicher Verbündeter in Sachen Gleichberechtigung gebrauchen. Da geht es um Männer, die sich aktiv engagieren, um jegliche Unternehmenskultur zu diskreditieren, die Mobbing, Herablassung oder sogar explizite Frauenfeindlichkeit schätzt, wenn sie sich als Sprache des Konkurrenzkampfs oder als »geradeheraus« tarnt. Da geht es um Männer, die begreifen, dass Geschlechtergerechtigkeit kein Nullsummenspiel ist, bei dem sie verlieren, wenn sie Frauen zu offenkundig unterstützen. Tatsächlich gilt das Gegenteil: Unternehmen mit mehr Gleichberechtigung schneiden unterm Strich besser ab. Abgesehen von der bloßen Moral verbessert Gleichberechtigung auch die Situation der Männer. Selbst wenn sie immer noch über eine überproportional große finanzielle Kontrolle verfügen, treten wir dafür ein, Sprakkar zu ermutigen, ihre professionellen Ambitionen zu verfolgen. Und es schadet nicht, mehr Männer davon zu überzeugen, indem wir das schlichte Argument nutzen, das Gudbjorg so oft angeführt hat: Mehr Frauen bedeuten mehr Erfolg. Und davon profitieren alle.

KAPITEL 6

VON DEN MEDIEN GEHÖRT UND GESEHEN

Da liegt der Hund begraben[1]

Im Januar 2018 besuchten Gudni und ich auf Einladung von König Carl XVI. Gustaf und Königin Silvia Stockholm im Rahmen eines dreitägigen Staatsbesuchs in Schweden. Staatsbesuche sind streng durchchoreografierte Events mit starrem Protokoll, um die Bande zwischen zwei Ländern zu stärken. Ein Staatsoberhaupt wird da fast immer von seinem Partner begleitet. Außerdem reist man mit einer offiziellen Delegation, die üblicherweise Politiker, Geschäftsleute und inoffizielle Kulturbotschafter umfasst. Das Programm ist minutiös geplant, angefangen bei der Zeit, die der Präsident zum Abschreiten einer zeremoniellen Garde benötigt, bis zu den drei Minuten, die man der Leitung eines Forschungsinstituts zugesteht, um die jüngste Arbeit ihrer Organisation zusammenzufassen. Bei den üblichen Galadiners mit mehreren Hundert Gästen wurde unsere Anwesenheit im Raum oft im wahrsten Sinne des Wortes hinausposaunt. In solchen Augenblicken taucht bei mir wieder dieses surreale Gefühl auf – wie ich es von meinen Wurzeln im ländlichen Kanada zu einem Ehrengast in einem Palast gebracht habe.

Als der Besuch in Schweden anstand, hatten Gudni und ich uns bereits ein wenig an das Protokoll und die Abläufe eines Staatsbesuchs gewöhnt. Wir hatten schon ähnliche Reisen nach Dänemark und Norwegen unternommen und ein internationales Treffen nordischer Staatsoberhäupter in Finnland besucht. Ich machte mir keine Sorgen mehr darüber, dass ich keine zu meiner Handtasche passenden Handschuhe besaß. (Diesen Rat hatte man mir vor dem ersten Staatsbesuch erteilt.) Und ich wagte es sogar, die ganze Zeit über dieselbe Handtasche zu benutzen, anstatt für jedes der ungefähr acht Outfits, die ich für den Drei-Tage-Trip dabeihatte, eine jeweils passende. Als wenige Tage vor der Abreise die Nachricht einging, dass alle Frauen der Delegation beim Begrüßungsempfang Hut zu tragen hätten, ließ ich mich nicht davon verrückt machen, dass ich nur Strickmützen besaß und es in Island keine Hutmacher gibt. (Nach einer Sammelbestellung mehrerer Hüte aus dem Ausland in letzter Minute erhielt ich für meine endgültige Wahl sogar positives Feedback von royalhats.net!) Inzwischen war ich auch ziemlich geübt darin, in königlicher Gesellschaft Bemerkungen bei Veranstaltungen zu machen, in Kameras zu winken und interessierte, aber unverfängliche Fragen bei Zwischenstopps in Universitäten, Museen und Instituten zu stellen. Der König und die Königin mit ihrer beinah lebenslangen Erfahrung, im Blickpunkt der Öffentlichkeit zu stehen, waren geübt darin, dafür zu sorgen, dass wir uns wohlfühlten. Sie stupsten uns dezent in die richtige Richtung, falls wir vergessen hatten, wer zuerst aus dem Wagen steigen oder wer vor wem hergehen sollte. In jeglicher Hinsicht erwiesen sie sich als charmante Gastgeber.

Ein Aspekt unseres Besuchs war die unvermeidliche Anwesenheit von Paparazzi. In Island wird über unsere offiziellen Events fast immer von den lokalen Medien berichtet. Was neugierigen Fotografen hierzulande am nächsten kommt, ist mal eine clevere Zehnjährige mit iPhone und einem Account in den sozialen Medien. In Schweden – und in anderen Ländern – gab es bei jedem Stopp eine Horde von Journalisten, Blitzlichtgewitter und zugerufene Fragen. Es war erfrischend, so etwas ein paar

Tage lang mitzubekommen, aber ich bin dankbar dafür, nicht immer damit leben zu müssen.

Am Nachmittag des zweiten Besuchstages, bei unserem ungefähr vierten Zwischenstopp, stieg ich aus dem Wagen und bemerkte, dass ich einen meiner Ohrringe verloren hatte. Der Schmuck war in Island hergestellt, aber nichts Hochkarätiges. Ich fragte die Königin, ob sie ihn auf dem Autositz neben uns gefunden hätte, und erwähnte es auch bei den Sicherheitsleuten, die uns begleiteten, für den Fall, dass jemand ihn zufällig entdeckte. Dann dachte ich nicht weiter darüber nach und ließ den verbliebenen Ohrring in meiner Handtasche verschwinden.

Später am selben Tag, während der (exakt) dreiundfünfzig Minuten, die wir hatten, um uns für den Abend in Schale zu werfen, googelte ich mich selbst. (Denn geben wir es zu, das hat jeder von uns schon getan.) Dabei stellte ich fest, dass eine große schwedische Zeitung eine Riesenstory aus dem verlorenen Ohrring der isländischen First Lady gemacht hatte. »Chaos beim königlichen Lunch: Rätsel um verschwundenen Schmuck«, posaunte die Schlagzeile im Boulevardblatt *Expressen*. Es gab Nahaufnahmen von mir bei früheren Stopps am selben Tag, wo man sah, dass ich den Ohrring noch trug, und eine, auf der er bereits fehlte. Es stellte sich heraus, dass Palastpersonal losgeschickt worden war, um das verlorene Stück zu suchen. So viel zum prüfenden Blick bei einem Staatsbesuch. »Chaos« war natürlich die sensationsheischende Wortwahl von *Expressen*. (Der fehlende Ohrring tauchte übrigens nie wieder auf.)

Die Berichterstattung durch die Medien war und ist in Island zurückhaltender. Doch seit ich First Lady geworden war, hatte ich gelernt, mich von Eliza, die morgens die Betten macht und die Schnupfnasen ihrer Kinder abwischt, in eine Eliza zu verwandeln, die später ein frisch gebügeltes Kostüm oder eine bodenlange Robe anzieht und deren Foto in der Zeitung, im Fernsehen und online zu sehen ist. Als eine Frau, die ihren Auftritt im Rampenlicht weniger ihren eigenen Eigenschaften, sondern eher ihrer Rolle als »Ehefrau von« verdankt, begann ich, zweierlei zu lernen: wie ich das zu meinem Vorteil nutzen konnte, um das Image zu erzeugen, das ich mir wünschte, und wie die Gesellschaft mir durch die Medien gewisse Erwartungen bezüglich ihres Ideals einer First Lady auferlegte.

Doch warum sollte es mich überhaupt kümmern, wie die Medien mich porträtierten? Da geht es nicht nur um Eitelkeit. (Wobei ich an dieser Stelle noch mal darauf verweisen möchte, dass ich mich natürlich auch selbst google.) Es ist wichtig, wie alle Frauen in den Medien repräsentiert werden. Denn »da liegt der Hund begraben«. Die Medien sind größtenteils unser Fenster zur Welt, und deshalb geht es auch um Geschlechtergerechtigkeit. Wenn die Medien hauptsächlich Männer interviewen, wenn Herausgeber, Verleger, Fotografen, Moderatoren und Autoren hauptsächlich dasselbe Geschlecht haben oder die Diversität unserer Gesellschaft, für die sie angeblich sprechen, nicht widerspiegeln, dann entgehen uns Einblicke, und unsere unbewussten Vorstellungen von Geschlecht und Diversität bleiben eingeengt. In den Kommentaren und den sozialen Medien, die jedem Smartphone-Besitzer einreden, die Weltbevölkerung lechze danach zu erfahren, was sie zu allem zu sagen haben, zeigen Statistiken, dass Frauen viel kritischer beurteilt werden und viel mehr Gewaltdrohungen und Angriffe aushalten müssen als Männer. Das schreckt sie von weiterem Engagement ab und bringt sie de facto zum Schweigen. In Island ist das genauso eine Herausforderung wie im Rest der Welt.

Und dennoch haben internationale Medienkanäle Island oft mit erstaunlich stark vereinfachten Begriffen beschrieben und die Nuancen einer Nation, die nur wenige genau kennen, zugunsten einer guten (aber extrem unzutreffenden) Story geopfert. Einfach weil es so verlockend war. Viel zu viele sogenannte

Fallschirmjournalisten schildern Island als Gender-Paradies, als ein Land, wo wir uns auf unseren Lorbeeren ausruhen können. Wo wir die Vorzüge einer fast perfekten Nation genießen, kurioserweise an Elfen glauben, nach dem wirtschaftlichen Kollaps all unsere Banker hinter Gitter gebracht haben und wo Frauen und Männer in absoluter Harmonie leben. (Ich bitte, die Übertreibung zu entschuldigen.)

Ganz abgesehen von internationalen Ungenauigkeiten lassen sich Islands Erfolge und weiter bestehenden Herausforderungen im Bereich der Gleichstellung nicht verstehen, ohne die Rolle der Medien in diesem Kampf zu untersuchen. Daher lud ich an einem Tag im Dezember vier Frauen aus verschiedenen Medien zu einem traditionellen Weihnachtsbuffet, um das Thema zu diskutieren. Das Altersspektrum reichte von Anfang zwanzig bis Mitte vierzig. Die Frauen haben Erfahrung in diversen Medien, im Generieren von Inhalten, aber auch darin, selbst Thema in der öffentlichen Diskussion zu sein. Nur zu gern wollten sie darüber debattieren, wie weit wir in den isländischen Medien mit der Berichterstattung über Frauen bereits gekommen sind. Es ging ihnen aber auch darum, dass die Kommentarfunktion sich als zunehmend attraktiv für neuerdings vernetzte ältere Männer erweist, die felsenfest davon überzeugt sind, der Rest von uns könne es kaum erwarten, von ihrer Weisheit zu profitieren. Und schließlich war es ihnen ein Anliegen, wie die Repräsentation marginalisierter Gruppen, wie etwa Menschen mit Behinderung, Frauen insgesamt einen Bärendienst erweist, und ob es uns jemals gelingen wird, dem Hype gerecht zu werden, wonach Island ein Land ist, das von einschüchternden Walküren bewohnt wird. Und sollte ich dabei Tipps bekommen, um die Aufmerksamkeit vom bereits erwähnten Rätsel um den verschwundenen Ohrring abzulenken – umso besser.

Ein unverhältnismäßig hoher Anteil der Leute in Island zählt zu den großen Fischen. Schließlich handelt es sich ja auch um einen kleinen Teich. Manchmal fühlt es sich an, als sei jede Person für irgendetwas berühmt. Die berühmten fünfzehn Minuten Ruhm erstrecken sich da schon mal über mehrere Stunden oder kommen regelmäßig vor. Auf Cocktailpartys kann man sich nie sicher sein, ob jemand, an den man sich vage erinnert, die Cousine zweiten Grades des eigenen Ehemanns ist oder die ehemalige Innenministerin. Oder beides. Insofern sind uns diejenigen, die in den Medien arbeiten oder über die darin berichtet wird, jedem von uns nahe. Alles ist viel persönlicher, was durchaus Vor- und Nachteile hat.

Die Medienlandschaft in Island hat sich innerhalb der letzten Jahrzehnte beträchtlich entwickelt. Wie jeder aus der Generation X einem bestätigen wird, fühlte man sich in den frühen 1980ern ungerecht behandelt – mit nur einem einzigen Fernsehsender (Farbfernseher waren erst ungefähr um diese Zeit verbreitet) und zwei lokalen Radiostationen. An Donnerstagen gab es kein TV-Programm, ebenso wenig wie im kompletten Juli, denn da sollte man draußen sein und das Tageslicht genießen. Die Printmedien waren üblicherweise einer Partei verbunden. So konnte man aus der abonnierten Tageszeitung schließen, für welche Partei jemand bei der nächsten Wahl stimmen würde.

Inzwischen sind wir nicht mehr derart abgeschottet. Es gibt viele digitale TV-Sender zur Auswahl. Isländische und fremdsprachige. Isländer gehören jetzt zu den vernetztesten Menschen des Planeten. Laut einer Studie von 2018 nutzen 99 Prozent der Einwohner zwischen sechzehn und vierundsiebzig Jahren das Internet.

Wir gehören auch zu den Progressivsten, was die Themen der Berichterstattung angeht, und bei denjenigen, die darüber berichten. Allerdings sind Frauen in den isländischen Medien und online nach wie vor weniger prominent – in den Mainstream-Medien sind im Durchschnitt nur ein Drittel der Interviewten Frauen. Es gibt jedoch eine aktive und lautstarke Bewegung, um Aufmerksamkeit auf die unbewusste Schieflage zu lenken. Hier geht es darum, was im öffentlichen Diskurs akzeptiert wird und wie Frauen in den Medien dargestellt werden.

Unsere Unterhaltung begann, sobald wir Räucherlachs auf ein paar quadratische Stücke Roggenbrot gepackt hatten.

»Ich könnte ewig über die Bedeutung der Medien im Kampf um Gleichberechtigung reden«, begann Thóra Arnórsdóttir. Sie ist ein vertrautes Gesicht im isländischen Fernsehen, denn die Fünfundvierzigjährige arbeitet seit mehr als zwei Jahrzehnten als TV- und Radiojournalistin beim staatlichen Sender RÚV. Sie moderierte eine beliebte allabendliche Nachrichtensendung zum Zeitgeschehen, produzierte eine preisgekrönte Dokumentation über den Wirtschaftskollaps von 2008 und später eine Serie über Pionierinnen des Landes. Heute ist sie einer der Köpfe hinter *Kveikur*, einer der kritischsten Sendungen des hiesigen investigativen Journalismus.

Weil durch Steuern finanziert, ist RÚV verpflichtet, bei Reportern und Nachrichtensprechern ebenso auf Diversität zu achten wie bei den Menschen, die interviewt werden. Das Bewusstsein der Gesellschaft für die Bedeutung von Gleichberechtigung und öffentlicher Druck sorgten dafür, dass der Erfolg in geschlechtergerechter Berichterstattung regelmäßig auf quantifizierbare Weise überprüft wird.

»Es gibt immer wieder ein paar Dinge, die wir nicht kontrollieren können, etwa ob Kabinettsmitglieder Frauen oder Männer sind«, sagte Thóra, nahm die übergeschlagenen Beine auseinander und lehnte sich auf dem Sofa zurück, gelassen und tadellos wie immer. »Aber inzwischen haben wir mehr Frauen in Ämtern wie Gesundheitsministerin und medizinische Leitung. Dann beschloss man bei *Landinn* [einer Lifestyle-Sendung, die Storys aus der isländischen Provinz bringt], gleich viele Frauen wie Männer zu präsentieren. Das ist einfacher als in den Nachrichten, weil es natürlich mehr Auswahl gibt. Sie bekamen zwar zunächst mehr Vorschläge für Männer als Interviewpartner, weil die sichtbarer sind, doch wenn man ein bisschen in die Tiefe geht, stellt man fest, dass Frauen alles Mögliche machen.«

Neben Thóra saß Steinunn Ása Thorvaldsdóttir, eine weitere Prominente vom Fernsehen. Außerdem ist Steinunn Sängerin, einmalige Kandidatin für ein politisches Amt und eine Frau, die sich einfach auskennt. Am bekanntesten ist sie als eine der sechs Gastgeberinnen von *In Our Eyes* bei RÚV, einer bahnbrechenden, preisgekrönten Sendung, die die National Association of Intellectual Disabilities entwickelt hat und die fast gänzlich von Menschen mit Behinderung gemacht wird. Steinunn hat das Williams-Syndrom, das charakterisiert wird durch Entwicklungsverzögerungen, spezifische Gesichtszüge, eine Begabung für Fremdsprachen (sie genießt es, so oft wie möglich Englisch und Italienisch zu sprechen) und durch ein offenes, freundliches Wesen. Steinunns Alter lässt sich schwer schätzen (sie ist siebenunddreißig), und sie hat sich für unser Essen chic gemacht: Sie trägt eines ihrer in Island designten Lieblingskleider aus Seide und an fast jedem Finger einen lokal produzierten Ring.

Nach einem Schluck von ihrem Drink brachte Steinunn ein Thema zur Sprache, das ihr am Herzen liegt und für das sie unermüdlich kämpft. »Ich denke immer darüber nach, wie behinderte Menschen, inklusive behinderte Frauen, in den isländischen Medien vorkommen«, erzählte sie mir. »Die Medien vergessen uns, wenn es läuft, und berichten über uns, wenn es das nicht tut.« Sie selbst als Teil der Medien sagt, dass sie es genießt, alle Arten von Menschen zu interviewen, vom Pastor vor Ort bis zu Figuren des öffentlichen Lebens (so lernten wir uns kennen). Ihr Team sorgt dafür, dass das Geschlechterverhältnis der Menschen, die sie in ihrer Sendung interviewen, ausgeglichen ist. Einer von Steinunns Punkten sprach mich persönlich an: die Tatsache, dass Frauen mit Behinderung oft in einen Topf geworfen werden, obwohl sie natürlich ebenso divers sind wie, sagen wir, Frauen mit Migrationshintergrund.

Nachdem sie ein bisschen Brombeergelee auf ihren Würfel Rentierpastete getupft hatte, führte Thóra für uns aus, wie jedes Programm bei RÚV, sowohl fürs Fernsehen wie fürs Radio, auf Gender-Balance überwacht wird.

»Nach jeder Sendung gibt man an, wie viele Männer und Frauen man interviewt hat, und wir begutachten diese Statistiken regelmäßig«, erklärte sie.

Die Zeitungsherausgeberin Tobba Marinósdóttir stimmte zu. »Man muss auf diversen Content achten, aber nicht offensichtlich Material für das eine oder das andere Geschlecht liefern«, sagte sie. Tobba ist eine glamouröse Frau Ende dreißig, die an diesem Tag meine Lieblingsfarbe Power Red als Lippenstift trug und ihre beneidenswerten langen Locken über die Schultern fallen ließ. Sie hat sich den Ruf einer Frau erworben, die den Finger am Puls des nationalen gesellschaftlichen Kalenders hat. Außerdem schreibt sie romantische Komödien. Seit sie acht Monate vor unserem Gespräch Herausgeberin der wöchentlich erscheinenden Ausgabe von *DV* geworden war, hatte sie vierundzwanzig Frauen und sechzehn Männer aufs Cover gebracht.[2]

Interviewthemen sind eine Sache, aber Leute auf Attacken bei Live-Sendungen oder toughe Fragen vorzubereiten eine andere. Thóra stellte klar, dass Frauen wegen TV-Interviews oft nervöser sind als Männer. Vielleicht weil sie stillschweigend anerkennen, dass ihre Expertise, über ein bestimmtes Thema zu sprechen, häufig stärker angezweifelt wird.

Das fand ich nachvollziehbar. Eigentlich bin ich bei Live-

Auftritten im Fernsehen oder anderen Interviews nicht nervös. Aber da ich in Island nicht meine Muttersprache verwende, bin ich mir jeglicher Fehler oder meines begrenzteren Wortschatzes, die von meiner Message ablenken könnten, viel eher bewusst.

Doch mir ist auch klar, je bekannter ich durch die Medien bin, desto eher kann ich diese Prominenz nutzen, um mein Image zu gestalten. Meine instinktive Reaktion auf die eifrige Berichterstattung über meine modischen Entscheidungen (die an sich schon ein Witz ist, weil ich mein Versace nicht von meinem Vuitton unterscheiden kann) wäre eine Mischung aus Missfallen und neugierigem Staunen. Ich beschloss, daraus einen Nutzen zu ziehen, und trug bei einer wichtigen Preisverleihung einen glänzenden Blazer, den ich für zwanzig Dollar in einem hiesigen Secondhandladen erstanden hatte. Die Story, dass die First Lady Kleidung aus zweiter Hand kauft, war Werbung für bewussteres Einkaufen und die Unterstützung wohltätiger Zwecke. Anschließend habe ich Secondhandsachen auch bei anderen wichtigen Anlässen getragen, etwa beim Empfang von Staatsoberhäuptern und an dem Tag, als mein Mann für eine zweite Amtszeit als Präsident gewählt wurde.

Ich unterdrücke auch das, was manchmal mein erster Impuls ist – nämlich höflich abzulehnen –, wenn ich gebeten werde, bei einem Event zu sprechen, wo ich mich nicht als Expertin fühle. Wir müssen häufiger, nicht seltener die Stimmen von Frauen hören, ermahne ich mich fast mantraartig. Und wenn die Organisatoren auf die Bedeutung meines Beitrags vertrauen, dann sollte ich das wohl auch tun.

»Mir fällt etwas auf, wenn ich mit Kindern unter zehn in Schulen spreche«, meldete Sólborg Gudbrandsdóttir, die letzte in unserem Quintett, sich zu Wort. Innerhalb weniger Jahre hat die dreiundzwanzigjährige Jurastudentin und Sängerin eine riesige Menge Follower auf Instagram gefunden. Und zwar durch ihre Posts, in denen sie Sexismus im Netz anprangert und weil sie freimütige Fragen anonymer Heranwachsender zu allem – von Pubertät bis Dating-Ritualen – beantwortet.[3] Dieser Erfolg führte zu kontinuierlicher Arbeit als Vortragende an hiesigen Schulen.

»Wenn ich rede, muss ich oft die Jungs zur Ruhe ermahnen, aber nie die Mädchen«, erzählte sie. »Die scheinen in diesem Alter schon gelernt zu haben, welcher Raum ihnen in der Gesellschaft zusteht. Und die Mädchen wissen, wenn sie es verbocken, werden sie nicht so viele weitere Chancen kriegen.«

»Das stimmt«, pflichtete Tobba ihr bei und erinnerte sich, wie Frauen traditionell alle Mahlzeiten zu Hause kochten und dann dafür sorgten, dass jeder etwas auf dem Teller hatte, bevor sie sich selbst etwas nahmen. »Man darf keinen Platz für sich beanspruchen.« Aufgebracht warf sie die Hände in die Luft. »Du darfst dir nicht mal ein Hackbällchen nehmen! Wo kommen wir denn da hin?!«

Es gibt modernere Beispiele für dieses Phänomen – dass man Frauen dazu drängen muss, Raum für sich zu beanspruchen. Um Frauen für ihre Verdienste zu ehren, begann die Lokalaktivstin Hildur Lilliendahl ein beliebtes Facebook-Album unter der Überschrift: »Existieren Frauen? Haben Sie Namen?« Zusammen mit Freundinnen stellte sie dahinein Ausschnitte von isländischen Schlagzeilen und Bildunterschriften, in denen Frauen nicht genannt oder nur im Verhältnis zu Männern erwähnt wurden: zum Beispiel ein Foto von drei Personen, wobei nur zwei identifiziert sind: »Schwester von [ehemaliger männlicher Premierminister] und jetzige Abgeordnete«; »Króli [ein beliebter Sänger] stellt seine Freundin erstmals auf Filmfestival vor«. Auf einem Foto von Gudni und mir schütteln wir an einem Tag der offenen Tür am Wohnsitz des Präsidenten die Hände unzähliger anonymer Gäste. Die Bildunterschrift lautet: »Der Präsident begrüßt Gäste.«

Spielt in einer Ära von Fake News und lächerlicher Deep-State-Verschwörungstheorien das Weglassen eines einzigen Namens in einer Bildunterschrift eine Rolle? Ist es eine so große Sache, nur über die Beziehung zu einer anderen Person identifiziert zu werden?

Ja, absolut, diese Dinge sind von Bedeutung. Es ist zwar ein Privileg, sich über solche Themen zu sorgen. Und weil es uns wenig kostet, sie anzusprechen, sind wir alle umso mehr moralisch verpflichtet, es zu tun. Frauen, die im Rampenlicht stehen, und diejenigen außerhalb haben genug, womit sie fertigwerden müssen, da brauchen wir nicht auch noch das Beseitigen unserer Identitäten durch tausend Weglassungen.

Und abgesehen von der nicht enden wollenden Notwendigkeit, andere auf unsere Existenz hinzuweisen, was passiert wohl, wenn wir das Geschlecht unserer Interviewpartner nicht erfassen oder keine weiblichen Autoren einstellen? Wenn wir es der großen weiten Welt der sozialen Medien überlassen, wie sollen wir dann gegen die misogyne Kultur des zum Schweigenbringens vorgehen? Denn diese kann dazu führen, dass Frauen ganz auf ihre Präsenz im Netz verzichten und sich nicht mehr an Debatten beteiligen. Meine Gäste an diesem Abend hatten nicht alle Antworten darauf, aber sie waren ganz erpicht darauf, ein paar Vorschläge zu machen.

Ungefähr achtzehn Monate nach unserem Staatsbesuch in Schweden begrüßten Gudni und ich den Präsidenten und die First Lady von Indien bei einem ähnlichen Anlass. Es gab nicht so viele Paparazzi wie in Stockholm, aber trotzdem zirkulierten eine Menge Fotos. Einige Tage später erhielt ich eine sehr höfliche Nachricht: »Ich habe die Fotos gesehen, auf denen Sie in einem grünen Kleid das indische Präsidentenpaar begrüßen. Verzeihen Sie die Offenheit, aber Grün ist definitiv nicht Ihre Farbe. Das blaue Kleid war dagegen entzückend.« Das Ganze war respektvoll von einer Frau unterschrieben, die sich als Schneidermeisterin zu erkennen gab.

Obwohl ich die freundliche Absicht (vermutlich, mich vor mir selbst und meinen schrecklichen Entscheidungen hinsichtlich der Garderobe zu beschützen) und die positive Meinung, die hinter dem Schreiben steckten, zu schätzen wusste, habe ich mich seither sogar bemüht, mehr Grün zu tragen.

Diese Nachricht war nichts, was einem den Schlaf raubt. Größtenteils kann ich mich nicht darüber beklagen, wie die isländische Öffentlichkeit im Internet über mich urteilt, wobei es schon ein paar kleine Ausnahmen gibt: etwa die Frau, die sich darüber empörte, ich hätte wie »ein Sträfling« ausgesehen, als ich bei einem Staatsbesuch in Polen einen leuchtend orangefarbenen Hosenanzug trug; die Beschwerden darüber, ich würde jedes Mal nach Aufmerksamkeit gieren, wenn ich über ein Thema spräche (dieselbe Kritik müssen beliebige Frauen oft aushalten, wenn sie das Gleiche tun); die »hilfreiche« Zusammenfassung der ätzendsten Anschuldigungen, die jemand einmal in einen einzigen Blogpost packte (der sollte die anderen kritisieren, nicht mich); unheimlicher war mir der kleine Aufschrei in den sozialen Medien, als ich die lokale Moschee besuchte (als Erste eines Präsidentenpaares überhaupt) und zum Zeichen des Respekts dabei meine Schuhe auszog. Ich sollte noch hinzufügen, dass diese negativen Kommentare stets in den Schatten gestellt werden von gegenteiligem und viel positiverem Feedback und gelegentlich direkter Zurechtweisung der Trolle für ihre Behauptungen.

Das war eine Sorge, als Gudni sich ums Präsidentenamt bewarb. Ich stellte es mir hart vor, grausame und falsche Behauptungen über ihn online zu lesen. Behauptungen, die man nicht direkt widerlegen oder korrigieren könnte. Ich war froh darüber, dass unsere Kinder noch zu klein waren, um in den sozialen Medien zu sein, und meine Stieftochter wiederum schon alt genug, um zu wissen, dass das alles Teil des üblichen Zirkus war.

Letztendlich überraschte es mich selbst, wie wenig mich irgendwas beunruhigte, das online verbreitet wurde. Ich brauche länger, um Isländisch zu lesen, von daher konnte ich bewusst entscheiden, was ich zur Kenntnis nehmen wollte. Und wenn mir ein Adjektiv begegnete, das ich nicht kannte, aber die Bedeutung in dem Zusammenhang als abwertend gemeint klar wurde, dann hatte ich keine Lust, meine Zeit damit zu vergeuden, es zu übersetzen. Und selbst wenn ich jedes einzelne Wort verstand, waren manche Behauptungen so offenkundig falsch, dass ich nur darüber lächeln konnte. Zum Glück sorgt bei manchen Unterstellungen die Tatsache, dass sie so grotesk sind, schon dafür, dass sie in der breiten Öffentlichkeit gar nicht verfangen.

Das gilt allerdings nicht für jeden Menschen. Als wir bei unserem Weihnachtsbuffet zum Hauptgang kamen, erzählte Sólborg freimütig von ihren Erfahrungen als junge, forsche Internetaktivistin. Ungefähr 10 Prozent der isländischen Bevölkerung folgen ihr auf Instagram. Das sind viel mehr Follower, als andere ältere Figuren des öffentlichen Lebens haben. (Da sie ausschließlich auf Isländisch postet, ist de facto gesichert, dass ihre Follower lauter Einheimische sind.)

»Ich habe schon Drohungen in Form von Direct Messages bekommen, Drohungen, vergewaltigt zu werden, Nachrichten wie ›Ich weiß, wo du schläfst‹. Wäre ich ein Typ, würde ich solche Drohungen nicht kriegen. Ist das etwas, womit Frauen sich einfach abfinden sollen, wenn sie im Blickpunkt der Öffentlichkeit stehen?«, fragte sie uns.

»Ich sage denen das«, fuhr sie trotzig fort. »Ich antworte denen und stehe für mich selbst ein. Das sind die nicht gewohnt. Aber ich bin keine Politikerin oder Journalistin. Ich bin Aktivistin und kann denen sagen, sie sollen mich am Arsch lecken.

Und dann poste ich meine Antwort«, fuhr sie fort. »Es gibt andere junge Frauen und Männer, die auch solche Nachrichten kriegen. Und die sehen gar nicht, dass es möglich ist, solchen Leuten zu sagen, sie sollen sich ihren Mist sonst wohin stecken. Früher hat man mich gefragt, warum ich die nicht einfach blockiere. Wenn jemand mich bedroht, mache ich das und zeige den Vorgang an. Aber das ist eben nicht meine erste Reaktion. Wenn du mit mir reden willst, hab ich das Recht, mich zu verteidigen. Und diese Teenager sind das nicht gewohnt.« Sie schwieg kurz und kaute auf einem Stück Nussbraten, bevor sie fortfuhr.

»Tatsächlich sagen dann manche Leute zu mir: ›Bist du nicht ein bisschen zu gemein zu dem? Das ist doch noch ein Kind‹«, berichtete sie ungläubig. »Dann behaupten sie, ich wäre doch genauso schlimm. Dabei ist das Anprangern von Online-Missbrauch nicht dasselbe, wie ihn zu begehen. Meine ganze Arbeit dazu in den letzten Jahren hat mir gezeigt, dass es wichtig ist, Raum für uns zu beanspruchen. Dass es okay ist, für mich selbst einzustehen und solchen Leuten zu sagen, sie können sich das irgendwohin stecken.«

Frauenfeindlichkeit und solche Drohungen sind auf der ganzen Welt verbreitet, aber weil Isländisch nur hier gesprochen wird und die Gesamtbevölkerung relativ klein ist, fällt es leichter, viele Bots auszusieben und ansonsten anonymen Accounts zuzuordnen. Bei Angriffen, die von echten Profilen kommen, ist es nicht besonders schwer, den Täter ausfindig zu machen. Als jemand Sólberg von einem anonymen Account eine Drohung schickte, brauchte es nur den geposteten Screenshot, und ein paar Stunden später enttarnte jemand den Täter. Es handelte sich um einen Fünfzehnjährigen. Der entschuldigte sich erst nachdem Sólborg ihm sagte, dass sie offiziell Anzeige bei der Polizei erstattet hatte. Sie meinte, das wäre nötig gewesen, um zu zeigen, dass Worte auch Konsequenzen haben.

Die TV-Moderatorin Thóra stimmte dem zu. »Wir brauchen klarere Gesetze dazu, was man sagen kann und was nicht. Und die müssen wir aktualisieren, um die Wahrscheinlichkeit zu erhöhen, dass sie tatsächlich vollstreckbar sind.« Sie tauchte ihre Kartoffel in etwas Béchamelsauce. »Ich meine, man muss die Leute nicht ins Gefängnis bringen, nur …«

»… ihnen von ihrem nächsten Gehalt zwanzigtausend Kronen wegnehmen!«, schlug Tobba scherzhaft vor.

Wenn es nur so einfach wäre. Islands Gesetz zur Meinungsfreiheit fußt auf der Europäischen Menschenrechtskonvention – so, wie die Gesetzgebung in den meisten anderen europäischen Ländern. Und Gesetze, die Äußerungen einschränken, werden im Hinblick auf das Recht auf Redefreiheit interpretiert. Praktisch betrachtet bezieht sich das auf Kommentare, die in den sozialen Medien gepostet werden, vor allem, wenn es um Personen geht, die in der Öffentlichkeit stehen. Und das macht es so schwer, Fälle von digitaler Frauenfeindlichkeit – darum handelt es sich im Grunde genommen – zu verfolgen, solange nicht explizite Drohungen ausgesprochen werden. Darüber hinaus tragen Hosts von Webseiten und Internetprovider weniger Verantwortung als Individuen. Das bedeutet, wenn jemand eine Webseite mit beleidigendem Inhalt hochlädt, den diese Person wieder entfernen muss, dann ist dafür eher diese Person verantwortlich als das Unternehmen, das die Seite hostet. Sosehr man sich also wünscht, den Kommentarbereich und das Internet im Allgemeinen frauenfreundlicher zu gestalten, scheint der Weg zu Verbesserungen weniger über Schutz durch verbesserte Gesetze zu führen, sondern eher über Aktionen Einzelner – u. a. auch dadurch, dass man junge Menschen über Online-Kommunikation aufklärt.

Es gibt zunehmend mehr Drohaktivität im Netz. So ergab ein Bericht des Centre for Digital Youth Care über Misogynie und Antifeminismus in den nordischen Staaten im November 2020, dass es zwar keine »abgrenzbare Subkultur oder Bewegung« gibt, aber »aktive« nordische User in den untersuchten Foren sowie eindeutige Fälle von Frauenfeindlichkeit, die angepackt gehören.[4] Mit anderen Worten: Die nordische Region hat vielleicht noch nicht den Punkt erreicht, an dem es ein dringendes, akutes Risiko von massenhaft frauenfeindlichen Hassverbrechen oder eine systemische, organisierte Bewegung gibt, aber es gibt durchaus Grund zur Sorge.

Gesetzliche Maßnahmen (oder deren Fehlen) einmal ausgeklammert, sind Moderierende weniger tolerant, was das Herabsetzen weiblicher Stimmen angeht. »Bei *DV* blockieren und verbannen wir solche Leute aus dem Kommentarbereich«, sagte Tobba. Ihre Zeitschrift war für sensationslüsterne Storys berüchtigt, doch sie hatte sich vorgenommen, diesen Ruf loszuwerden. »Das liegt daran, dass niemand es überwacht hat.« Sie gab auch zu, dass sie diesen Bereich bei einem Interview einschränken, um der Sorge mancher Interviewpartner wegen der möglichen Gegenreaktion im Internet Rechnung zu tragen.

Solche Aktionen können schnell und unerwartet kommen. Im Sommer 2020 trat eine Kindertheater-Truppe in dem winzigen Dorf Kópasker im Nordosten des Landes auf. Eine der Darstellerinnen postete in den sozialen Medien, dass sie den Besuch des Ortes nicht empfehlen würde. (Sie hatten besonderes Pech mit dem Wetter gehabt.) Später entschuldigte sie sich dafür, aber in den Kommentaren reagierte man fast mit einem Atomschlag. Für ihre Offenheit wurde gedroht, sie zu vergewaltigen, ihr die Kehle aufzuschlitzen und sie bis zur Unkenntlichkeit zusammenzuschlagen. Island ist in dieser Hinsicht nicht besser als andere Orte, obwohl es unter Umständen leichter ist, Täter aufzuspüren, wie Sólborg das getan hat. Thórdis Björk Thorfinnsdóttir, die Frau, der diese Sache in Kópasker passierte, zeigte alle Drohungen, die sie erhielt, bei der Polizei an, doch bis jetzt ist noch gegen keine Person Anklage erhoben worden.

Steinunn hörte der Diskussion interessiert zu, dann brachte sie ihre eigenen Erfahrungen ein. »Wir werden nicht auf die gleiche Weise kritisiert«, sagte sie über Menschen mit Behinderung. »Oft betrachtet man uns einfach als große Kinder und insofern außerhalb jeder Kritik stehend. Das bedeutet, man nimmt uns nicht ernst.«

»Ein Begriff taucht in der Diskussion immer wieder auf: aufmerksamkeitsheischend. Nur weil sie Raum beanspruchen, wird Frauen immer unterstellt, es ginge ihnen um Aufmerksamkeit«, fügte Tobba hinzu, während sie ein Stück knuspriges *laufabraud* großzügig mit Butter bestrich. »Manchmal, wenn jemand etwas wirklich Gemeines über mich schreibt, dann ›like‹ ich den Post einfach, um denjenigen dran zu erinnern, dass ich auch Internet habe und ihn sehe.«

»Ich habe wirklich Angst vor dem Kommentarbereich«, gestand Steinunn. »Ich meide ihn wie eine Feuersbrunst.«

Um das Internet weniger höllisch für Frauen (bzw. für jeden) zu machen, müssen wir bestimmte Schritte unternehmen. Der schon erwähnte Bericht des Center for Digital Youth Care gab drei vorrangige Empfehlungen, um Misogynie im Netz anzugehen. Eine wäre die verpflichtende Identitätsverifizierung, um Betrug zu erschweren. Eine andere zielt darauf ab, mit den Foren zusammenzuarbeiten, um Freiwillige und Moderatoren auszubilden. So könnten diese Communitys tatsächlich versuchen, die Unterstützung zu bieten, nach der viele Männer im Netz ja tatsächlich suchen. Anstelle von gefährlichen, polarisierenden Echokammern.

Und schließlich schlägt der Bericht vor, »Bildung zu verbessern und eine gerechtere Perspektive hinsichtlich der Chancen und Perspektiven jedes Geschlechts zu entwickeln. Das soll dazu beitragen, Geschlechternormen und stereotype Rollen aufzubrechen. Auch hier können positive männliche Vorbilder sehr wichtig sein.[5]

»Mir ist bewusst, dass ich ein extrem privilegiertes Leben führe«, gab Sódborg zu. »Ich habe im Unterschied zu vielen Frauen eine beachtliche Plattform. Die Gewalt, mit der ich bedroht wurde, ist etwas ganz anderes, als erschossen zu werden oder irgendetwas, das in einem anderen Land passieren könnte. Aber ich kann mich nicht mit dem Gedanken begnügen: ›Jawohl, ich sollte schon dankbar dafür sein, überhaupt wählen zu dürfen.‹«

In der isländischen Präsidentschaftswahl von 2012 bewarben sich sechs Kandidaten um das Amt des Staatsoberhaupts. Der Amtsinhaber Ólafur Ragnar Grímsson trat für eine rekordverdächtige fünfte Amtszeit an, weil es in Island keine Begrenzung gibt. Er gewann mit Leichtigkeit, wie sich herausstellte. Grímssons stärkster Mitbewerber während des gesamten Wahlkampfs war niemand anderer als einer meiner Gäste beim erwähnten Weihnachtsbuffet: die damals siebenunddreißigjährige Fernsehmoderatorin Thóra Arnórsdottir.

Wenig überraschend erregt die isländische Präsidentschaftswahl international kaum Aufsehen. Doch während des zweimonatigen Wahlkampfs wurde Thóra von Medien wie der BBC und dem *Guardian* porträtiert.

Der Wirbel hatte wenig mit ihren Zusagen oder ihrer Einstellung zum Amt zu tun. Eher damit, dass sie in der Mitte der Wahlkampfphase vierzehn Tage pausierte, um ihr drittes Kind zur Welt zu bringen. Davor hatte sie auf bewundernswert hohen

Absätzen Reden gehalten, Hände geschüttelt und diverse Veranstaltungen besucht. Zwei Wochen später setzte Thóra, wieder in hohen Schuhen und während ihr Lebensgefährte sich backstage um das neugeborene kleine Mädchen kümmerte, ihren Einsatz fort und ging als Zweitplatzierte aus der Wahl hervor.

»Wenn der ausländische Medienzirkus Interesse an so etwas zeigt, dann willst du natürlich deinen Teil beitragen«, erinnerte Thóra sich an die internationale Aufmerksamkeit, die ihre Kampagne erregte. »Aber es reflektiert auch die Lage in anderen Ländern und erinnert daran, dass es vielerorts undenkbar wäre, dass jemand wie ich zur Wahl antritt. Wir haben also verschiedene Ausgangspositionen. Mir waren die Grenzen, die wir verrücken wollten, bewusst, aber sie waren bereits weiter gesteckt als in vielen anderen Ländern.«

Thóra gab zu, dass sie während ihrer Wahlkampftour und hauptsächlich von Frauen einige Fragen dazu gestellt bekam, wie sich ihre mögliche Wahl auf ihre Kinder auswirken würde. (Es waren insgesamt sechs, inklusive des Neugeborenen und der drei Kinder aus einer früheren Partnerschaft ihres Lebensgefährten.) Sie blieb eisern dabei, dass sie die Entscheidung für die Kandidatur gemeinsam mit der Familie getroffen hätte und sie alle davon ausgingen, dass dies zu schaffen sei.

»Immer bekommen wir zu hören, jetzt ist nicht der richtige Zeitpunkt. Erst bist du zu jung, dann solltest du Kinder bekommen, dann sind deine Kinder zu klein, dann bist du in den Wechseljahren, dann bist du zu alt und gehst in den Ruhestand. Und plötzlich stellst du fest, dass es nie der richtige Zeitpunkt für dich war, irgendwas zu machen, weil jemand anders fand, es wäre nicht der richtige Zeitpunkt. Wie kann sich jemand anderes dieses Recht anmaßen?«

Selbst wenn die Weltpresse die inspirierende Neuigkeit liebt, dass eine Frau sich durch eine Schwangerschaft nicht davon abhalten lässt, das höchste Amt im Staat anzustreben, wird in vielerlei Hinsicht von Pressekanälen noch mit dem Maß des 20. Jahrhunderts gemessen, wenn man über junge Frauen berichtet.

Nehmen wir beispielsweise eine Story aus dem Herbst 2020. Nach einem Länderspiel zwischen Island und England luden zwei Spieler der Gastmannschaft zwei ungefähr gleichaltrige Isländerinnen, mit denen sie schon online gechattet hatten, auf ihr Hotelzimmer ein. Damit brachen sie die strikten Anti-Corona-Regeln, die der Mannschaft auferlegt waren. Die Frauen sagten, sie hätten weder von diesen Regeln noch von der Prominenz ihrer neu gefundenen Freunde gewusst. Sie posteten ein paar Fotos in einer geschlossenen Snapchat-Gruppe, ohne sich klarzumachen, dass die unvermeidlich an die Öffentlichkeit geraten würden. Wegen der Berühmtheit der Männer, von denen einer verheiratet war und ein kleines Kind hatte.

Die Story wurde schnell zur Topmeldung in Island und der britischen Boulevardpresse, die nicht gerade für ihre genderneutrale Berichterstattung berühmt ist. Die englischen Spieler entschuldigten sich öffentlich, erhielten Strafen, weil sie sich nicht an die Quarantäne gehalten hatten, und durften am nächsten Länderspiel gegen Dänemark nicht teilnehmen.

Was die beiden Frauen betraf, so machten die britischen Medien aus ihnen promiskuitive Goldgräberinnen, die nur auf ihre fünfzehn Minuten Ruhm aus waren. In Island dagegen verteidigten prominente Leute – von einer Abgeordneten bis zu einer Popsängerin – die zwei öffentlich gegen solche Anschuldigungen. Zu Recht wiesen die Verteidigenden darauf hin, dass nicht die Frauen Regeln gebrochen hätten. Außerdem hieß es, dass doch wohl viele von uns in ihrer Jugend Dinge getan hätten, auf die sie nicht besonders stolz wären, aber das war zum Glück noch in der Zeit vor den sozialen Medien. Andere Kommentatoren wunderten sich einfach nur über die ganze Aufmerksamkeit und fragten, ob es vielleicht berichtenswertere Themen gäbe.

In den Kommentarbereichen zu den britischen Artikeln wurde auf die »Icelandic beauties« losgegangen, wegen ihres Aussehens, ihrer Motive und ihres Backgrounds. In Island waren die Kommentare stattdessen oft eine Mischung aus Sympathie für die jungen Frauen und Entrüstung über das Ausmaß der Berichterstattung.

»Wir schrieben ganz anders als die Briten darüber«, erinnerte Tobba sich an die Sache, die passierte, als sie gerade erst die Leitung von *DV* übernommen hatte. »Die [britischen Medien] nannten sie nur bei ihren Vornamen, bezeichneten sie als Idiotinnen und so weiter.«

Medien im Ausland haben inzwischen mitbekommen, dass wir hier in Island oft einen anderen Ton anschlagen, wenn wir uns bemühen, Gleichberechtigung der Geschlechter offen oder auf andere Weise zu reflektieren.

»Manchmal bekomme ich Fragen aus Übersee gestellt: ›Es läuft so gut in Island, also wie können wir das in den USA schaffen?‹«, erzählte Thóra uns. »Aber wir können keinen Bauplan schicken, keine Zeichnungen von den Entwicklungen eines Jahrhunderts. Wir können auf viele Dinge verweisen, die wir machen, aber es gibt immer noch genauso viel zu tun. Das ist, als ob man die Fahrtrichtung eines Öltankers ändern will. Gott hat nicht vom Himmel herab diktiert, dass wir unsere Haltung ändern müssen. Stück für Stück haben wir Veränderungen vorgenommen, um das zu erreichen, und darauf sind wir stolz.«

Thóra erinnerte uns daran, dass dies ein Kampf um Gerechtigkeit ist, keiner für Frauenrechte. Sie rannte bei uns mit dem Verweis, auch Männer müssten einbezogen werden, offene Türen ein. »Wenn unsere feministischen Rollenbilder nur Frauen sind, wie sollen Jungs sich dann darin wiederfinden?«, fragte Sólborg.

Aber der ständige Druck und die kleinen Erfolge haben ihren Preis – »einen Burnout vom Kämpfen«, wie Steinunn es nannte.

»Die Frauen meiner Generation erwischt es wie die Fliegen«, stimmte Thóra zu. »Seit über zwanzig Jahren arbeiten und arbeiten sie, haben Kinder, halten den Haushalt in Schuss, sind dünn und niedlich, gehen zum Yoga, gründen eine Firma. Und dann sitzen sie plötzlich eines Tages vor ihrem Haus im Auto und kriegen keine Luft mehr.«

So sollte es nicht sein. Diesen Öltanker auf einen neuen Kurs zu bringen erfordert mehr als einen Plan, mehr als unermüdliches Anprangern von Mikroaggressionen in Bildunterschriften und das Anzeigen von krasseren Drohungen in den sozialen Medien. Man muss Frauen dafür belohnen, dass sie Raum für sich beanspruchen und ihre Stimme erheben, darf sie nicht als nach Aufmerksamkeit lechzend diffamieren oder ihre Erfahrung und Weisheit infrage stellen. Wir alle müssen Bereiche, in denen es tendenziell mehr Frauen gibt – von der Mode bis zur Kinderbetreuung – als gleich wichtig behandeln. Diejenigen von uns, die dazu in der Lage sind, müssen die Leute zur Rede stellen, die versuchen, Frauenstimmen zum Schweigen zu bringen oder kleinzureden. Frauen brauchen die gleichen Chancen wie Männer, Fehler in der Öffentlichkeit zu begehen und etwas nicht auf Anhieb richtig zu machen. Sie brauchen Raum, um zu wachsen. Diesen Tanker neu auszurichten, umfasst letztlich die Stimmen und Perspektiven aller Frauen – ob mit oder ohne Beeinträchtigungen, hiesige und zugewanderte, mit verschiedenen Geschlechteridentitäten, Religionen, aus allen Altersgruppen und Ethnien.

Frauen müssen durch die Medien in all ihren Formen Raum für sich beanspruchen. Nicht nur den Raum, den man ihnen zugeteilt hat, sondern den, den sie verdienen. Das kann einschüchternd wirken und Stress erzeugen. Mit Sicherheit ist es anstrengend.

Als ewige Optimistin hatte Steinunn die beste Einstellung, um voranzukommen: »Jeden Morgen stehe ich auf, schaue mich im Spiegel an und sage: ›Heute wird der beste Tag sein.‹« Während sie das sagte, richtete sie sich gerade auf, rückte ihre Ringe zurecht, fuhr sich mit den Fingern durchs kurz geschorene Haar und zeigte uns, wie sie das in ihrem Bad zu Hause immer machte. »Der Tag wird trotzdem noch in Ordnung sein, selbst wenn irgendwas nicht ganz so läuft, wie ich es erwartet habe.«

Das ist ein wichtiges Gefühl, das wir uns merken sollten, während wir überlegen, wie wir die anhaltenden und allgegenwärtigen Probleme bei der Darstellung von Frauen in den Medien und vor allem im Internet wirklich anpacken wollen. In Island haben wir den Vorteil, eine kleine Community zu sein, mit einer Sprache, die nur wenige Menschen sprechen. Denn das hilft, Anfeindungen den Tätern zuzuordnen und diese zur Rechenschaft zu ziehen. Als Gesellschaft wehren wir uns gegen überholte Darstellungen von Frauen im Fernsehen, im Radio und in der Presse. Das ist ein anhaltendes Problem, ein Marathon, deshalb müssen wir uns Steinunns positive Haltung merken. Aber wir brauchen auch die Kraft – in uns selbst und bei denjenigen um uns herum –, gegen Angriffe im Internet aufzustehen, Hatespeech anzuzeigen, die Täter bloßzustellen, nicht die Opfer, und ganz allgemein hartnäckig dafür zu sorgen, dass Frauenstimmen ihren eigenen Raum haben. Je mehr wir sind, desto größer die Sicherheit. Machen wir den Mund auf, sprechen wir für andere und für uns selbst, dann werden andere unserem Beispiel folgen.

EINE UNERSCHROCKENE SPRAKKI UND NATURSCHÜTZERIN

Gullfoss, der »Goldene« Wasserfall, ist eine der berühmtesten Sehenswürdigkeiten Islands und zählt zu den drei Naturwundern der berühmten »Golden Circle Tour«, einer der größten Touristenattraktionen des Landes. Hunderttausende Besucher bestaunen alljährlich (außer während der Corona-Epidemie) den majestätischen dreistufigen Wasserfall.

Als einer der meistbesuchten Orte des Landes stellt Gullfoss ein Symbol der Schönheit unserer Natur dar. Zu verdanken ist der Erhalt des Wasserfalls einer der entschiedenen, starrsinnigen Frauen der isländischen Geschichte.

Um die Wende zum 20. Jahrhundert lebte Sigrídur Tómasdóttir auf dem Hof Brattholt, dessen Grundbesitz auch Gullfoss einschloss. Sie hatte sich fast alles selbst beigebracht und führte die seltenen Besucher über beschwerliche Wege zu den Wasserfällen.

Das noch nicht unabhängige Island kämpfte damals gegen die Armut, während Sigrídur mit ihrer Haltung zum Umweltschutz ihrer Zeit Jahrzehnte voraus war. Als Sigrídur gerade erwachsen geworden war, betrachtete man vulkanische Landschaften, Gletscher und Wasserfälle noch nicht als Wunder oder Attraktionen, sondern eher als Hindernisse für gute landwirtschaftliche Flächen oder Standorte einer potenziellen wirtschaftlichen Ausbeutung.

Das galt auch für Gullfoss. Als ein englischer Investor Sigrídurs Vater Tómas ein großzügiges Angebot machte, um die Wasserfälle zur Stromgewinnung zu nutzen, soll er gesagt haben, dass er das Angebot ausschlug, weil »ich meinen Freund nicht verkaufen« wollte. Einige Jahre später verpachtete er sie allerdings.

Die Wasserfälle zu nutzen bedeutete in der Praxis, sie zu zerstören, indem man oberhalb davon einen Damm baute und die Wasserkraft zur Stromerzeugung verwendete. Sigrídur wollte davon nichts wissen. Sie engagierte den Rechtsanwalt Sveinn Björnsson (der nach der Unabhängigkeit von Dänemark 1944 Islands erster Präsident werden sollte), um sie zu vertreten. Mehrmals reiste sie nach Reykjavík, um persönlich für den Erhalt der Wasserfälle zu argumentieren. Der Legende nach legte sie die Strecke von über hundert Kilometern durch die vulkanische Landschaft sogar barfuß zurück. Als sie den Eindruck bekam, all diese Besprechungen würden zu nichts führen, drohte sie, sich in den Wasserfall zu stürzen, wenn die Pläne zu seiner Zerstörung beschlossen würden.

Sigrídurs Proteste fanden zu einer Zeit statt, als Frauenrechtsaktivistinnen für den gesetzlich verankerten Schutz von Frauen in der Gesellschaft kämpften. Sie selbst beteiligte sich nicht aktiv an diesem Kampf, setzte sich aber leidenschaftlich für ihr Anliegen ein. Um sich in einer männerdominierten Welt Gehör zu verschaffen, nahm sie Stigmatisierung und Vorurteile in Kauf, was auch Frauen von heute noch allzu bekannt ist. Man warf ihr vor, zu sentimental, zu emotional wegen etwas so Unwichtigem wie einem Wasserfall zu sein. – Solche Adjektive benutzten auch Politiker, die Frauen das Wahlrecht verweigern wollten, nur zu gern.

Als innerhalb der Gesellschaft Umweltverträglichkeit zunehmend geschätzt wurde, erfuhr auch Sigríđurs leidenschaftliches Engagement Bewunderung und Respekt. Noch zu ihren Lebzeiten wurde Gullfoss und das umliegende Gelände an den Staat verkauft. Ungefähr zwanzig Jahre nach ihrem Tod im Alter von sechsundachtzig Jahren wurde das Gebiet offiziell unter Naturschutz gestellt. Oben am Wasserfall steht ein Denkmal zu ihrer Erinnerung, und sie trägt völlig zu Recht den Titel »erste Umweltschützerin des Landes«.[6]

KAPITEL 7

IN DER WILDNIS HARMONIE FINDEN

Ich komme aus den Bergen[1]

Ich komme aus den Bergen. Nicht wortwörtlich natürlich. Absolut nicht. Das kanadische Ottawa Valley ist über weite Strecken flaches, fruchtbares Bauernland. Nur in der Ferne liegen die Gatineau Hills (uralte Berge, die Gletscher noch lange vor der Zeit der Dinosaurier abgeschliffen haben). Aber metaphorisch ausgedrückt komme ich aus den Bergen. Mit dieser isländischen Redewendung gesteht man selbstkritisch ein, keinen Bezug zu etwas zu besitzen. Wenn die Postmillenial-Enkelin von TikToks und Reddits redet und man selbst denkt, das wären neue Sorten von Cookies der Girl Scouts, dann kommt man aus den Bergen.

Wenn Leute in Island ihr Verhältnis zu ländlichen Gegenden diskutieren, dann komme ich aus den Bergen. Vor allem im Vergleich zu vielen hier geborenen Menschen. Ich bin erst 2020 zum ersten Mal (langsam!) auf einem Islandpony geritten. Ich fühlte mich seekrank auf einem Boot der Küstenwache, das an einem ruhigen Tag im Hafen lag. Und obwohl ich auf einer Hobbyfarm mit vielen Schafen aufgewachsen bin, hatte ich noch nie die Geburt eines Lamms gesehen, bevor ich First Lady wurde und mit Gudni regelmäßig während der Lammzeit im Land unterwegs war.

In dieser Hinsicht kommen immer mehr Isländer aus den Bergen. Denn schließlich hat sich die Bevölkerung in den letzten fünfzig Jahren von einer, die hauptsächlich in der Region außerhalb der Hauptstadt lebte, zu einer mit viel urbanerem Fokus entwickelt. Früher wurden diejenigen, die nicht direkt in einer Fischer- oder Bauernfamilie aufwuchsen, also echte Stadtkinder waren, in den Sommermonaten zu Großeltern oder anderen Verwandten aufs Land geschickt. Dort erwartete man, dass sie bei allem halfen, was dort zu tun war, vom Ausmisten bis zum Kinderhüten. In Fischerorten kam man mit auf Tagesfahrten kleiner Kutter, um Kabeljau zu fangen, oder man half beim Ausladen und Verkaufsfertig-Machen des Fischs. Wenn sie keine unbezahlte Arbeit zu verrichten hatten, durften diese Kinder in sicheren Dörfern frei herumstreunen, wo es um diese Jahreszeit nie dunkel wurde.

Obwohl diese Tradition heutzutage viel weniger verbreitet ist, lässt sich der isländische Nationalcharakter nach wie vor nicht von der natürlichen Landschaft trennen. Die sauerstoffreiche, subarktische Luft, das Geräusch von Wellen, die an eine felsige Küste schlagen, Papageientaucher, die in Spalten schroffer Klippen nisten, kahles Hochland, das an Mondlandschaft erinnert, baumlose Hügel und grüne Täler, schneebedeckte Gipfel und moosbewachsene Lavafelder: All das ist in unsere Knochen eingeritzt. (Meine Knochen haben erst eine kürzere Zeit hier verbracht, aber erste Kratzer spüre ich schon.)

Mutter Natur hat es mit den hartgesottenen Isländern mal gut, mal böse gemeint. Nur die anpassungsfähigen, entschlossenen und praktisch veranlagten kamen über Jahrhunderte mit der Bedrohung durch Erdbeben, Vulkanausbrüche, Hungersnöte und Erosion zurecht, ganz zu schweigen von der aufs Gemüt drückenden winterlichen Dunkelheit. Da sie baumlos sind, bieten die von Raubtieren freien Berge endlose Weiden für Nutztiere, und die Gewässer rund um die Insel sind reich an Fisch und anderen Meeresfrüchten. Auf der Insel gibt es praktisch unbegrenzt

Trinkwasser, heißes Wasser zum Heizen und kein endemisches, giftiges Getier, das Vorräte vernichten oder Immunsysteme angreifen könnte.

Seit der Zeit von Sigrídur aus Brattholt und ihrem Kampf zur Rettung von Gullfoss haben Isländer Wertschätzung für die Schönheit und das Wunder der Natur um ihrer selbst willen entwickelt. Die Natur für wirtschaftliche Zwecke auszubeuten, etwa durch Kraftwerke, für die oft Dämme gebaut werden müssen, löst immer heftige Debatten aus. Einerseits gibt es diejenigen, die den Nutzen von mehr Arbeitsplätzen und anderen finanziellen Vorteilen sehen, andererseits weisen die Gegner auf den irreparablen Schaden an der Natur hin. Wobei die Natur selbst riesigen Reichtum für das Land generiert, weil Touristen wegen der höchst Instagram-tauglichen Umgebung in Scharen auf die Insel kommen.

Island ist zu einer Art Schaukasten der Klimakrise geworden. Man kann zu einer Gedenktafel für einen »verlorenen« Gletscher wandern, der Okjökull hieß, und aus nächster Nähe die dramatischen Auswirkungen auf andere rapide schrumpfende Gletscher betrachten. Nach dem Stand der Forschung könnten diese innerhalb von zweihundert Jahren völlig von unserer Insel verschwunden sein. Jahrzehntelang gab es ein strenges System von Fangquoten, um die wertvollen Bestände zu schützen und katastrophale Einbrüche wie beispielsweise bei den Kabeljaubeständen von Kanadas Grand Banks zu verhindern. Das Land um das Dorf Höfn im Südosten hebt sich tatsächlich ungefähr einen Zentimeter pro Jahr, weil das Gewicht des nahe gelegenen Gletschers Vatnajökull – der größte Europas – durch Abschmelzen sinkt, was den Druck auf den Boden verringert. Sogar tollkühne Touristen, die in winzigen zweitürigen Mietwagen durchs Gelände fahren und mit Schlechtwetter wie Sturmböen oder Schnee Ende Mai konfrontiert sind, erleben die anhaltenden Auswirkungen des Klimawandels. Und Forschungsergebnisse zeigen, dass die akute globale Klimakrise Frauen rund um die Welt überproportional härter trifft.[2]

Irgendwie ist es ja paradox, dass diese starke Abhängigkeit von den Launen der Natur sowohl zu einer ziemlich klaren Abgrenzung der Geschlechterrollen führte, einfach wegen der verschiedenen Aufgaben, die es zum Führen von Haushalten, Bauernhöfen und Betrieben brauchte. Und gleichzeitig gab es eine gewisse Gleichgültigkeit hinsichtlich des Geschlechts, wenn in Krisenzeiten alle Hände an Deck gebraucht wurden. Das konnte bedeuten, dass eine Frau zum Fischen an Bord stand oder ein Mann sich seinen eigenen Wollpullover strickte. Die Realität, dass in Küstenorten viele Männer oft tagelang auf See waren (und einige nie mehr zurückkehrten), hatte zur Folge, dass Frauen den Haushalt und alle Ausgaben verantworteten. Sie kamen aber auch an den Hafen und halfen beim Löschen und Einsalzen des Fangs, wenn die Männer zurückkehrten. Diese Arbeitsteilung ist eine oft vorgebrachte Erklärung für die heutige Stärke der Isländerinnen. Schließlich gibt es eine lange Geschichte tougher, unabhängiger Frauen, die die Kontrolle übernehmen, anpassungsfähig, eigenverantwortlich und resilient sind.

In Bereichen wie Landwirtschaft und Fischfang herrscht oft bis heute noch Geschlechtertrennung: Höfe gehören meist offiziell Männern und werden auch von ihnen geführt; und in der Regel sind Männer auf den Schiffen unterwegs, während Frauen eher in der Fischverarbeitung tätig sind (vor allem in der Verwaltung und nicht im Management dieser Unternehmen). Aber es gibt Frauen, die sich dem Trend widersetzen und ihr eigenes Vieh halten oder Kapitänin auf einem eigenen Schiff sind. Während in den vergangenen Jahrzehnten und Jahrhunderten einige Frauen wegen Männermangels ungewollt die Verantwortung übernahmen, haben Landwirtinnen und Fischerinnen sich heute bewusst dafür entschieden.

Oft müssen sie sich erst in der Praxis beweisen, bevor man sie in den Cliquen, die sich rund um die Branchen bilden, voll akzeptiert. Diese Frauen würden sich selbst nicht als Pionierinnen sehen, und in der Tat sind sie zwar selten, aber nicht einzigartig und auch nicht die ersten. Sie verwirklichen nur ihre Träume, unabhängig von ihrem Geschlecht. Sie warten nicht darauf, dass die Gesetzgebung die Gleichstellung vorantreibt. Stattdessen bewirken sie die Veränderung selbst und glauben, wenn man sich auf etwas konzentriert, dann kann man es – Gesetz oder Rollenvorbild hin oder her – auch schaffen.

Abgesehen von beruflichen Zielen in Landwirtschaft und Fischerei gibt es noch einen anderen ländlichen Bereich, wo Frauen zunehmend das Sagen haben. Tausende gut ausgebildeter Freiwilliger und darunter eine wachsende Zahl Frauen leisten Heldenhaftes auf dem Land – und in den Städten. Und zwar in hoch angesehenen Rettungsteams, die übers Land verteilt stationiert sind. Trotz der physischen Herausforderungen des Jobs sind diese Trupps wahrscheinlich die am ehesten genderblinde Institution Islands. Frauen sind im Moment noch in der Minderheit, aber ihre Zahl wächst. Die Aufnahmehürden – körperliche und mentale Anforderungen, um Mitglied dieser Eliteeinheiten zu werden – liegen für jeden hoch. So gesehen müssen Frauen hier nicht noch zusätzlich besonderen Eifer an den Tag legen. Vielleicht ist dies der beste Beweis dafür, wie Erfolg ohne Ansehen des Geschlechts erreichbar ist.

Heida Gudný Ásgeirsdóttir lebt im wahrsten Sinne des Wortes am Ende der Straße in einer Region im Süden Islands, ungefähr auf halber Strecke zwischen Reykjavík im Westen und der Stadt Egilsstadir im Osten. Die Gegend ist so dünn besiedelt, das jeder einzelne Hof (sie tragen alle Namen) auf der großen Karte verzeichnet ist, die an der letzten Kreuzung hängt, bevor man in ihren ungepflasterten Weg einbiegt. Heidas fast fünfundsechzig Quadratkilometer große Farm (was ungefähr der Größe der Kanalinsel Guernsey entspricht) heißt Ljótarstadir. Hier ist sie auch aufgewachsen. Das Anwesen liegt relativ hoch, was bedeutet, es schneit hier schon früh. Es gibt reichlich grüne Hügel, auf denen ihre Herde aus etwa vierhundert Schafen während des kurzen Sommers ungehindert grast.

»Wir brauchen die Natur, aber die Natur braucht uns nicht«, erklärte Heida mir, als ich sie besuchte. »Vor allem Bauern brauchen die Natur. In einem guten Sommer ist das Auskommen leichter, in einem kalten Winter schwerer. Wir hier draußen sind so unmittelbar daran gebunden. Wenn schlimme Stürme kommen, fühlst du dich hier winzig.«

Ljótarstadir liegt auch nur vierundzwanzig Kilometer von Katla, Islands bedrohlichstem Vulkan entfernt. Dessen Lava und Asche hat den Hof in seiner neunhundertjährigen Geschichte schon mehr als einmal in den Ruin gestürzt.

Heidas Optimismus ist beispielhaft, was diese permanente Bedrohung angeht. »Wenn wir den Tag damit zubringen würden, uns zu überlegen, dass es morgen vielleicht einen Ausbruch gibt, dann würden wir heute nichts tun«, meinte sie achselzuckend.

Groß und typisch nordisch in ihrer Erscheinung, mit hellem Teint, ausgeprägten Wangenknochen und einem langen blonden Pony, den sie sich wahrscheinlich selbst schneidet, strahlt Heida Intelligenz, Mitgefühl, Aufrichtigkeit und eine grundsätzliche Bereitschaft, Gutes zu tun, aus. Sie war das Thema eines in Island sehr erfolgreichen Buchs, das 2016 erschien und viel dazu beitrug, Stadtbewohnern in der Hauptstadt das Leben einer modernen Landwirtin näherzubringen.[3]

Heida kam mir allerdings wie eine irgendwie zurückhaltende

Prominente vor. Eine introvertierte Person, der es nicht immer leichtfällt, ihre Komfortzone zu verlassen, in der sie allein mit Tieren und Maschinen arbeitet. Doch sie scheint davon überzeugt, dass wir alle manchmal verpflichtet sind, genau das zu tun. Ihr leidenschaftliches Engagement für die Umwelt und ihre Bemühungen zu verhindern, dass Land in ihrer Region an Baulöwen verkauft wurde, veranlassten Heida zu handeln. Sie war dagegen, die empfindliche Natur für neue Kraftwerke zu opfern, die Energie für ein Aluminium-Schmelzwerk ausländischer Betreiber liefern sollten.

»Die schickten ein paar charmante Herren zum Kaffee. Die wedelten Leuten, die solche Beträge noch nie gesehen hatten, mit Geld vor der Nase herum«, erzählte Heida mir bei starkem Kaffee in der Küche von Ljótarstadir. »Und die sagen, wenn ihr uns nur diesen kleinen Damm, weit weg von euch, bauen lasst, geben wir euch dieses Geld. Dann versprechen sie besseren Handyempfang, bessere Straßen.« Sie verdrehte die Augen. »Ich werde denen nie mein Land verkaufen.«

Einige Landwirte in ihrer Gegend haben eingewilligt, Wassernutzungsrechte auf ihrem eigenen Land zu verkaufen, sollte die Regierung den Erschließungsplänen zustimmen. Doch Heida ist ohnehin keine typische Landwirtin. Schon wegen ihres Geschlechts. (Auch wenn es durchaus viele Frauen gibt, die im Hauptberuf auf Höfen arbeiten, werden die meisten doch von Paaren geführt, nur wenige sind offiziell die Landbesitzerinnen und Managerinnen dieser de facto kleinen Unternehmen.) Doch man muss nicht mehr als eine Tasse Kaffee mit ihr trinken und ein paar der Kekse mit Salzlakritz probieren, um zu wissen, dass für Heida gar nichts anderes infrage käme.

Sie wuchs auf dem Hof auf, als jüngstes von fünf Geschwistern, von denen eines starb, als Heida erst drei war. Die ältesten drei Geschwister hatte ihre Mutter mit dem ersten Ehemann, der

1967 bei einer Lawine ums Leben kam. In der kleinen Gemeinde und mit einer Farm, die es zu bewirtschaften galt, ging Heidas Mutter eine Beziehung zu einem Mann ein, der in jenen herausfordernden Zeiten viel für sie da war: dem Bruder ihres verstorbenen Mannes. Schließlich heirateten die beiden und bekamen zwei Kinder, eins davon war Heida.

»Ich wollte immer Bäuerin werden und mit meinen Händen arbeiten«, erzählte Heida mir während einer kurzen, wohlverdienten Pause von der kräftezehrenden Arbeit, die so ein Hof erfordert. Sie entspannte sich in einem abgewetzten La-Z-Boy-Sessel, der genialerweise in der am besten zugänglichen Ecke ihrer Küche stand. Mit Blick auf den Tisch, wo ich saß. (Eigentlich sollten alle so einen verstellbaren Sessel in ihrer Küche stehen haben, wurde mir bei ihrem Anblick klar. Der Gast kann seinen Kaffee am Tisch sitzend trinken, und die hart arbeitende Bäuerin kann währenddessen die Füße hochlegen.) »Wir machten alle Jobs, weil Landwirtschaft zwar immer noch eine Männerdomäne ist, es in unserem Fall aber einfach keine Männer gab«, erklärte sie mir. »Wir vier Schwestern sind im Grunde genommen Hardcore-Feministinnen und wissen, dass wir alles schaffen können.«

In ihren Überzeugungen bleibt Heida unerschütterlich. Der Vater wurde 1929 geboren, und »das Wort Feminist hätte der nicht in den Mund genommen, aber er war natürlich stolz auf uns«, berichtete sie. »Trotzdem dachte er, ich würde einen Ehemann brauchen, um hierzubleiben. Jemanden, der den Hof übernehmen würde. Es gibt da diese engstirnige Denkweise, dass jeder in seinem Kästchen bleiben muss und nicht vom Weg abweichen darf: heiraten und Kinder kriegen. Wobei dagegen an sich nichts zu sagen ist, aber es herrscht so viel Druck, genau das zu machen.«

Es war ein Stück Arbeit, das auch der Außenwelt klarzumachen. Einmal war Heida für zwei Tage als Model bei einem Fotoshooting in New York. Daraus ergab sich eine BBC-Reportage über Islands Model, das zur Farmerin wurde. Dabei war in Wirklichkeit dieses Fotoshooting nur ein kurzes Zwischenspiel, bevor sie das Familienbusiness übernahm, wie sie es schon immer beabsichtigt hatte. »Ich versuchte den Journalisten immer wieder klarzumachen, dass ich einfach nur Glück bei der Genlotterie gehabt hatte, aber das nicht als Beruf ausüben wollte.«

Nach dem Studium an der landwirtschaftlichen Hochschule und nach kurzen Phasen als Lehrerin an der örtlichen Schule sowie als Polizistin, musste sie sich als Landwirtin und Schafschererin beweisen. Letzteres ist weiterhin einer ihrer Jobs. (Heutzutage kann man mit bloßer Landwirtschaft meist seinen Lebensunterhalt nicht mehr bestreiten.) Außerdem ist sie Parteivorsitzende im Bezirksrat und – während ich das hier schreibe – alternierend mit anderen Angehörigen der links-grünen Bewegung Parlamentsmitglied.

»In Island scheren nur sehr wenige Frauen Schafe, vor allem für andere«, erläuterte Heida ihren Zweitberuf. »Als ich anfing, sagten Leute, ich würde das nur machen, weil ich scharf auf die Aufmerksamkeit wäre – nicht weil es mir Spaß machen würde und ich es gut konnte. Das ist ein derart chauvinistisches Umfeld.«

Neben ihrem La-Z-Boy hat Heida eine große Landkarte von Island und eine Weltkarte aufgehängt. Kleine Reißnägel markieren die Orte, wo sie schon war, zum Schafscheren, Wandern oder einfach zum Reisen. Für jede Aktivität gibt es eine eigene Farbe. So ist sie schon bis Neuseeland gekommen. Ein roter Reißnagel in Invercargill auf South Island steht für einen Wettbewerb im Schafscheren 2017. Damals war sie die einzige Teilnehmerin.

Doch im Alltag auf Ljótarstadir »arbeite ich die meiste Zeit allein«, gab sie ganz fröhlich zu. »Die Einführung von Mobiltelefonen und Internet hat alles verändert und die Welt viel kleiner gemacht.« Sie gönnte sich noch ein paar Lakritzbonbons. »Aber ich bin verdammt ungesellig, deshalb fühle ich mich einfach wirklich gut, wenn ich allein bin.«

Die meisten beruflichen Kontakte hat Heida durchs Schafscheren, wenn sie zu anderen Höfen fährt und dort die Tiere von ihrer dicken Wolle befreit. Auf diese Weise hat sie viel Einblick in die Rolle der Frau im landwirtschaftlichen Sektor Islands gewonnen.

»In der Landwirtschaft neigt man dazu, die Frauen zu verstecken«, meinte Heida ernst. »Üblicherweise arbeiten sie genauso viel im Stall, machen die Buchhaltung, das Budget, helfen beim Lammen, und das, obwohl der ganze Hof offiziell auf den Namen des Mannes läuft. Wenn ich einen Hof besuche, wirkt es oft so, als wäre der Mann zuständig, dabei weiß ich, sie sind beide gleichermaßen verantwortlich. Ich habe schon welche besucht, wo ein Paar draußen hart arbeitet, und dann richtet sie ein hübsches Mittagessen her, er kommt nur rein, setzt sich hin und isst, während sie aufsteht, um den Kaffee einzuschenken und alles andere. Es scheint einfach so, als hätten die Männer das letzte Wort.«

Heida ist überzeugt, dass nur eine Änderung der Mentalität das in Ordnung bringen wird. Und sie hat auch schon ein paar Verbesserungen bemerkt. Zum Beispiel bei der »chauvinistischen Art«, in der Männer über Frauen reden. »Das gilt nicht mehr als akzeptabel.« Allerdings weist sie auch darauf hin, dass »die finanzielle Regelung, wonach ein Hof auf den Namen des Mannes läuft, Frauen auch kleinhält«.

Manche Frauen vielleicht, Heida nicht. Und das nicht nur, weil sie ihren Hof selbst führt.

»Ich habe mich [als Landwirtin] bewiesen«, schloss sie, bevor sie wieder rausmusste, um in der Scheune irgendwas zu reparieren. »Aber es war ein langer Prozess.«

Sich beweisen müssen isländische Frauen nicht nur in der Landwirtschaft. Das zweite traditionelle Standbein der Wirtschaft, die Fischindustrie, ist noch relativ stark nach Geschlechtern getrennt. Die niedrig bezahlten, körperlich anstrengenden Aufgaben in den Fischfabriken, also die Verarbeitung des Fangs in monotonen Acht-Stunden-Schichten, übernehmen hauptsächlich Frauen, heutzutage zum Großteil Frauen mit Migrationshintergrund. Auf den Fangschiffen, von kleinen Drei-Meter-Booten bis zu riesigen Trawlern mit zwanzigköpfiger Crew, sind über neunzig Prozent der Arbeitskräfte Männer. Frauen besitzen nur ein Prozent der Kapitänspatente. Diese Arbeit kann sehr lukrativ sein, bleibt aber nach wie vor ein potenziell gefährliches Metier. Seit 2004 sind sechsundzwanzig Isländer auf See umgekommen.[4]

Es gab natürlich beachtliche Ausnahmen von dieser Regel. Thurídur Einarsdóttir war um die Wende des 19. Jahrhunderts eine legendäre Kapitänin und besaß einen besonderen Dispens, um auf See Männerkleidung tragen zu dürfen. Frauen waren ohnehin immer bereit einzuspringen, wenn Arbeit erledigt werden musste. In jüngster Zeit gab es Kampagnen der Associated Icelandic Ports, des Technical College Reykjavík sowie des Ministeriums für Fischerei und Landwirtschaft, um die Zahl der Frauen zu steigern, die Kapitänspatente erwerben und Schiffsingenieurinnen werden.[5]

Wenn es jedoch eine Sache gibt, bei der die Natur Frauen das Leben schwerer macht als Männern, dann ist das, wenn die Blase drückt und man in einem wasserdichten Overall auf einem kleinen Boot im Nordatlantik steht.

»Das ist tatsächlich interessant«, gab Halldóra Kristín Unnarsdóttir, Kapitänin des Acht-Meter-Boots *Andri* zu. »An Bord gibt's keine Toilette. Also steckst du in diesen riesigen Overalls, und du musst sie runterziehen und aufpassen, dass du nicht reinfällst, vor allem, wenn das Boot schwankt. Aber das ist alles Teil der Erfahrung. Fern von jedem Luxus.«

Halldóra Kristín oder Dóra, wie ihre Freunde sie nennen, fuhr mit zwölf das erste Mal zur See. Kein ungewöhnliches Alter für isländische Jugendliche, die in einer Fischergemeinde aufwachsen. Ihr Vater und ihr Großvater waren beide Fischer. Sie segelten mit bis zu fünfzig Meter langen Schiffen das ganze Jahr hindurch vom Hafen des Hundertvierzig-Seelen-Dorfs Rif hinaus in die weite Breidafjördur Bay, wo sie den ganzen langen Tag Kabeljau, Schellfisch und Seelachs fingen. Dóras Mutter war Vorarbeiterin in der Fischfabrik des Ortes.

Praktisch jeder aus Rif hat irgendeine Verbindung zum Meer. Das Dorf liegt am westlichen Ende der Halbinsel Snæfellsnes, die für den gleichnamigen Gletscher berühmt ist. An diesem Ort beginnt Jules Vernes Roman *Reise zum Mittelpunkt der Erde*. Ornithologen kommen in Scharen her, um die in der Nähe brütenden Küstenseeschwalben zu beobachten. Diesen Touristenattraktionen und den daraus hervorgegangenen Dienstleistungsbetrieben zum Trotz hat der Reichtum des Meeres die Existenz des Dorfs gesichert.

»Es war wunderbar, dort aufzuwachsen«, erzählte Dóra mir. »Man geht raus und trifft jemanden zum Plaudern, und du kennst alle. Das ist wie im Film.«

Dóra wollte schon, so lange sie sich erinnern kann, auf dem Meer arbeiten. Und zwar obwohl alle, die sie dort sah, Männer waren. »Meine Familie behandelte mich nicht anders, weil ich machte, was ich wollte«, berichtete sie mir. Wir trafen uns in Reykjavík, wo sie im Winter regelmäßig als Leiterin in der Jugendarbeit beschäftigt ist. »Der Plan war immer, dass ich die Nachfolgerin meines Vaters werde. Ich finde eine Frau auf See etwas ganz Natürliches.«

Nachdem sie ihren weiterführenden Schulabschluss hatte und kurz eine Filmhochschule in Norwegen besucht hatte, ging Dorá auf die School of Navigation in Reykjavík, um ihr Patent für Fischerboote mit einer Länge von bis zu fünfzehn Metern zu erwerben. Diese Qualifikation heißt im Volksmund »Testicle Test«, also Hodentest. Abgesehen davon, dass fast ausschließlich Männer diese Prüfung ablegen, ist der Begriff auch eine Anspielung auf die isländische Bezeichnung für »kleines Boot«. 2012 war Dorá die einzige Frau in ihrem Abschlussjahrgang. Ihr Vater und ihr Großvater haben sie immer in ihren Bestrebungen unterstützt. Ebenso die pensionierten Fischer zu Hause, die ihr Respekt für die Ausbildung zollten und das Ganze »toll« fanden.

Aber es gab definitiv einen informellen Initiationsprozess. In fröhlich-forschem, unverblümtem Ton erzählte Dóra von ihren Erfahrungen. Dieser so selbstbewusste wie selbstironische Ton ist sehr wahrscheinlich auch der Grund dafür, warum sie als Stand-up-Comedian bei lokalen Festen und Konfirmationen so gut ankommt. (Isländerinnen und Isländer sind tatsächlich simultan auf vielen verschiedenen professionellen Gebieten unterwegs.)

»Ich musste erst in die Clique aufgenommen werden«, erinnerte Dorá sich an die erste Fahrt allein mit der *Andri*, nachdem sie ihr Kapitäninspatent hatte. »Da herrschte eine Menge Machismo. Die anderen Kapitäne kicherten und meinten: ›Weiß dein Papa, dass du dich um das Boot kümmerst?‹ Als ich das erste Mal rausfuhr, hatte ich keinen Plan, wo ich hinsollte. Alle anderen Boote stachen gleichzeitig in See, und als ich fragte, wohin, meinten sie bloß, jeder Mann sei auf sich allein gestellt. Dabei konnte ich sehen, dass sie auf einem Haufen zusammenblieben. Also brach ich allein auf und machte am Ende einen Riesenfang!«, erzählte sie mir mit zufriedener Miene. »Ich kam viel früher als die anderen in den Hafen zurück, und alle wollten unbedingt wissen, wo ich den vielen Fisch gefunden hatte. So ging das dann ein paar Tage am Stück.«

Dóra meinte, sie habe »einfach Glück gehabt«. Aber von da an machten sie ihre Pläne zusammen und gaben einander Ratschläge. Sie bekam den Spitznamen Fish Whisperer, Fischflüstererin.

Den Sommer über fischt Dóra in und um Breidafjördur Bay in fröhlicher Gemeinschaft mit den anderen Schiffen. Das sei nie langweilig, egal ob sie die einsamen Stunden auf der *Andri* nutzt, um laut vor sich hin zu singen oder sich neue Gags für ihr Comedy-Programm auszudenken. Sie legt gegen sechs Uhr morgens ab und kommt am Nachmittag oder frühen Abend zurück. Zuerst segelt sie ein paar Stunden, dann wirft sie die Netze aus, holt den Fang ein, kühlt und lagert ihn, und das geht so lange, bis sie die pro Tag erlaubten sechshundertfünfzig Kilogramm gefangen hat. Ein Echolot hilft dabei zu erkennen, wo tief unter der Wasseroberfläche Fischschwärme sein könnten. Doch es gibt auch andere Hinweise: Wo mehr Vögel kreisen, schwimmen mehr Heringe nahe der Oberfläche, was größere Fische weiter unten bedeutet. Das Gleiche gilt, wenn man eine Herde Wale entdeckt.

»Auf See zu sein bedeutet so viel Freiheit. Ich finde es kathartisch. Das Arbeiten in der Natur und im Freien hat was, selbst wenn es unglaublich kalt ist«, erzählte Dóra mir. »Man hat Qualitätszeit mit sich selbst und den eigenen Gedanken. Also selbst wenn du keinen Fisch findest, atmest du einfach tief durch und denkst, ›ah, das ist das Leben‹. Wenn du lernst, dein Schiff gut zu steuern, dann kannst du das auch in anderen Lebensbereichen nutzen. Auf See zu sein hat mir geholfen, ein besserer Mensch zu sein.«

Trotz aller Sicherheitsvorkehrungen und modernster Technologie gibt es auch Momente, die für einen Adrenalinschub sorgen. »Vielleicht bist du auf der anderen Seite der Halbinsel, wo tolles Wetter ist, und dann wendest du, um nach Hause zu fahren, und der Wind frischt auf. Du segelst gegen die Strömung, und das in einem so kleinen Boot, dann gibt's Wellen, die über dich schlagen, und das Schiff geht rauf und runter. Dann denkst du dir nur: ›Na toll, da hab ich mich ja in was reingeritten.‹ Ich hatte schon Angst, hab geheult und mir geschworen, dass ich das letzte Mal ausgelaufen bin«, erinnerte sie sich.

Nachdem sie sich Sea Credibility als Fischflüstererin erworben hatte, gilt Dóra jetzt einfach als Kapitän wie alle anderen. »Ich weiß noch, wie mich zu Anfang Leute fürs Fernsehen interviewen wollten, weil sie es so faszinierend fanden. Ich wurde eine Feministin genannt. Aber ich glaube, tatsächlich ist das alles gar nicht so besonders, nur weil ich eine Frau bin, die auf See arbeitet. Wen interessiert, was für Genitalien du hast, wenn du diesen Job machst?«

Dóra ist auch optimistisch. »Insgesamt gibt es jetzt viel weniger Sexismus. Männer sind sich der Situation viel bewusster, und Frauen werden in diesen Aufgaben einfach sichtbarer. Gäbe es keine Frauen auf See, würde wahrscheinlich immer noch so dahergeredet.« Und Vorbilder machen einen Riesenunterschied, findet sie. »Ich versuche, Teenager-Mädchen zu ermutigen, sofern sie auch nur das geringste Interesse zeigen.

Für mich ist Kapitänin zu sein nichts, womit ich angeben muss. Es ist einfach ein Teil meines Daseins. Und manchmal muss man eben hart kämpfen, um zu erreichen, was man will. Aber das schafft man nur, wenn man an sich selbst glaubt. Das ist das absolut Wichtigste.«

Thorgerdur Brák ist eine von vielen starken, aber unterschätzten Frauen in den isländischen Sagas. Sie war das Kindermädchen von Egil Skallagrímsson aus der nach ihm benannten *Egils Saga*. In der epischen Geschichte geht es um einen wilden Jungen, der später einer der beliebtesten Dichter Islands werden sollte. Dieser Erfolg wäre jedoch nie möglich gewesen, wenn Thorgerdur Brák ihm als Kind nicht das Leben gerettet hätte. Egils Vater Skallagrímur versuchte in einem Wutanfall, ihn zu töten. Als ihm das nicht gelang, richtete er seinen Zorn auf das Kindermädchen. Um ihm zu entkommen, sprang Thorgerdur nahe Borgarnes im Westen Islands ins Meer. Skallagrímur warf einen Stein nach ihr, und sie starb.

An der Stelle dieser dramatischen Ereignisse steht heute ein Denkmal mit Thorgerdur Bráks Namen. In derselben Gegend heißt eine lokale Such- und Rettungsmannschaft zu Ehren der unerschütterlichen und mutigen Märtyrerin Brák.

In ganz Island gibt es dreiundneunzig Such- und Rettungseinheiten, die alle mit Freiwilligen besetzt sind. Diese Teams verkörpern viele von Thorgerdur Bráks bewundernswerten Eigenschaften: Die durchtrainierten, mutigen und widerstandsfähigen Mitglieder stehen bereit, um jederzeit Autos aus Schneewehen zu ziehen, nach einem Sturm herumgeflogene Trampoline zu suchen, sich von Helikoptern abzuseilen, um die Besatzung von Fischkuttern in Seenot zu retten, auf Berge zu steigen, um verletzte Wanderer zu bergen, und um sonstige Vermisste zu lokalisieren. Laut regelmäßiger Gallup-Umfragen genießen die isländischen Such- und Rettungsteams das Vertrauen von etwa 90 Prozent der Bevölkerung. Das ist der höchste Vertrauenswert unter allen Würdenträgern oder Institutionen des Landes. (Das Präsidentenamt kommt an zweiter Stelle, aber das nur nebenbei bemerkt!)

Nur etwa ein Drittel der Angehörigen von Such- und Rettungstrupps sind Frauen. Und ein noch kleinerer Teil, nämlich acht der dreiundneunzig, wird von Frauen geführt. Brák ist eine dieser Einheiten. Im Frühjahr 2020 wählte sie ihre erste Direktorin: Elín Matthildur Kristinsdóttir.

An einem frischen Novembertag ging ich mit Elín und meiner Tochter Edda in einer ländlichen Gegend spazieren, die Thorgerdur Brák gut gekannt haben dürfte. Edda blieb regelmäßig stehen, um in die zugefrorenen Pfützen zu springen, und der dreizehn Jahre alte Labrador Kleó trottete treu ergeben neben uns her. Die achtundvierzig Jahre alte Elín wuchs zwar in der Stadt auf, verbrachte die Sommer jedoch bei ihren Großeltern auf dem Land und hat als Erwachsene immer in kleineren Ortschaften gelebt. Zuerst in Stykkishólmur auf der Halbinsel Snæfellsnes und später in Borgarnes, dem alten Tummelplatz von Egil Skallagrímsson. Gegenwärtig wohnt sie eine halbe Autostunde vom Ort entfernt auf dem Gelände eines familiengeführten Milchviehbetriebs. Das findet die naturliebende Veganerin selbst lustig, kommt aber trotzdem mit ihrer gesamten Umgebung, inklusive Rindviechern und den anderen, bestens zurecht.

Als ausgebildete Lehrerin führte Elín an der hiesigen Grundschule ein neues Programm für Entspannung und Achtsamkeit ein, das nicht nur bei den Schülern großen Anklang fand. In ihrem Privatleben fand die alleinerziehende Mutter von vier Kindern immer Zeit, um sich für die Gemeinschaft zu engagieren. So sang sie beispielsweise im Chor und arbeitete im nächsten Wohltätigkeitsladen des Roten Kreuzes.

»Wenn du allein bist, hast du für alles die Verantwortung, und es gibt viele Herausforderungen. Aber du tust, was du eben tun musst«, erklärte Elín mir, während wir auf einem landwirtschaftlichen Weg an einem schmalen Fluss spazierten. »Dann kommst du an den Punkt, an dem dir bewusst wird, dass du etwas *kannst*. Oder du bittest um Hilfe, damit du etwas lernst. Selbst wenn es die YouTube-Suche nach einem Video ist, um die Waschmaschine zu reparieren.«

Als ihre Töchter älter und eigenständiger wurden (und nachdem sie zweifellos viele How-to-Videos auf YouTube gesehen hatte), bekam Elín den Eindruck, sie könnte ihren Einfallsreichtum anderweitig nutzen. Sie nahm sich die nächste Herausforderung in ihrer persönlichen Entwicklung vor, verließ ihre physische Komfortzone und schloss sich der Such- und Rettungseinheit Brák an.

»Es gibt da einen wirklich harten zweijährigen Prozess, um Mitglied des Such- und Rettungsteams zu werden«, erzählte Elín, während mir der frische Wind für einen Moment den Atem nahm. Vielleicht liegt es an diesem anspruchsvollen Training, dass Elín ihre Qualifizierung für die Einheit nicht anders empfand als die eines Mannes. Wenn man lernen kann, einen Eispickel zu benutzen, damit man nicht von einem Gletscher fällt, in eiskaltes Wasser zu steigen oder eine Bergflanke zu erklimmen, dann bedeutet es keinen besonderen Unterschied, ob man ein Y-Chromosom besitzt oder nicht.

Die Anforderungen sind heftig. Die Kurse trainieren nicht nur alle körperlichen Fähigkeiten, sondern auch praktische wie Erste Hilfe, Bergsteigen und Navigation mit GPS. Nach der Ausbildung kommen die Freiwilligen auf die Telefonliste des Such- und Rettungsdiensts in ihrer Region. Geht ein Anruf über die 112 ein, dann erhält jeder aus der Such- und Rettungscrew eine SMS. Die Anrufe werden in Kategorien eingeteilt. Stufe 1: Alles stehen und liegen lassen und zum Ort des Geschehens rasen, weil jede Sekunde zählt; Stufe 2: Versuchen, rasch vor Ort zu sein; Stufe 3: Wenn man in der Gegend ist und helfen möchte, prima.

Islands Arbeitswelt verdient Applaus für ihre Unterstützung der Freiwilligen im Such- und Rettungswesen. Fast überall gibt es Verständnis für das unvorhersehbare und zeitintensive Wesen dieser Tätigkeit. Und man geht flexibel mit Freistellung und anderer Unterstützung um, den Angestellten das freiwillige Engagement als Lebensretter zu ermöglichen.

Die offensichtlich energiegeladene und ausdauernde Optimistin Elín ging aus demselben Grund ins Rettungswesen, aus dem viele Menschen sich ehrenamtlich engagieren: um etwas zurückzugeben, um etwas für ihre unmittelbare Umgebung zu tun, um ihre eigenen Fähigkeiten zu erweitern und ihr Selbstvertrauen zu stärken. In zahlreichen Interviews der lokalen Medien wurde sie dazu befragt, wie sie es geschafft hatte, ihre Höhenangst zu überwinden. Doch sobald sie gelernt hatte, die richtigen Knoten zu knüpfen und sich langsam nach unten zu bewegen, war es auch kein Problem mehr, sich über eine Klippe abzuseilen.

»Ehrlich gesagt hat es viel Spaß gemacht«, gestand sie mir, »zu sehen, dass man lernen kann, wie all die Sicherheitsmaßnahmen funktionieren, und dann darauf zu vertrauen. Dein Adrenalinspiegel ist natürlich himmelhoch, aber es war eine so bereichernde Erfahrung. Früher habe ich mich gefragt, warum Leute sich so einer Gefahr aussetzen. Doch wenn man einmal gelernt hat, sich selbst zu vertrauen und wie Dinge funktionieren, dann ist es nicht mehr gefährlich.«

Unter den vielen Spezialisierungen, die Freiwillige sich in diesem Bereich aneignen können, hat Elín sich für Suchmethoden entschieden. Sie kennt also unterschiedliche Vorgehensweisen, um eine verirrte demente Person oder einen Touristen, der sich mit dem Wetter verschätzt hat, zu finden.

Doch allem Training zum Trotz war es eine Feuertaufe. Bei ihrem ersten Einsatz gehörte Elín zu einer Gruppe von zweihundertfünfzig Helfern (bei einem Alarm der Stufe 2), um zwei erfahrene Schneehuhnjäger zu finden. Die hatten sich in einer herbstlichen Nebelsuppe auf der Halbinsel Snæfellsnes verirrt.

»Das Wetter war verrückt«, erinnerte Elín sich. »Wir stießen auf Bäche, die normalerweise so klein waren, dass man sie auf der Karte nicht mal eingezeichnet hatte. Doch nun hatte es so viel geregnet, dass sie angeschwollen waren und wir hindurchwaten mussten. Da spielte es auch keine Rolle mehr, wie gut wir alle eingekleidet waren. Wir waren alle triefnass.«

Zum Glück wurden die zwei lebend gefunden, nachdem sie schon eine Nacht im Freien zugebracht hatten. Doch dann mussten sie und ihre Retter den Rückweg antreten, und inzwischen war es bereits wieder Nacht.

»Die Bäche waren jetzt riesig, und man hätte sie unmöglich durchwaten können«, sagte Elín. »Also musste ein spezielles Flussrettungsteam angefordert werden. Das spannte eine Sicherheitsleine und fuhr ein Geländefahrzeug mit sechs Reifen in die Mitte des inzwischen zum Fluss angeschwollenen Gewässers. Eine Menschenkette wurde gebildet, und so halfen sie uns über das tiefe, schnell fließende Wasser.«

Islands Such- und Rettungsteam ist nicht die einzige von Freiwilligen geleitete derartige Organisation weltweit. Einzigartig ist allerdings, dass sie als landesweite Institution alle Aspekte des Suchens und Bergens umfasst. Die Notrufe reichen von unvorsichtigen Ausflügen aufs stürmische Gewässer über Suchaktionen im Hochland bei unbeschreiblichem Wetter bis zum Rausschieben von stecken gebliebenen Autos aus Schnee oder dem Auffinden von vermissten Kindern, die in einem Schrank zu Hause beim Spielen eingeschlafen sind (das passiert öfter, als man denken würde).

Elín mag in ihrer Führungsposition bei Brák eine von nur ganz wenigen Frauen sein, doch sie sieht sich nicht als Wegbereiterin. Für sie ist der Rekrutierungsprozess für die Rettungseinheit der Inbegriff von Gender-Blindheit. Ich fragte sie, ob sie je Männer getroffen hätte, die der Meinung waren, Frauen wären einigen Anforderungen nicht gewachsen.

»Wahrscheinlich gibt es das irgendwo«, überlegte sie. »Aber bei Brák bin ich dieser Einstellung definitiv nie begegnet, obwohl es nicht so viele Frauen in der Organisation gibt. Der Such- und Rettungsdienst schafft Sicherheit und Selbstvertrauen, die man auch an anderen Stellen im Leben nutzen kann, und das hilft Frauen wie Männern.«

Dabei ist die Tatsache, dass es überhaupt Frauen und Männer in den Teams gibt, ein relativ neues Phänomen. Bis etwa in die 1990er-Jahre waren es nur ganz wenige, erst dann begannen die Zahlen, langsam zu steigen.

Elín glaubt, dass da ein organisches Wachstum stattfindet. »Ich denke nicht, dass es einer besonderen Initiative bedarf, um mehr anzuziehen, außer im Rahmen einer allgemeinen Initiative, um allgemein mehr Freiwillige zu motivieren.« Sie dachte einen Moment lang nach. »Obwohl Frauen vielleicht manchmal mehr Ermutigung brauchen, um sich etwas zuzutrauen.«

Nach unserem Spaziergang durch die Kälte kehrten wir zu Elíns Haus zurück, wo ihr Partner Thór Thorsteinsson (übrigens Leiter des nationalen Such- und Rettungsteams) heiße Schokolade und selbst gemachte Scones für uns vorbereitet hatte. Elín sinnierte darüber nach, ob sie ein Vorbild sei. »Ich glaube nicht, dass ich mich beweisen muss, weil ich eine Frau bin. Ich gehöre einfach zu einer Gruppe, die aus Männern und Frauen besteht. Im Rettungswesen spielt das Geschlecht keine Rolle. Wir haben diese Projekte und Aufgaben und Verantwortungsbereiche, und jeder von uns tut, was er oder sie tun muss.«

Elín gab auch zu, dass es ein schönes Gefühl sei, vielleicht etwas bewirkt zu haben. Vor allem für ihre Töchter, die inzwischen alle erwachsen waren und nicht mehr zu Hause wohnten. »Ich bin froh, wenn etwas, das ich getan habe, ihnen das Gefühl gibt zu wissen, dass auch ihnen alle Optionen offenstehen.«

Aber nach der Rettung der Schneehuhnjäger und nach gut

vier Jahren auf der Bereitschaftsliste, plus der Leitung dieser gut siebzig Jahre alten Rettungseinheit fragte ich mich, ob sie immer noch Höhenangst hatte.

»Ja, aber weniger«, erwiderte sie fröhlich. »Wenn ich weiß, dass ich gesichert bin, geht's mir gut. Ich muss nur diese Sicherheit spüren, die so wichtig ist.«

Kurz vor Ende meines ersten Jahres in Island fragten mich meine ziemlich fitten Kollegen, ob ich mich einer Wanderung nach der Arbeit anschließen wollte. Es war ein normaler Montag im April, am Ende eines in meinen Augen beinah unerträglich langen und dunklen Winters. Erst später sollte mir klar werden, dass das für den 64. Breitengrad auch nicht anders zu erwarten war. Um diese Jahreszeit geht die Sonne erst weit nach 21 Uhr unter. So fuhren wir nach einem normalen Arbeitstag noch eine gute halbe Stunde aus der Stadt hinaus, parkten am Fuß irgendwelcher sonnenbeschienener Hügel und schnürten unsere Wanderstiefel.

Es dauerte nur ungefähr fünfundvierzig Minuten auf einem gewundenen unbefestigten Weg, der ziemlich sanft durch die Hügel hinaufführte, bis wir unser Ziel erreichten: einen eher langweilig aussehenden Fluss, der sich seinen Weg zwischen Felsen und durch Senken suchte. Für meine Augen ungewöhnlich war nur, dass Dampf daraus aufstieg. Dieser klare Fluss war ungefähr 40 Grad warm.

Hinter irgendeinem Gebüsch zogen wir uns Badesachen an und tauchten dann eine Zeit lang ins warme Wasser ein. Dann trockneten wir uns ab und wanderten den Berg wieder hinunter, und das alles vor dem Dunkelwerden.

Ich erinnere mich, gedacht zu haben, wenn ich einen ganzen Tag arbeiten kann und anschließend immer noch Zeit habe, aus der Stadt rauszufahren, eine erfrischende kleine Wanderung zu unternehmen und in einer heißen Quelle zu baden, dann war das vielleicht all die dunklen Morgen wert. Und noch etwas wurde mir klar: Wie modern unsere Gesellschaft auch sein mag, in Island liegt die Natur im wahrsten Sinne des Wortes gleich nebenan.

»Menschen kommen und gehen, aber die Erde bleibt dieselbe, die Berge stehen genauso. Der Rest ist vorübergehend«, meinte Heida zu mir, als ich ihren Hof besuchte.

Zwar mögen die Zeiten, als die Mehrheit der Isländer ihren Lebensunterhalt mit Landwirtschaft oder Fischerei erwirtschaftete, vorbei sein – wobei Letzteres ein vitaler Wirtschaftszweig bleibt. Aber diese beiden Sektoren und das Ländliche an sich sind starke und integrale Bestandteile der isländischen Psyche.

Isländische Frauen haben in diesen Bereichen schon immer ihre Spuren hinterlassen. Heida und Dóra mussten sich beweisen, um sich Zugang zu den traditionellen Männerdomänen Landwirtschaft und Fischerei zu verschaffen. Und nachdem sie vier Töchter allein großgezogen hatte, bewies Elín ihr körperliches und mentales Durchhaltevermögen beim harten Training fürs Rettungswesen.

Was alle drei Frauen verbindet, ist, dass sie ihrer Passion gefolgt sind. Ungeachtet dessen, was von ihnen erwartet wurde. Ein Mangel an Vorbildern in dem von ihnen gewählten Bereich war für sie kein Hindernis, um ihren Weg zu machen. Sie sahen, unabhängig von ihrem Geschlecht, eine Möglichkeit, ihre Träume zu verwirklichen. Diese Träume zu verfolgen, selbst wenn sie nicht der Norm oder irgendeinem überholten Ideal von Weiblichkeit entsprachen, das bedeutete nicht, dass diese Frauen »aus den Bergen kommen« oder im Hinblick auf ihre Ziele naiv sind. Es bedeutet, dass sie ihr Schicksal in die eigene Hand genommen haben. Dass sie an sich glauben und auf ihre Fähigkeiten vertrauen. Es bedeutet, dass sie wissen, es ist ein Zeichen von Stärke, nicht Schwäche, um Hilfe zu bitten, offen für das Lernen von anderen zu sein. Manchmal bedeutete es eine Herausforderung für sie, die selbst gesteckten Ziele zu erreichen, aber sie haben Befriedigung und Akzeptanz gefunden, sowohl in sich selbst als auch bei ihren Kollegen. Dass ihnen das gelungen ist, ermutigt andere, den eigenen Ambitionen zu folgen und die lebenswichtigen Verbindungen zu den Feldern, dem Meer, den Bergen, Tälern und allem anderen Irdischen, das uns auf dieser Insel oder sonst wo auf unserem herrlichen Planeten umgibt, zu halten.

KAPITEL 8

MIT KUNST ZUR GLEICHBERECHTIGUNG

Blind ist der Mensch ohne Bücher[1]

Um 3:42 Uhr am Montag, den 10. Februar 2020, waren viele Fernseher in Island auf den staatlichen Sender RÚV eingestellt. Noch mehr Tablets, Handys und Laptops hatten sich in den offiziellen Livestream eingeloggt. Ein paar echte Morgenmenschen hatten ihre Wecker extra früh gestellt. Andere hatten am Vorabend gegen 22 Uhr einen doppelten Espresso oder zwei runtergekippt und waren so lange wach geblieben. Das Adrenalin des Augenblicks zeigte dann zusammen mit dem Koffein die gewünschte Wirkung.

Wer sich diesen Mühen unterzogen hatte, wurde belohnt. Siebentausend Kilometer entfernt in Los Angeles wurde die Komponistin Hildur Gudnadóttir als erster Mensch aus Island mit einem Oscar ausgezeichnet. Außerdem war sie erst die dritte Frau, die je einen Academy Award für eine Filmmusik gewann, und zwar mit ihrer Arbeit für den Film *Joker*.

»Ich sage das zu den Frauen, den Müttern, den Töchtern, die Musik in sich sprudeln spüren«, erklärte die zurückhaltende Siebenunddreißigjährige mit blitzenden Augen dem Publikum. »Bitte meldet euch zu Wort. Wir brauchen eure Stimmen.«

Möglicherweise hat diese Auszeichnung Island zu der Nation mit den meisten Oscars pro Kopf gemacht.[2] Nach den überschäumenden Emotionen zu urteilen (typisch isländisch: keine Tränen, kein Kreischen, aber ein Ausrufezeichen – oder sogar zwei!! – nach einem Status-Update oder vielleicht ein Lächeln für eine fremde Person im Aufzug am nächsten Morgen) war diese Errungenschaft gleichzusetzen mit der Qualifikation für ein großes Sportereignis oder mit den beiden zweiten Plätzen beim Eurovision Song Contest.

Alle hatten es eilig, ihre persönliche Verbindung zur Heldin des Tages zu finden. »HÄTTET IHR DAS GEDACHT? SIE IST MEINE COUSINE!«, jubilierte die Dichterin und Autorin Gerdur Kristný in Großbuchstaben auf Facebook. Dazu postete sie einen Screenshot der Online-Gendatenbank des Landes, der zeigte, dass sie vor sieben Generationen einen gemeinsamen Vorfahren hatten. Viele andere brüsteten sich mit ihren eigenen familiären Banden zur neuen einheimischen Prominenten.

Hildurs Erfolg war zu Islands Erfolg geworden, zu einer internationalen Wertschätzung durch eine prestigeträchtige Institution. Die Academy of Motion Picture Arts and Sciences hatte bestätigt, dass das, was wir hier erschaffen, zählt.

Dank der geringen Einwohnerzahl empfinden wir Erfolge – und Niederlagen – in Island intensiver. Unsere Sportidole sind nicht nur Gesichter, die wir im Fernsehen oder auf Sammelkarten sehen. Wir begegnen ihnen im Einkaufszentrum oder im Kino. Sie besuchen Schulen, Krankenhäuser und Sportvereine, um junge Menschen durch eine Nähe zu motivieren, die selbst die unrealistischsten Ambitionen möglich erscheinen lässt.

Athleten sind nicht die einzigen Stars, deren große und kleine Triumphe wir mit durchleben. Unsere Künstler, Tänzerinnen, Musiker, Schauspielerinnen, Komponisten, Autorinnen, Dichter und Filmemacherinnen: Wir verfolgen ihre Heldentaten, betrauern ihre Fehlschläge, äußern uns zu ihren jüngsten Auftritten. Und ja, wir posten sogar auf Facebook, wie wir mit ihnen verwandt sind. (Eine Ausnahme bildet die Sängerin Björk. Denn in der ersten Woche, als die Genealogie-Datenbank verfügbar war, haben bereits alle recherchiert, ob eine Verbindung zu ihr besteht.)

Tatsächlich weckt nichts unser leidenschaftliches Gemeinschaftsgefühl oder eint uns so sehr als Nation wie unsere inoffiziellen Kulturbotschafterinnen und Sportler. (Eine der Lieblingsanekdoten meines Mannes handelt von einem Vortrag in Geschichte über die Frage des möglichen Endes von Nationalismus. Er wurde zu der Veranstaltung eingeladen, die jedoch verschoben werden musste, als der Organisator erfuhr, dass gleichzeitig ein entscheidendes Spiel der Handballnationalmannschaft der Herren im Fernsehen übertragen würde.)

Aber zählt jeder Sport gleich? Reflektiert Kulturgut die Diversität unserer Gesellschaft? Wenn wir unsere Brille für Geschlechtergerechtigkeit aufsetzen, stellen wir uns dann Sara Björks größten Erfolg ebenso oft vor wie Eidur Smáris? Können wir bei einem Popstar wie Hildur genauso problemlos mitsingen wie bei den Rappern JóiPé und Króli?

Die kurze Antwort lautet Nein, aber es könnte auch die der Pessimistin sein. Denn auch wenn absolute Gleichheit in Kultur und Sport in Island noch nicht erreicht ist, können wir auf viele Bereiche verweisen, wo unser Bewusstsein für Ungerechtigkeit zu Verbesserungen des Status quo geführt und eine umfassende, allgemeine Aufmerksamkeit für die Allgegenwärtigkeit von Gender-Ungleichheit in der ganzen Gesellschaft geführt hat. Angehörige der Nationalmannschaften der Frauen im Fußball und Handball erhalten inzwischen die gleichen Boni wie ihre männlichen Sportskollegen.[3] Bücher von Frauen verkaufen sich ebenso gut wie die von Männern.

Allerdings ändern sich Fortschritte auf diesen Gebieten wie Ebbe und Flut. Veränderung wird hier nicht durch Gesetze bewirkt, die das Tempo beeinflussen können. Außerdem sind die

Anstrengungen einer organisierten Interessenvertretung nicht die gleichen wie beispielsweise die der National Queer Association, die sich dafür einsetzt, dass die Rechte von Transmenschen gesetzlich festgeschrieben werden. Doch die bloße Sichtbarkeit, die öffentliche Leidenschaft für diese Bereiche der Gesellschaft machen sie mit zu den wichtigsten für die Chancengleichheit, und zwar auf mehr als nur symbolische Weise. Für die vielen Leute, die im Kultur- und Sportbetrieb arbeiten, ist Gleichberechtigung eine persönliche Sache. Für den Rest von uns ist sie die Leinwand, auf der wir sehen, ob wir echte Fortschritte verzeichnen oder nur mit etwas Farbe herumwirbeln.

Abgesehen von individuelleren Wahrnehmungen etwa der schelmischen Sängerin Björk denken doch die meisten Leute, wenn sie sich zu Islands Beiträgen zur Weltkultur äußern sollen, an das literarische Vermächtnis. Die Sagas haben schließlich kreative Köpfe von Wagner bis Tolkien inspiriert.

Sie inspirierten auch viele Isländer in der heutigen Zeit. Manche Quellen behaupten, einer von zehn Isländern wird im Laufe seines Lebens ein Buch veröffentlichen (auch wenn es wahrscheinlich eher zutreffend wäre, diese Statistik dahingehend zu erweitern, dass man *irgendwas* veröffentlicht, und sei es nur einen Leserbrief). Bücher sind die beliebtesten Weihnachtsgeschenke, und ein Großteil der Jahresproduktion erscheint folgerichtig zwischen Mitte Oktober und Mitte Dezember. Das Ganze beginnt, wenn der sehnsüchtig erwartete Katalog *Book News* mit den Neuerscheinungen an Haushalte im ganzen Land ausgeliefert wird. Zum Glück ist das immer noch so, denn die isländische Redewendung, Blind ist der Mensch ohne Bücher, warnt uns alle vor dem Schicksal derjenigen, denen über die

Feiertage der Lesestoff ausgeht. In den Wochen kurz vor Weihnachten, während der sogenannten weihnachtlichen Bücherflut, haben Autorinnen und Dichter volle Tage mit Lesungen und anderen Events in Buchhandlungen, Betrieben und sogar in Hot Pots unter freiem Himmel. Viele ehemalige Wohnhäuser von Schriftstellern im ganzen Land sind heute Museen: angefangen bei Snorri Sturluson aus dem 13. Jahrhundert, der als Verfasser mehrerer einflussreicher Manuskripte des Mittelalters gilt, bis zum im Stil der 1960er gehaltenen, schicken abgesenkten Wohnzimmer und dem Outdoor-Pool (eine Rarität in Island) des Nobelpreisträgers Halldór Laxness.

Leider gibt es erwartungsgemäß einen Mangel an Museen für Autorinnen. (Die Fortschritte in der Geschlechtergerechtigkeit reichen nicht weit genug zurück, um die Wohnhäuser der proportional weniger Frauen, die geschrieben haben, zu feiern.)[4]

Heute gibt es bestimmt keinen Mangel mehr an weiblichen literarischen Stimmen. Ihr fester Platz im Pantheon der Großen Islands bedeutet, dass Festivals nicht mehr versehentlich (oder nicht) ein Panel nur aus Männern (»Manel«) präsentieren oder für einen literarischen Podcast nur Männer interviewt werden.

Die Storys von zwei zeitgenössischen Autorinnen sind beispielhaft für das Verhältnis von Gender und Kultur im Island von heute. Beide wurden in Reykjavík geboren, eine zu Beginn, die andere am Ende der 1970er-Jahre. Eine bezeichnet sich seit Jahrzehnten als Schriftstellerin; die andere hat nur einen einzigen semiautobiografischen Roman veröffentlicht, ein zweiter ist gerade im Entstehen. Eine arbeitet Vollzeit auf diesem Gebiet und reist mehrmals pro Jahr zu Literaturfestivals im Ausland. Die andere ist tagsüber Bibliothekarin an der Universität von Island. Die eine erhielt kürzlich den Auftrag, ein Gedicht zum sechzigsten Geburtstag eines Schiffs der Küstenwache zu verfassen; die andere bekam den Auftrag, aus den ironisch scharfsinnigen

Tweets, die regelmäßig viral gehen, ein ganzes Buch zu machen. Beide tragen bekannte Namen, gelten als unerschrockene Feministinnen sowie als bissig-witzige Sprachgenies. Sie sind sich ihrer privilegierten Herkunft und deren Auswirkung auf ihren Durchbruch und Erfolg bewusst.

Gerdur Kristný und Kamilla Einarsdóttir waren, trotz ihrer gegensätzlichen Stile, ein sich ergänzendes Paar, um Islands Ambitionen in Sachen Gleichberechtigung im Kontext der Literatur zu diskutieren. Wir trafen uns an einem kalten Wintertag im Gröndalshús, einem dieser Museen. Es ist dem Leben und Werk des dort früher lebenden Autors Benedikt Gröndal gewidmet. Das gemütliche Haus mit den niedrigen Decken dient inzwischen als Wohnung für eine Autorin oder einen Autor sowie als Veranstaltungsort im Zentrum Reykjavíks. Das ist übrigens die erste City of Literature der UNESCO, wo Englisch nicht die Muttersprache ist. Wir drei teilten uns vegane Wraps und eine lauwarme Flasche Cosmopolitan Diva. Der alkoholfreie Schaumwein kam uns ganz passend vor für ein Treffen von drei schreibenden Damen mittleren Alters.

»Hier wird es niemals langweilig«, fasste Gerdur (die Cousine siebten Grades der Oscar-Gewinnerin Hildur Gudnadóttir) die Literaturszene Islands in einem Satz zusammen, bevor sie anmutig in ein Falafel biss. »Die Leute wollen Bücher. Und wir verfolgen, was die Leute schreiben und veröffentlichen. Wir sind begeistert von neuen Stimmen, die gar nicht jung sein müssen, sondern nur neue Geschichten erzählen sollen. Wir freuen uns auch auf Geschichten unserer etablierten Lieblingsautor*innen.«

Gerdur gehört selbst zu Letzteren. Seit der weiterführenden Schule bezeichnet sie sich als Dichterin und Schriftstellerin. Nicht viel später begann sie, in diesem Bereich zu arbeiten. Regelmäßig fesselt sie Menschenmassen mit ihrer betörenden Altstimme, ihrer bedächtigen Vortragsweise. Sie erntet Lob für ihren erfinderischen Gebrauch der isländischen Sprache in ihren Werken. Gerdur arbeitet Vollzeit in ihrem Metier und veröffentlicht jedes Weihnachten etwas Neues, ob einen Gedichtband, ein Kinderbuch oder einen Roman. Ihre Arbeit wurde schon für mehrere Preise nominiert. *Bloodhoof*, eine feministische Nacherzählung von »Das Lied von Skírnir«, einem der epischen Gedichte aus der *Edda*, gewann den Isländischen Literaturpreis. Eine Strophe daraus lautet:

»Ich würde bleiben
Ich entschied
An dem Ort zu bleiben
Wo ich jeden Winkel kannte

Und die Flüsse durch meine Adern flossen.«

»Feministin zu sein, das bringt viel Inspiration mit sich«, sagte Gerdur. »Es ist ja nicht so, dass du heutzutage in die Bibliothek gehst und dort alle möglichen Bücher zu feministischen Themen findest. Da wird einem klar, wie viel es noch zu sagen gibt.«

Kamilla Einarsdóttir, die blondgefärbte, tätowierte Bibliothekarin mit herzlichem Lachen und bissigem Humor, stimmte zu. »In der Bibliothek sehe ich all diese Bücher von isländischen Männern, die über Frauen schreiben, wenn sie ihre Mütter schildern. Dann denkt man sich doch: ›Hach!, keine Ahnung, vielleicht könnte mal jemand eine wirklich realistische Story über Mutterschaft erzählen.‹«

Genau das hat Kamilla 2018 getan. Auf Anregung eines einheimischen Verlegers, der ihr in den sozialen Medien folgte, schrieb sie *The Kópavogur Chronicles*. Die düster komische, halb autobiografische Lebensgeschichte einer zurückhaltenden jungen Mutter schildert ihrer Tochter die Ursachen ihrer Beziehungsprobleme und gesteht ihr Scheitern. Als Hauptgrund nennt sie den Alltag in der titelgebenden Vorstadt von Reykjavík, wo die Mittelklasse dominiert. Die Kritik bejubelte das Buch, und es gab auch eine Bühnenfassung. Ein kurzer, eindrucksvoller Abschnitt wurde zur »Seltsamsten Sexszene« des Jahres gewählt. Kamilla sagt, das führte zu zahlreichen dubiosen Freundschaftsanfragen »alter Kerle« bei Facebook und untermauerte ihren Ruf bei der Generation Snapchat als Kennerin des modernen Lebens, die kein Blatt vor den Mund nimmt. Eine ihrer Lieblingspassagen ist diese: »Es war eine gute Zeit, um in Kópavogur Leute abzuschleppen. Wie den Jungen mit den traurigen Augen, der im Iceland-Gemischtwarenladen an der Engihjallì Road die Regale einräumte. Von ihm wusste man, dass er seine Tränen an den Innenseiten von Frauenschenkeln abwischte.«

»Einmal erschien ich zu einer Lesung, wo das Durchschnittsalter ungefähr bei sechsundneunzig lag«, erinnerte Kamilla sich. »Ich war ein bisschen nervös, weil das Buch recht freizügig ist, aber alle fanden es spannend und lustig. Diese Menschen haben natürlich schon ihr ganzes Leben lang gelesen, und mir wurde klar, dass sie all das Zeug, was ich beschreibe, wahrscheinlich auch schon selbst gemacht hatten. Sie fanden es jedenfalls kein bisschen skandalös.«

»Es gibt so viel Begeisterung für neue Autor*innen«, fügte Gerdur hinzu. Dass Schriftstellerinnen wie sie von ihrer literarischen Arbeit leben können, ermöglichen sogenannte Künstlergehälter, die die Regierung bezuschusst. Ursprünglich wurden diese sehr begehrten Stipendien aufgelegt, um dafür zu sorgen, dass Leute auf Isländisch schreiben und so zum Erhalt der Sprache beitragen konnten. Jetzt wurde das auf andere Bereiche ausgedehnt, wie etwa auf bildende Kunst und Musik. Die monatlichen Stipendien erlauben es einigen Hundert Menschen im Land, sich auf ihr Metier zu konzentrieren.[5] Und auch wenn die Öffentlichkeit in Zeiten, in denen überall der Gürtel enger geschnallt werden muss, vielleicht über die Großzügigkeit der Förderungen murrt, würden die politischen Parteien des Mainstreams niemals auf die Idee kommen, sie zu streichen.

»Kurz nach dem Finanzcrash von 2008 verteidigte der damalige Kulturminister, ein konservativer Politiker, die Praxis in den Medien«, erinnerte Gerdur sich. Sie war damals eine von drei Autor*innen, die über einen Zeitraum von drei Jahren ein Gehalt bekamen. »Er fragte, in was für einer Gesellschaft wir denn leben wollten, wenn wir es uns nicht mehr leisten könnten, unsere Künstler zu fördern. Das war unglaublich.«

»Ich denke, es ist ganz normal, so etwas zu haben«, fügte Kamilla hinzu. »Wie die Förderungen für einen Landwirt oder Gemüseerzeugerinnen.«

Die Stipendien sind auch der entscheidende Faktor, damit Dichter*innen überhaupt in Island arbeiten können. »Es ist sehr inspirierend, in Island Dichterin zu sein, weil die Menschen hier sich immer für neue Lyrik interessieren«, sagte Gerdur, die sich selbst im Online-Telefonverzeichnis Islands Dichterin und Autorin nennt.[6] Jetzt nippte sie an ihrer Sektflöte mit Diva. »Wir verkaufen fünfhundert bis tausendzweihundert Exemplare [eines Gedichtbands] oder mehr.« Auf die Bevölkerungsgröße umgerechnet würde das mehr als einer Million verkaufter Bücher in den USA entsprechen.

Gut verkäufliche Lyrikerinnen gesellen sich zu anderen Frauen, die jedes Jahr in allen Kategorien auf den Bestsellerlisten zu finden sind – von Autobiografien über Kinderliteratur bis hin zu Krimis.

»Es gibt immer noch so viel, was geschrieben werden sollte. Und wir haben starke Vorbilder. Frauen, die uns anderen den Weg geebnet haben«, meinte Gerdur. »Es ist großartig, eine Frau zu sein und von diesem Standpunkt aus zu schreiben. Ich glaube nicht, dass ich *Bloodhoof* geschrieben hätte, wenn ich ein Mann wäre. Und *The Kópavogur Chronicles*? Von einem Mann?« Sie warf Kamilla einen Blick zu und schüttelte entschieden den Kopf. »Nein.«

Aus unterschiedlichen Gründen fühlen Frauen sich frei, aus ihrer Warte zu schreiben. Und es ist weniger schwer, um Aufmerksamkeit in den Medien oder sogar um Buchverträge zu ringen. Über die für alle Schreibenden gleiche Herausforderung, sich etwas Neues auszudenken, scherzte Kamilla: »Man fühlt sich schon besser, wenn man durch die Bibliothek streift und sieht, dass so viele wirklich langweilige Bücher veröffentlicht wurden. Dann weiß man sicher, dass das eigene niemals das schlechteste sein wird.«

Nachdem wir die Wraps mit den Resten aus unseren Gläsern runtergespült hatten, widmeten die beiden Autorinnen sich einem wohlbekannten Thema, wo alte Gender-Klischees weiter zu finden sind. »Ich las meine Kurzbiografie für ein Literaturfestival, und die begann mit ›sie hat drei Kinder‹«, erinnerte sich Kamilla. »[Der isländische Autor] Dóri DNA war auch dort, und er hat ebenfalls drei Kinder und bewarb sein erstes Buch, doch sein Waschzettel fing nicht so an. Ich meinte, sie müssen meinen nicht ändern, aber dann sollte seine Kurzbiografie genauso beginnen.« Sie zuckte mit den Schultern, als wollte sie sagen, je mehr sich ändert, desto mehr gibt's zu ändern. »Wenn eine Frau Kinder hat, soll das von zentraler Bedeutung für ihre Identität sein. Aber in der Biografie eines Mannes kann es erst der siebzehnte Satz sein. Als wäre man ein schlechter Mensch, wenn man nicht vollkommen in der Mutterschaft aufgeht.«

»Na, immerhin können wir mit grimmigem Ton zum Ende kommen!«, warf Gerdur lächelnd ein. Anscheinend war sie zufrieden damit, dass wir kein zu idealistisches Bild von Frauen in der Literaturszene Islands gezeichnet hatten.

Apropos Idealismus: Ich habe mich gefragt, ob wir uns von der Tradition des Geschichtenerzählens entfernen. Von diesem beliebten Image, dass Tausende Isländer*innen es sich an kalten Winterabenden mit einem guten Buch gemütlich machen. Oder von Kindern, die die berühmtesten Passagen der Sagas auswendig können und sich bei Geschenken eher nach Laxness als nach LEGO sehnen.

Wir drei waren uns einig darüber, dass diese Zeiten vorbei sind. Aber »wir sind immerhin noch keine Playstation-Nation. Wir sind eine Buchnation«, behauptete Gerdur. »Oder wenigstens hoffe ich das.«

Viele Besucher aus Übersee staunen darüber, wie unprätentiös das Büro des Präsidenten von Island ist, das sich in einem ehemaligen privaten Wohnhaus in einem zentralen, aber ruhigen Viertel von Reykjavík befindet. Jeder, der einen Termin hat, wartet in einem kleinen Vorzimmer mit zwei Stühlen und einem großen, L-förmigen Tisch. Das Privatbüro des Präsidenten und der Empfangsraum präsentieren isländisches Design in Kunst und Mobiliar. Draußen im Vorzimmer ist das größte Objekt allerdings ein hundertzehn mal sechzig Zentimeter großes Foto an der Wand. Es wurde am 16. September 2016 aufgenommen, als Islands Fußballnationalmannschaft der Damen ihren 4:0-Sieg über Slowenien feierte. Damit war zum dritten Mal der Einzug in die Europameisterschaft im darauffolgenden Sommer gesichert.

In der Mitte der Mannschaft mit ihren blauen Trikots steht mein Mann in präsidentiell elegantem Wollmantel, den Schal mit den Nationalfarben locker um den Hals geschlungen. Er hat die Hände aneinandergelegt, sein Mund steht staunend offen, und seine Augenbrauen sich hochgezogen. (Wahrscheinlich wundert er sich eher über sein Glück, die Sportheldinnen persönlich zu treffen, als über die Errungenschaft des Teams.) Welche Botschaften vermittelt das den Leuten, die etwas im Büro des Staatsoberhaupts zu erledigen haben? Wir feiern Erfolg gemeinsam. Dieser Präsident ist ein relativ ungezwungener Typ. Und wir sind auf unsere weiblichen Athleten genauso stolz wie auf die männlichen.

Auch wenn viele von uns bei Kunst an Bücher, Musik, Theater oder Malerei denken – Margrét Lára Vidarsdóttir denkt an Fußball. Die Schönheit eines Freistoßes über eine Mauer aus Verteidigern, die Raffinesse, die es braucht, um einen Ball übers Spielfeld zu bringen, ein elegant ausgeführter Zweikampf, um ein entscheidendes Tor zu verhindern, die magische Verbindung individueller Stärken zu einer geschlossenen Einheit, ekstatische Fans, die zum vereinten und oft einschüchternden »Wikingergesang« aufspringen, der Islandfans bei internationalen Turnieren berühmt gemacht hat.

»Ich kann nicht so zeichnen oder schreiben oder irgendwas anderes Kreatives machen, aber das ist mein Ventil«, erklärte mir die Frau, die die meisten Tore für die Nationalmannschaft erzielt hat. Wir trafen uns in der Kneipe des alten Vereins der inzwischen nicht mehr aktiven Stürmerin.

Valurs Vereinswappen mit dem Falken ist im isländischen Sport wohlbekannt. Seit der Gründung 1911 hat man über hundert Titel in Fußball, Basketball und Handball errungen.[7] Nicht wenige der zahlreichen Meisterschaften gewannen Damenmannschaften. Dieser Erfolg bescherte Valur den Ruf, ein gleichberechtigter Verein zu sein. In dem gemütlichen Vereinshaus in angenehm weichen braunen Chesterfieldsesseln vor Wänden, die mit Trophäen, alten Trikots und Fotos von männlichen wie weiblichen siegreichen Teams geschmückt waren.

Margrét Lára wuchs auf den sportverrückten Westmännerinseln auf, einem Archipel direkt vor der Südküste des Landes. Sie wusste schon immer, dass sie ein Talent für Sport besaß. Ab ihrem achten oder neunten Lebensjahr übertraf sie ihre Altersgenossen und sammelte Trophäen für die meisten Tore (bis es Vorschrift wurde, in Matches zwischen Kindern keine Punkte mehr zu zählen). Als sie älter war, wollte Margrét Lára an der Universität Sport studieren und nicht Profifußballerin werden. Das unterschied sie vom Großteil gleichaltriger Jungen, die zweifellos lange aufblieben und von dieser Möglichkeit träumten. Ihr Grund? »Ich wusste nicht mal, dass es so was gab«, erzählte sie mir mit ihrer charakteristisch rauen Stimme. »Im Fernsehen gab es keine Spiele. Ich hatte keine Ahnung, was die Frauennationalmannschaft überhaupt war.«

In den paar Jahrzehnten seither hat sich im isländischen Frauensport viel getan. Trotzdem gibt es immer noch signifikante Ungleichheit: Männliche Profis sind bekannter und verdienen viel mehr Geld. Allerdings haben Fortschritte bei der Gleichberechtigung überall im Land die Kluft beträchtlich verkleinert. Neben den vielfach in den Medien erwähnten gleichen Boni für Angehörige der Nationalmannschaften schließen Sportheldinnen inzwischen auch Sponsorenverträge ab und sind beliebte Influencerinnen in den sozialen Medien. (Das gilt vor allem für die CrossFit-Champions.)

Margrét Lára ist heute eine der bekanntesten Fußballprofis in Island, obwohl sie 2019 aus der Nationalmannschaft ausschied. Es war der Abschluss einer internationalen Karriere mit Spielzeiten in Schweden und Deutschland. Sie vertrat ihr Land in hundertvierundzwanzig Länderspielen und erzielte dabei neunundsiebzig Tore. Ihre übernatürliche Fähigkeit, zur rechten Zeit am rechten Ort zu sein, um einen gut platzierten Pass anzunehmen und den Ball über die Torlinie zischen zu lassen, machte sie zu einer der meistbeachteten Spielerinnen der Mannschaft. Heute arbeitet sie als Psychologin sowie als Kommentatorin diverser Spiele. Das brachte ihr den Ruf einer kenntnisreichen, entschiedenen und engagierten Expertin ein.

Obwohl es keine entsprechenden Vorbilder gab, folgte sie ihrer Passion. So schwänzte sie beispielsweise am Gymnasium den jährlichen Schulball, um an einem späten Fußballtraining teilzunehmen.

»Am nächsten Tag fragte meine Lehrerin mich sehr ernst, ob bei mir alles in Ordnung sei, ob ich irgendwelche Sorgen hätte, die mich von dem Besuch abgehalten hätten. Dabei war es für mich die natürlichste Sache, stattdessen zum Training zu gehen«, erzählte sie mir. »Wäre ich ein Junge gewesen, hätte man mich das nicht gefragt. Dann hätte man darin eine Investition in meine Zukunft gesehen.«

Mit sechzehn machten sich all die Extratrainings bezahlt, denn der damalige Nationaltrainer entdeckte Margrét Lára. Sie unterschrieb einen Vertrag bei einem großen Versicherungsunternehmen, um durchs Land zu reisen und vor Schulkindern über die Bedeutung von Sport zu sprechen. Ihr Bild tauchte auf Plakatwänden auf, und Kinder bekamen Fußbälle, auf denen MLV9 stand – ihre Initialen und die Nummer auf ihrem Trikot. Margrét Lára war eine der ersten Sportlerinnen des Landes, die Geld von Sponsoren bekam. Sie war ein bekanntes Gesicht.

Dieses Sponsoring und ihre Sichtbarkeit waren wichtig, um Werbung für Frauenfußball zu machen. »Es machte Frauenfußball populärer und die Aussicht, Profifußballerin zu werden, attraktiver«, bestätigte Margrét Lára.

In Island sind diese Gesichter auf Plakatwänden echte, greifbare Menschen, meist nur ein oder zwei Schritte von einer persönlichen Verbindung entfernt. »Wir haben solches Glück mit unserer Nähe«, meinte Margrét Lára zu mir. »Du gehst in den Lebensmittelladen oder die Mall, und da siehst du deine Vorbilder in Fleisch und Blut. Das ist, als könntest du die Hand ausstrecken und deine Träume berühren. Das hilft uns wirklich, daran zu glauben, was wir erreichen können.«

Diese wachsende Semiberühmtheit stellte sich ungefähr zu der Zeit ein, als Margrét Lára die Westmännerinseln verließ und in die Hauptstadt zog, um bei Valur, einem Spitzenverein der Liga, zu spielen. Gleich zu Beginn fiel ihr auf, dass Herren- und Damenteams im Verein gleich behandelt wurden. Die Männer und die Frauen bei Valur hatten vergleichbare normale Trainingszeiten auf dem regulären Spielfeld. Ausrüstung und Trikots der Damen hatten dieselbe Qualität wie die der Herren. Sie berichtete mir, dass selbst heute noch solche grundlegenden Details bei vielen anderen Fußballvereinen im Land nicht gleichberechtigt gehandhabt würden. »Wenn man die gleiche hochwertige Ausrüstung und Trainingszeiten wie die Männer bekommt, stellt man fest, dass sich viel mehr bewirken lässt. Und wem mehr Respekt entgegengebracht wird, der zeigt im Gegenzug auch selbst mehr Respekt.«

Nachdem sie noch ein paar Jahre an sich gearbeitet hatte, richtete Margrét Lára ihre Aufmerksamkeit auf Europa. Dort konnte sie professionell mit Weltklassespielerinnen und -trainerinnen in größeren Stadien vor mehr Fans spielen. Erstaunlicherweise, meinte sie, waren viele der Gegebenheiten zu Hause in Island jedoch besser. »In Island hatten wir Jacuzzis in den Umkleiden«, erinnerte sie sich. »Wir hatten auf dem Trainingsgelände ein Gym, um mit Gewichten zu arbeiten.« Sie gab allerdings auch zu, dass die Personalressourcen – Mitspielerinnen, Trainingspersonal, Physiotherapie – im Ausland besser waren. Doch selbst bei der besten Mannschaft in Deutschland, wo sie zeitweise spielte, stiegen sie zu einer zehnstündigen Fahrt zum nächsten Spiel in den Bus, während ihre männlichen Kollegen aus der Bundesliga in den Privatjet stiegen.

Dieser starke Kontrast zeigt, wie Geld das Spiel antreibt. Männerteams verfügen im Allgemeinen über mehr Mittel, weil sie mehr einbringen und daher größere Medien und Sponsoren für sich gewinnen, was wiederum ihre Popularität erhöht. Das ist ein Kreislauf, der dafür sorgt, dass Männermannschaften besser finanziert sind und Frauenteams härter um Aufmerksamkeit kämpfen müssen. Aber es gibt da noch etwas. Einfach formuliert, sagte Margrét Lára, findet die isländische Gesellschaft dieses Ausmaß von Ungleichbehandlung inakzeptabel. Das gilt auch für den Sport, obwohl dieser Bereich als eine der letzten weltweiten Bastionen des akzeptierten Sexismus gilt, wo nicht einmal wie auf vielen anderen männerdominierten Gebieten ein Lippenbekenntnis für Geschlechtergerechtigkeit abgelegt wird. In Island dagegen erwartet die Gesellschaft als Kollektiv inzwischen mehr. Margrét Lára erzählt mir, »wenn der Fernsehsender, der Fußballspiele überträgt, sagte, er würde nicht auch die Spiele der Frauen übertragen, dann würden manche Leute drohen, ihr Abo zu kündigen«.

Diese kollektive Übereinkunft zum Wert von Gleichbehandlung ist etwas, das es dem Team auch ermöglichte, die gleichen Boni zu bekommen. »Natürlich mussten wir darum kämpfen. Sie haben uns das nicht angeboten«, bemerkte Margrét Lára. »Aber wir mussten nicht damit drohen, in die Medien zu gehen und eine große Kampagne zu starten.«

Diese Errungenschaft fanden ihre Kolleginnen in Übersee denkwürdig. »Sie halten das für wirklich wichtig«, sagte sie. Wenn beispielsweise ihre Mannschaftskolleginnen in Deutschland die gleiche Forderung vorgebracht hätten, »dann hätte man sie, glaube ich, einfach ausgelacht. Leider.«

Die hochkarätigen Erfolge der Nationalmannschaft haben andere inspiriert, in ihre Fußstapfen zu treten. Seit 2004 hat sich die Zahl der Spielerinnen in lokalen Vereinen (und zwar ab dem

Kindergartenalter) mehr als verdoppelt. Im Management ist Klara Bjartmarz die erste Frau in Island und eine der sehr wenigen in der Welt, die als Generalsekretärin eines nationalen Fußballverbands amtiert.

Jetzt ist Margrét Lára berühmt und kann selbst das Vorbild sein, das sie in ihrer Jugend vermisst hat. »Es ist ein Privileg, Vorbild sein zu können«, meint sie lächelnd. »Wenn mich eine Sechsjährige in einem Laden anspricht, dann ist das wunderbar.«

Sie und ihre ehemaligen Fußballkolleginnen stehen auch in engem Kontakt mit ihren männlichen Kollegen, von denen viele sechs- oder siebenstellige Gehälter bei Spitzenvereinen wie Arsenal oder in der Bundesliga bei Augsburg bekommen.

»Die Jungs halten wirklich zu uns«, berichtete sie mir. »Als wir in der Nationalmannschaft um gleiche Boni kämpften, haben sie uns die Höhe ihrer Prämien genannt. Denn es ist ja nicht ihre Schuld, dass sie es besser haben als wir.«

Es gibt immer noch lautstarke Stimmen, die behaupten, Frauensport wäre nicht so spannend anzusehen wie Männersport. Doch das ist, als würde man Äpfel und Orangen vergleichen, meinte Margrét Lára. »Man braucht eben eine andere Brille, wenn man Männer- oder Frauenfußball schaut. Es ist derselbe Sport, aber auch verschieden, weil wir natürlich verschieden sind.«

Vielleicht ist das ein bisschen so, als würde man einen Picasso mit einem Monet vergleichen. Beide sind Werke kreativer Genies, aber kaum miteinander vergleichbar. Am Ende, sagte sie, ist der wichtigste Faktor, um die Gleichberechtigung im Sport voranzubringen, »Respekt«.

Fußball ist das Lieblingskind des Sports in Island. Er bekommt das meiste Geld, und die Spieler sind am bekanntesten. Doch der Erfolg in Sachen Gleichstellung hat sich auch auf andere Bereiche ausgewirkt. So ist der Hashtag #dottir, das Suffix, das am häufigsten mit dem Vornamen des Vaters verknüpft wird, während Spielen der Nationalmannschaft im Trend. (Wobei die Ironie, dass Spielerinnen dadurch eher durch ihre Väter als durch sich selbst definiert werden, unberücksichtigt bleibt.) Die nationale Fluggesellschaft Icelandair sponsert stolz verschiedene Nationalmannschaften und schenkt Frauen wie Männern die gleiche Aufmerksamkeit.

Es gibt natürlich noch große und fortdauernde Ungleichheiten. Im Moment können Frauen wie Margrét Lára immer noch nicht darauf hoffen, siebenstellige Gehälter zu bekommen, wenn sie Profisportlerinnen werden. Eintrittskarten für Spiele der Frauenmannschaften werden weiterhin weniger kosten, und die Werbeeinnahmen werden beträchtlich geringer sein.[8] Nicht nur im Fußball, sondern auch in anderen Sportarten werden Frauen weiterhin kämpfen müssen, um das Training, die Ausrüstung und die Einrichtungen zu bekommen, die Männer oft automatisch kriegen. Trotzdem ist der Sport in Island ein Bereich, in dem Leuten die Ungleichbehandlung bewusst ist und man daran arbeitet, sie langsam, aber sicher zu beseitigen. Das sind gute Neuigkeiten, meinte Margrét Lára mit Blick auf die lächelnden Gesichter früherer Sportheldinnen von Valur.

»Es geht hier nicht um meine Stimme oder die Stimmen der anderen Mädchen«, sagte sie. »Es geht um die Stimme der Gesellschaft.«

Während die Fußballinspirationen für #dottir im internationalen Sport einen Weg aufzeigen, sorgen andere Töchter in Islands Musikszene für Aufsehen.

Die Daughters of Reykjavík, ein selbst ernanntes neunköpfiges Rap-Kollektiv, spielten ihren Hit »Reppa Heiminn« vor einem Publikum aus ein paar Hundert Hafermilch-Latte trinkenden

Feministinnen (ich war auch darunter). Und zwar während einer Konferenz zur Geschlechtergerechtigkeit bzw. #MeToo, die das Büro des Premierministers organisiert hatte. Die Bandmitglieder sind schon vor anspruchsvollen Fünfjährigen in verschiedenen Vorschulen der Region Reykjavík aufgetreten. Dabei strichen sie Begriffe wie »fuck« und »beer« gewissenhaft aus ihrem Repertoire, behielten aber Ausdrücke wie »Gender-Abweichung« und »Gegenkultur« in ihren Texten. Und sie sorgten für Aufregung während eines Live-Auftritts in einer Talkshow am Freitagabend, mit expliziten Texten, viel Hüftschwung und Umschnalldildo. So eine Bandbreite ist typisch für viele Musiker*innen in Island, von denen die meisten noch anderen Berufen nachgehen. (Bei den Daughters sind das eine Grafikdesignerin, eine Tanzlehrerin, eine klassische Pianistin und mehrere Schauspielerinnen.)

Die Daughters of Reykjavík wollen jedoch zuallererst als Rapperinnen wahrgenommen werden. Als Kreative, die sich der uralten Traditionen der Rímur bedienen (dabei handelt es sich um Reime, die auf beinah melodische Weise vorgetragen werden und oft komplizierte Wortspiele enthalten), diese ins 21. Jahrhundert holen und sie mit internationalem Flair versehen. Im Sommer 2020 wurde die Band in der *New York Times* porträtiert, was nicht viele ihrer isländischen Kolleg*innen schaffen. Ihre Konzerte sind eher Shows als musikalische Performances. Jede Sängerin kommt an die Reihe und darf die Bühne dominieren. Zu den Darbietungen gehörten schon das Runterreißen ihrer Tops und Griffe in den Schritt – für männliche Rapbands lauter typische Gesten. Von Frauen auf der Bühne erwartet man das traditionell eher nicht.

Ob es an den Texten, den Kostümen oder der ganzen Performance liegt – »wir sind primär als feministischer Act bekannt«, brummte eine der Bandgründerinnen, Thurídor Blær Jóhannsdóttir. Ich hatte an einem Abend während der Corona-Pandemie drei aus der Gruppe zu Drinks getroffen, weil es keine Gelegenheit für einen Konzertbesuch gab. »Ich möchte dieser Charakterisierung total widersprechen. Wenn du Rapper und eine Frau bist, giltst du automatisch als feministischer Performance-Act, um irgendeine feministische Agenda durchzusetzen. Wir machen das einfach nur, weil es uns Spaß macht. Ich bin stolz, eine Feministin zu sein, aber ich mag es nicht, wenn andere Leute dieses Etikett benutzen, um andere Dinge, die ich mache, abzuwerten. Wenn ein Kerl rappt, dann denkt man: ›Yeah, er liebt eben Rap.‹ Wir haben die gleiche Motivation, aber weil wir Frauen sind, denken die Leute, da steckt mehr dahinter.«

Diese Annahmen sind vielleicht auch bezeichnend für den Sinn für Gleichberechtigung (oder deren Mangel) in Islands Musikindustrie. »Die sind groß im Reden, aber klein im Machen«, erklärte Blær, wie sie genannt wird. »So viele männliche Sänger reden davon, wie toll Frauenstimmen sind, haben aber noch nie mit einer Frau gearbeitet.«

Es gibt eine Menge Lippenbekenntnisse über die Wichtigkeit von Gleichberechtigung, argumentieren die Daughters, aber in der Praxis merkt man davon kaum etwas. »Es ist nicht so, dass diese Männer Frauen bewusst kleinhalten wollen«, fuhr Thórdís Björk Thorfinnsdóttir, die Dísa genannt wird, fort. Sie ist ein lokaler Instagram-Star, Schauspielerin, Sängerin und gilt innerhalb der Gruppe als Fashion-Ikone. (Sie ist übrigens das Mitglied der Theatertruppe aus Kapitel 6, das online niedergemacht wurde, weil sie sich negativ über die kleine Stadt Kópasker im Norden geäußert hatte.) »Sie haben es nur einfach nicht auf dem Radar.«

Daughters of Reykjavík sind in Wahrheit ein zufälliges Kollektiv, das sich 2013 nach einem Poetry-/Rap-Slam gründete. Blær und ihre Freundin Kolfinna Nikulásdóttir hatten die Veranstaltung organisiert, zu der unglaublich viele Teilnehmer kamen.

»Wir hatten keinen großen Plan, eine Gruppe zusammenzustellen«, erklärte Blær. »Es war eher so, dass Leute immer wieder anriefen und diese Gruppe Reykjavírdætur buchten [unter diesem isländischen Namen hatten sie begonnen]. Anfangs war es chaotischer, aber inzwischen sind wir schon reifer.« Zeitweise bestand die Gruppe aus zwanzig Mitgliedern, wobei einzelne kamen und gingen, je nach anderen Verpflichtungen und der gelegentlichen Geburt eines Babys. Jetzt gibt es neun fixe Mitglieder.

Einerseits repräsentieren Daughters of Reykjavík nicht den Mainstream isländischer Musikerinnen, von denen viele (insbesondere Björk) erfolgreiche Karrieren auch auf der internationalen Bühne vorzuweisen haben. Oft vermarkten sie dabei ein Klischee der isländischen Sängerin als eigentümlich ätherische Schönheit. Doch sie bringen auch ein kontrastierendes und fast postfeministisches Konzept von Rap als Erzählkunst und Performance als Provokation auf den Punkt.

Ihr aggressiver Stil und die lauten Konzerte mischten die junge, männlich dominierte Rapszene in Island auf. So hörten laut den Daughters beispielsweise misogynes Verhalten und Objektifizierung von Frauen in Texten und Musikvideos anderer Rapper auf. Und obwohl sie in den ersten Jahren viel ermutigendes Feedback aus der Öffentlichkeit bekamen, begannen Teile der Öffentlichkeit, die Mainstream-Musik bevorzugten, ihnen kritischer zu begegnen, nachdem sie sich einen Ruf für zunehmend unverschämte Performances erworben hatten (auch wenn sie diese nicht explizit als solche arrangierten).

»Ich glaube, wir sind in Island die meistgehasste Band aller Zeiten«, meinte Blær reumütig, aber nüchtern. »Also wir und Nylon.« Die Popgruppe nach dem Vorbild der Spice Girls erreichte den Höhepunkt ihres Ruhms in den frühen 2000ern.

»Die meiste Kritik kriegen wir von Männern, die finden, das wir zu viel Raum einnehmen, wobei sie das nicht in so vielen Worten ausdrücken«, fügte Steiney Skúladóttir hinzu. Sie ist die inoffizielle Faxenmacherin der Band und zudem Mitglied einer beliebten hiesigen Improvisationstheatertruppe.

Als Andersdenkende in einigen Gegenden Islands lauter wurden, orientierten sich die Daughters stärker Richtung Europa und änderten ihren Namen offiziell in die englische Version. Seither füllen sie Clubs von Barcelona bis Grönland.

»Wir treten im Ausland auf, und Leute sehen uns zum ersten Mal. An so vielen Orten wird dir bewusst, dass die Dinge noch nicht so weit sind wie hier bei uns in Island. So was wie uns haben die Leute noch nie gesehen«, sagte Blær. Obwohl sie hauptsächlich auf Isländisch singen, ist das nicht der Grund, warum ihr Auftritt sich für das Publikum dermaßen unterscheidet. »Die Leute müssen nicht verstehen, was wir sagen. Sie verstehen, was wir sind.«

Blær, Dísa und Steiney glauben, dass die isländische Musikindustrie chauvinistischer ist als die anderen Kulturbranchen des Landes. Und diejenigen, die sich darüber beschweren, bekommen mehr Gegenwind. »Im Theater bemerke ich das überhaupt nicht«, meint Blær, die auch als Schauspielerin am Stadttheater Reykjavík arbeitet und eine Hauptrolle in der gefeierten isländischen TV-Miniserie *The Minister* spielte. Die Musikindustrie bietet weniger Karrieresicherheit, und Whistleblower machen sich mehr Sorgen darüber, künftige Gigs zu verlieren, wenn man sie nicht als Teamplayer betrachtet.

Die Daughters empfinden auch keine besondere Solidarität mit männlichen Rappern (auch wenn es natürlich Ausnahmen gibt). »Wir haben die anderen Jungs getroffen, die waren so nett. Aber dann hörst du, was sie hinter unserem Rücken über uns gesagt haben«, berichtete Steiney mir. »Und [sie spuckte den Namen von einem der beliebtesten Rapper des Landes aus] hat versucht, viele von uns ins Bett zu kriegen.«

Ähnlich wie bei den Unternehmen in Island bleibt das Geld

der Musikbranche hauptsächlich in den Händen von Männern, die auch die meisten heimischen Festivals organisieren. »Er [der Organisator] will einfach Eintrittskarten verkaufen und denkt, männliche Performer verkaufen sich«, sagte Blær. »Deshalb gibt es dann nur Platz für eine Frau, während es zehn sein sollten.«

»Das führt dazu, dass Frauen gegeneinander antreten«, fügte Dísa hinzu.

Im Raum wurde zustimmend gemurmelt, und die Enttäuschung über diese traurige Einschätzung war spürbar. Das Gespräch kam aber rasch auf Lösungen. »Wir müssen die Vorstellung ablegen, dass, wenn es neun Plätze für Männer gibt, einer für eine Frau vorgesehen ist. Es gibt schließlich zehn Plätze«, begann Steiney.

»Ich kann's nicht erwarten, ein Konzertplakat zu sehen, auf dem nur Frauen stehen, was niemand erwähnenswert findet«, fügte Blær hinzu.

Die drei Daughters, mit denen ich gesprochen habe, waren für Gender-Quoten auf Musikfestivals. Das ist kein neues Konzept. Die Keychange-Bewegung in Europa, die als Initiative 2018 startete und vom Creative Europe Programme der EU gefördert wurde, hat zum Ziel, unterrepräsentierte Gender in der Musikindustrie zu fördern. Über vierhundertfünfzig Festivals und Organisationen sind daran beteiligt, darunter Iceland Airwaves, das größte Festival des Landes. Abgesehen von einem Karriereförderprogramm für unterrepräsentiertes Talent setzt Keychange sich auch für eine Zusage zur Geschlechtergerechtigkeit ein, zu der Musikorganisationen sich verpflichten sollen. Ich bin eine von zwei isländischen Botschafterinnen der Initiative, die zusammen mit anderen aus verschiedenen Ländern versuchen, Aufmerksamkeit auf das Missverhältnis in der Musikindustrie zu lenken und Konsument*innen zu motivieren, dass sie eine Änderung dieser Verhältnisse verlangen.

»Geschlechtergerechtigkeit sollte auch bei Programmen von Kleinstadtfestivals herrschen«, sagte Steiney. »Wenn man wieder mal ein Plakat sieht, auf dem keine Frau steht, dann ist es einfach ermüdend, immer darüber zu twittern und Aufmerksamkeit darauf zu richten. Wir brauchen Leute, die wirklich konkret und langfristig daran denken. Leute, die akzeptieren, dass jemand diesmal vielleicht weniger Ticketverkäufe einbringt, aber damit etwas für die nächste Generation getan wird. Wir brauchen einfach mehr Chancen für unbekannte Frauen, damit es ausgeglichener wird, denn die sind ebenso fähig wie die Männer.«

Es würde auch mehr Frauen helfen, ihr Können auf die Probe zu stellen, wie es die Daughters ohne großes Bedauern getan haben. Internettrollen und gelegentlichen negativen Kritiken zum Trotz.

»Es ist die größte Katharsis meines Lebens«, meinte Dísa lächelnd, schloss die Augen und lehnte sich auf dem Sofa zurück.

An einem Tag im April 2019 besuchte ich eine Aufführung von Mozarts *Requiem* im Hof Cultural Centre im nordisländischen Akureyri. Als ich noch relativ neu in diesem Land war, sang ich in einem der führenden Amateurchöre Islands mit. Und wenn ich Chormusik höre, fühle ich mich immer beruhigt und aufgerichtet zugleich. Bemerkenswert an dieser Aufführung des berühmten Werks war das Dirigat. Anna-Maria Helsing war die erste Dirigentin ihres Landes, die ein finnisches Sinfonieorchester leitete. Nach der Vorstellung konnte ich mich mit ihr unterhalten (ein Vorzug meiner Position!) und erwähnte, wie sehr es mich freute, eine Frau als Dirigentin eines klassischen Konzerts zu erleben, was immer noch eine Seltenheit ist.

Sie bedankte sich lächelnd. »Wissen Sie, früher frustrierte es mich, dass Leute anscheinend immer nur über mein Geschlecht sprechen wollten, wenn es um meinen Beruf ging«, erzählte sie mir. Sie empfand es als entmutigend, dass dies die bemerkenswerteste Erkenntnis für die Leute war und nicht ihre Fähigkeiten. »Dann saß ich eines Tages im Flugzeug, und es kam die Ansage des Piloten. Ich war begeistert, weil es eine Frau war! Danach störte es mich nicht mehr, wenn Leute betonen wollten, dass ich eine Frau bin. Mir ist bewusst geworden, dass wir Frauen in diesen Rollen sehen müssen und dass wir uns füreinander freuen, wenn es so ist.«

Eine Gesellschaft, die die Bedeutung kultureller Errungenschaften schätzt, die schätzt auch die Pflege ihrer kollektiven Seele. Wenn wir es versäumen, diese unzähligen Dimensionen, die helfen, uns als Menschen zu definieren, als Bereicherung anzunehmen, bringen wir uns um unser volles Potenzial. An vielen Stellen gelten jedoch Passionen wie Musik, Literatur und sogar Sport als außerplanmäßig, wenn es um unsere finanziellen und zeitlichen Prioritäten im Kampf um Geschlechtergerechtigkeit geht.

Nicht alle diese kulturellen Aktivitäten sind gleich, vor allem nicht für Frauen, die in diesen Branchen ihren Lebensunterhalt verdienen müssen. Aber wenn wir an Kunst, Kultur und Sport denken, sind das doch alles Bereiche, in denen die meisten von uns eher Konsument*innen als Akteur*innen sind. Von daher bieten sie die Chance, Einfluss auf den entsprechenden Dialog zu nehmen. Wollen wir dafür bezahlen, Filme zu sehen, in denen es Frauenrollen nur in Bezug zu männlichen Hauptdarstellern zu geben scheint und in denen diese viel weniger sprechen? Wollen wir, dass unsere Kinder nur Karten von männlichen Sporthelden sammeln? Lesen wir die Geschichten von Menschen verschiedenster Gender-Identitäten mit unterschiedlichen Fähigkeiten und verschiedenster Herkunft?

In Island hat unsere lange Tradition des Respekts vor dem geschriebenen Wort und der Ermutigung zum Schreiben für einigermaßen gleiche Bedingungen gesorgt. Im Sport haben isländische Frauen in sehr wenigen Jahren immense Fortschritte gemacht, um einen der größten Gender-Gaps zu schließen. Doch die schiere Breite dieser Kluft bedeutet, dass selbst signifikante Verbesserungen weiterhin gewaltige Unterschiede bestehen lassen. In der Musik brauchen wir mehr als nur Lippenbekenntnisse. Ein Gleichgewicht der Geschlechter bei den Programmen von Festivals ist wichtig, aber gleichzeitig können Musikverbände nicht die Praxis und Wahrnehmung der Leute diktieren. Hier wird die größte Veränderung durch das grundlegende Verhältnis zwischen Kreativen und Konsument*innen – also Musiker*innen und ihren Fans – passieren. Das ist entmutigend, weil es der Gesetzgebung wenig Spielraum gibt, diese Kluft zu überbrücken, aber gleichzeitig ist es auch ein Grund zu großer Hoffnung. Denn es kann von allein passieren. Vor allem, da es lautstarke Vorbilder wie die Daughters of Reykjavík gibt.

Diese Bereiche darf man nicht vernachlässigen. Und sie sind vielleicht auch Gebiete, auf denen wir als Individuen mehr tun können, um konkrete Ergebnisse zu verlangen, einfach indem wir Diversität in Kultur und Sport unterstützen. Wenn wir hier etwas bewirken, in diesen sehr öffentlichen Bereichen, dann helfen wir mit, die Botschaften neu zu definieren, die unsere Gesellschaft ausgibt. Dabei geht es um die offenkundigen genauso wie um die subtilen, die Frauen still und passiv sehen wollen. Wir schulden es den Menschen und der Menschlichkeit, dass wir uns für eine Diversität der Stimmen engagieren. Wir müssen Frauengeschichten erzählen, ihre Triumphe feiern, ihre Lieder singen. Vielleicht sollten wir, um die Formulierung der Oscar-Gewinnerin Hildur Gudnadóttir aufzugreifen, die Gleichheit in uns sprudeln hören.

SPRAKKAR, DIE DAS HALBE LAND UM SICH SCHARTEN

Als eine Geste zum Thema Gleichberechtigung erklärten die Vereinten Nationen 1975 zum Jahr der Frauen. Damals waren nur 5 Prozent der Parlamentsabgeordneten in Island Frauen. Und berufstätige Frauen verdienten nur 60 Prozent dessen, was Männern bezahlt wurde.

Um zu beweisen, wie wichtig ihr Beitrag konkret war, beschlossen die Frauen Islands, sich einen Tag freizunehmen. Schätzungsweise 90 Prozent der Frauen sollen sich an dem Streik am 24. Oktober 1975 beteiligt haben. Die Hausfrauen oder Landwirtinnen unter ihnen standen nicht für die Kinderbetreuung zur Verfügung, putzten oder kochten nicht. Wer außer Haus beschäftigt war, erschien nicht zur Arbeit.

Grundschulen blieben geschlossen, Kindergärten waren zu. Es gab kein Telefonnetz. Bankmanager mussten in den Banken für Kassiererinnen einspringen. Fischfabriken waren geschlossen, weil hauptsächlich Frauen den fangfrischen Fisch verarbeiteten. In Radio und Fernsehen konnte man im Hintergrund Kinderstimmen hören, während die Väter – an diesem Tag für die Betreuung zuständig – die Nachrichten verlasen. Flüge hatten Verspätung. Hotdogs waren schnell ausverkauft, weil Väter Mühe hatten, ein halbwegs gesundes Abendessen zuzubereiten.

Fünfundzwanzigtausend Frauen versammelten sich fröhlich im Zentrum von Reykjavík (das waren damals über 10 Prozent der Gesamtbevölkerung). Junge und alte drängten sich auf einem grasbewachsenen Hügel in der Nähe des Büros des Premierministers, um leidenschaftliche Reden, Gedichte und Lieder zu hören. Das Motto des Events – »ich wage, ich kann, ich werde« – erlangte Berühmtheit.

Unter den Tausenden Frauen im Zentrum Reykjavíks war an jenem Tag auch Vigdís Finnbogadóttir, die künstlerische Direktorin eines lokalen Theaters. Sie hatte alle ihre Angestellten ermutigt, sich ihr anzuschließen. An einem anderen Ort in der Stadt genossen die Teenager Hólmfrídur und Bjarney Pfannkuchen mit Schlagsahne und Marmelade, als sie mit ihrer Mutter von der Demonstration nach Hause kamen. Hólmfrídurs Tochter Ragnhildur, die später die Icelandic Lava Show gründete, erinnerte sich daran, dass ihr Großvater unter keinen Umständen von der Süßspeise probieren durfte – die war als Belohnung den Damen vorbehalten.

Es beteiligten sich aber nicht nur die Städterinnen. Die dreiundfünfzigjährige Margrét Jóhannsdóttir reiste mit einigen Freundinnen aus ihrem Zuhause im südwestlich gelegenen ländlichen Vatnsleysuströnd an. Ihr Ehemann war es nicht gewohnt, sich um alles im Haushalt kümmern zu müssen, doch er ermutigte seine Frau, in die Hauptstadt zu reisen und an dem in seinen Augen historischen Ereignis teilzunehmen. Margréts damals dreizehnjährige Tochter Sigrún Símonardóttir erinnert sich an die Begeisterung, mit der ihre Mutter nach der Rückkehr noch tagelang von den Erlebnissen erzählte. Margréts Bericht war so detailliert, dass es Sigrún vorkam, als wäre sie selbst dabei gewesen. Das verriet mir Sigrún, als wir uns fünfundvierzig Jahre danach in Bubbas Haus trafen, um über Frauenvereine in Island zu sprechen.

Das Ganze schlug Wellen in der Gesellschaft. Innerhalb eines Jahres wurde im isländischen Parlament ein Gesetz verabschiedet, das Gleichberechtigung zwischen Männern und Frauen garantierte. Das sorgte sogar im Ausland für Schlagzeilen, etwa auf der Titelseite der britischen *Times*. Die National Organization of Women in den USA forderte sogar einen ähnlichen Protest im eigenen Land.

Doch es passierte noch mehr. Islands Frauen hatten etwas gewagt. Sie hatten gezeigt, was sie konnten und dass sie es tun würden. Sie waren überzeugt, dass das Land für ein weibliches Staatsoberhaupt bereit wäre. Dazu sollte es fünf Jahre später kommen.[9]

KAPITEL 9

KEINE FRAU IST EINE INSEL

»Diese Leute«

Liebe. Natur. Pferde. Job. Studium. Abenteuer. Sicherheit. Die Gründe, aus denen Einwanderer sich für ein Leben knapp unterhalb des Polarkreises entschieden haben, sind beinah so vielfältig wie die einzelnen Menschen. Als ich – der Liebe wegen – 2003 hierherzog, waren mein Alter und mein Background nicht so ungewöhnlich, dass ich staunend hochgezogene Augenbrauen ausgelöst hätte, aber eben auch nicht so alltäglich, dass man mir nicht regelmäßig einen Haufen Fragen gestellt hätte. Warum bin ich nach Island gekommen? Warum haben wir uns für dieses Land und nicht für Kanada entschieden? Wann würde ich die Sprache lernen? Und das Wichtigste für alle, die unter dem Kleinstaatenkomplex leiden, wie gefiel mir Island? (Es gefiel mir, und es gefällt mir weiterhin!)

Als diese Insel im späten 9. Jahrhundert besiedelt wurde, gab es keine indigene Bevölkerung, die man hätte vertreiben oder ausbeuten können. Jahrhundertelang waren die Bewohner eine Mischung aus nordischen und keltischen Menschen und gelegentlich einem verirrten baskischen Walfänger, französischen Seemann oder englischen Händler obendrein. Im Jahr 1996 waren gerade mal 2 Prozent der Bevölkerung eingewandert. Im nächsten Vierteljahrhundert stieg dieser Anteil aufgrund weniger strenger Gesetze für Europäer und auf dem Arbeitsmarkt sowie zunehmendem wirtschaftlichen Wohlstand im Land auf 15,2 Prozent. Das entspricht einem höheren Prozentsatz im Ausland geborener Einwohner als in den USA.[1] Tatsächlich leben in Island derzeit mehr Menschen mit ausländischem Pass als inländische Senioren.[2]

Als ich vor fast zwanzig Jahren nach Island kam, fühlte ich mich eher zu anderen Migranten hingezogen. Ich schloss Freundschaften mit Neuankömmlingen und anderen, die versuchten, eine neue Sprache zu lernen und sich im hiesigen Alltag zurechtzufinden. Es gab aber auch diese Oldtimer, von denen manche einen beinah legendären Status erworben hatten, weil sie es so lange in diesem kleinen Land ausgehalten und oft auch Erfolg gehabt hatten. Sie wussten beispielsweise, wo man den speziellen Kürbis in Dosen erstehen konnte, oder kannten alle Deklinationen des Worts »zwei«. (Diejenigen von uns, die Isländisch lernen, haben das Recht anzugeben, wenn man nur schon mal weiß, dass es mindestens ein paar Dutzend sind.)

Ich gehörte zur großen Mehrheit der *weißen* Einwanderer und wurde deshalb nicht angestarrt, wie es sichtbaren Minderheiten regelmäßig ergeht. Allerdings kommt in meinem Namen ein Z vor, das es im isländischen Alphabet nicht gibt. Insofern verriet dieser Buchstabe meine Herkunft aus Übersee immer schon lange vor meinem Akzent.

Als studierte, heterosexuelle, cisgender weiße Frau mit englischer Muttersprache, die mit einem Isländer verheiratet ist, gehörte ich zur privilegiertesten Gruppe der Neuankömmlinge. Die »Hürden«, die ich zu überwinden hatte, um mich in diesem Land heimisch zu fühlen, waren vergleichsweise niedrig. Damals wurde ich bei manchen Bewerbungen nicht nur nach meinen eigenen persönlichen Daten gefragt, sondern auch nach Namen und Ausweisnummern meiner Eltern. (Vermutlich damit potenzielle Arbeitgeber leichter feststellen konnten, ob es einen persönlichen Bezug zu den würdigsten Bewerbern gab.) Das Gesetz, das Neubürgern vorschrieb, einen isländischen Namen aus einer vorgegebenen Liste anzunehmen, war keine zehn Jahre zuvor gekippt worden.[3] Neue Nachrichten wurden fast ausschließlich auf Isländisch veröffentlicht, Online-Banking und die Websites des Gesundheitswesens waren nur in der Landessprache verfügbar. Ich durfte kein Blut spenden, weil ich das Einwilligungsformular nicht verstand und das Gesundheitspersonal, obwohl es perfekt Englisch sprach, es nicht für mich übersetzen durfte.

Um fremde Leute vorzuwarnen, dass die Sprache für mich noch neu war, trug ich manchmal ein schwarzes T-Shirt mit Aufdrucken des Intercultural House. Diese Non-Profit-Organisation, die es inzwischen nicht mehr gibt, unterstützte frisch Eingewanderte. Um Einheimische zu Geduld mit Migranten aufzufordern, die der Sprache noch nicht mächtig waren, produzierte die Organisation eine Serie mit T-Shirts, für die man den Spieß umdrehte und Phrasen verwendete, die typischerweise abwertend in Bezug auf Migranten benutzt wurden. Auf meinem Shirt stand auf Isländisch: »Ich bin eine von ›diesen Leuten‹.« Und ich war stolz darauf. (Sowohl auf den Status als auch auf das Shirt.)

Zwei Jahrzehnte später hat sich die Lage für viele Einwanderer verbessert und ist gleichzeitig mit zusätzlicher Bürokratie gespickt. Zahlreiche Services sind jetzt auf Englisch und Polnisch verfügbar. Letzteres ist die Sprache der mit Abstand größten Gruppe von Immigranten.[4] Viele Schulen verschicken Benachrichtigungen an die Eltern in vielen Sprachen. In Reykjavík gibt es inzwischen eine Moschee und einen ortsansässigen Rabbi, der die Gottesdienste an den jüdischen Feiertagen leitet. Trotzdem machen wir alle noch spontane, unwillkürliche Bemerkungen über Leute mit »fremden« Namen, und People of Color werden täglich Opfer rassistischer Mikroaggressionen.

Meine Identitäten als Frau und Immigrantin sind untrennbar verbunden. Meine Erfahrungen waren größtenteils positiv. Anscheinend würden sich darüber die meisten Menschen in diesem Land freuen. Bei einer Gallup-Umfrage von 2020 rangierte die Toleranz der Isländer gegenüber Migranten bei 8,41 (von maximal 9). Besser schneidet in den internationalen Rankings nur mein Heimatland Kanada ab.[5]

Aber es gibt keine Standarderfahrung für Einwanderer. Für jede Frau wie mich, die hierherkommt und ein fertiges Netzwerk einheimischer Schwiegereltern vorfindet sowie einen Job bekommt, der ihrer Ausbildung entspricht, gibt es eine andere, die ausgebeutet wird und für einen Hungerlohn unter unsicheren Bedingungen arbeitet, weil sie nichts über ihre Arbeitsrechte in diesem Land weiß. Asylsuchende kommen mit wenig Besitz an, fliehen vor Verfolgung, suchen Frieden und Stabilität. Es gibt Frauen, die seit Jahrzehnten hier leben, die Sprache tadellos beherrschen, während andere nur Monate oder Jahre auf der Insel fröhlich in einer sozialen Blase mit anderen Immigranten verbringen und relativ wenig Kontakt zur hier geborenen Bevölkerung pflegen. Manche werden einsam, weil sie in kleinen, anscheinend homogenen Communitys leben. Andere verwirklichen ihre Träume mit neuen Chancen und Ausrichtungen. Alle Migranten über einen Kamm zu scheren, ihnen die gleichen Herausforderungen und Ambitionen zu unterstellen, nutzt niemandem.

Dennoch stehen Menschen ausländischer Herkunft in Island zweifellos vor anderen Problemen, die diejenigen, deren Namen auf -dóttir enden, kaum kennen dürften. Wir müssen eine neue, relativ komplizierte Sprache lernen. Wir verfügen über kein gewachsenes Netzwerk aus Freunden seit Kindertagen und unseren eigenen Verwandten. Außerdem wissen wir nicht immer, wo wir Unterstützung finden können, wenn wir sie benötigen.

Wir können je nach Herkunftsland, Ethnie, Akzent oder Religion auf Vorurteile stoßen. Wir sind in den Frauenhäusern der Hauptstadt überproportional vertreten und wissen mit geringerer Wahrscheinlichkeit um unsere gesetzlichen Rechte und verfügbaren Schutz, falls wir ihn je brauchen sollten. Nach Island eingewanderte Frauen sind häufiger als Männer überqualifiziert für die Jobs, die sie finden. Und sie arbeiten mit größerer Wahrscheinlichkeit als Einheimische in langen Schichten.[6]

Die #MeToo-Bewegung erreichte auch Island, und eine der lautstärksten Gruppen waren Migrantinnen, die »eingeborene« Isländer*innen mit Berichten von sexuellem, physischem und psychischem Missbrauch schockierten. Daraus entwickelte sich der unbehagliche, aber notwendige Dialog darüber, wie weit unser Weg zur Geschlechtergerechtigkeit noch ist.

Während wir in Island im Allgemeinen gewissenhaft auf Gender-Parität bei Gruppen, Unternehmen und in den Medien achten, vergessen wir allzu oft den Faktor ethnische Diversität. Wir reagieren zwar schnell auf eine immense Zunahme an Diversität, und die meisten Leute empfinden dies als positiv, aber viele Migrantinnen fühlen sich übersehen, während unser Geschlecht langsam, aber sicher auf die Gleichbehandlung zumarschiert. Wie aufmerksam wir auf die Sorgen eingewanderter Frauen hören, wird sich darauf auswirken, wie erfolgreich wir letztendlich sind.

Die tausenddreihundert Kilometer des Highway 1, der »Ringstraße« Islands, führen einmal um die Insel. Vollständig asphaltiert war sie erst 2019, und zahlreiche Brücken sind immer noch einspurig. Die Ringstraße ist beliebt bei Touristen, die mit dem Mietwagen einen Roadtrip unternehmen und die Aussicht genießen wollen: schwarze Sandstrände und das Meer auf der einen Seite, Gletscher, Vulkane und bergige Landschaft auf der anderen. Obwohl die reine Fahrzeit bei gutem Wetter nur ungefähr achtzehn Stunden beträgt, nehmen die meisten sich mindestens eine Woche Zeit, um einige der Sehenswürdigkeiten zu besuchen.

Von Reykjavík aus ungefähr am anderen Ende der Ringstraße, im Nordosten des Landes, befindet sich die Abzweigung zur Straße 85. Von diesem ohnehin am wenigsten befahrenen Abschnitt der Ringstraße auch noch weit entfernt hat dieser Winkel des Landes – im Guten wie im Schlechten – vom Tourismusboom, der kurz nach 2010 begann, am wenigsten mitbekommen.

Nach fünfundvierzig Kilometern auf der Straße 85 gelangt man in das Dorf Vopnafjördur mit seinen sechshundertneunundfünfzig Einwohnern. Die Luft ist hier der Inbegriff von kristallklar. Im Winter tanzen die Nordlichter in kalten, klaren Nächten am Himmel, im Sommer tummeln sich hier Wale, vom Ufer aus gut sichtbar, im Meer. Häuser und Autos bleiben hier in der Regel unverschlossen. Das Hótel Tangi, eines der drei Restaurants im Ort (von denen zwei den Winter über schließen), serviert köstlichen Vopnafjördur-Burger, und gelegentlich gibt es auch Live-Musik. Am Fluss Selá, zehn Autominuten entfernt, liegt eine der exklusivsten Lodges des Landes. Ein Refugium für die Reichen und Berühmten, das Abgeschiedenheit und Wildlachs-Fischen bietet (allerdings muss der gefangene Fisch wieder zurück ins Wasser geworfen werden). In der Dorfschule gibt es die Klassen 1 bis 10 und aktuell achtundsiebzig Schüler*innen. In einem guten Jahr beginnen etwa neun Kinder mit der ersten Klasse. Als ich dieses Buch schreibe, gibt es allerdings gerade kein einziges Kind, das im September 2021 eingeschult würde.

Da es nicht viel Tourismus gibt (die luxuriöse Lodge zum Fischen ist in ausländischem Besitz und daher umstritten), ist die

Gemeinde wirtschaftlich von einer Fischfabrik, Fischfang und den örtlichen Landwirten abhängig.

»Hier ist man am Ende der Welt. Man geht raus und sieht das Meer, sonst ist da nichts. Der Nordpol«, erzählte Monserrat Arlette Moreno mir und zeigte dazu aus einem Fenster ihres Bauernhofs auf den schiefergrauen Nordatlantik.

Arlette, wie sie genannt wird, wuchs in Mexico City auf. Sie hat an achtzehn verschiedenen Orten in Mexiko und den USA gelebt, spricht fließend Spanisch und Englisch und hat einen Harvard-Abschluss in Wirtschaftskommunikation. Im Sommer 2020 war sie schon seit mehr als zehn Jahren in Vopnafjördur, verheiratet mit einem einheimischen Landwirt, dessen Familie den Grund schon seit Jahrhunderten bewirtschaftet. Als ich sie interviewte, arbeitete sie gerade im Seniorenheim des Ortes und engagierte sich im lokalen Frauenverein.

Einwanderer im relativ kosmopolitischen Reykjavík zu sein, das macht einen himmelweiten Unterschied zum Leben der oft übersehenen vielen Leute in den kleinen Ortschaften entlang der Küste. An diesen entlegeneren Flecken dürfen die Kinder unbeaufsichtigt draußen herumlaufen, und die abgebrühtesten Kriminellen sind die Teenager, die nachts ins Schwimmbad einsteigen. Sogar diejenigen, die nur fünfzig Kilometer entfernt aufgewachsen sind, gelten als Auswärtige. In Vopnafjördur wohnen Menschen aus mehr als zwanzig Nationen, und die im Ausland geborenen, von denen viele in der Fischverarbeitung beschäftigt sind, bilden rund ein Viertel der Bevölkerung. Der Einfluss dieser ausländischen Arbeitskräfte, die halfen, die oft prekäre Wirtschaft dieser Orte zu erhalten, und die Transformation zu wirklich multikulturellen Gemeinden in den letzten ungefähr zwanzig Jahren wird im Allgemeinen positiv gesehen. Auch wenn es natürlich Herausforderungen gibt. Diese Immigranten locken nicht nur relativ gut bezahlte Jobs, sondern auch die saubere und malerische Umgebung, die Freundlichkeit, Sicherheit und Erreichbarkeit innerhalb eines Dorfs sowie das soziale Netz, das im ganzen Land gewährleistet ist.

Ich lernte Arlette kennen, als sie ehrenamtlich beim Iceland Writers Retreat in Reykjavík mitarbeitete. Ihr örtlicher Frauenverein hatte sie finanziell unterstützt, damit sie in die Hauptstadt kommen und während des Events in einem Hotel wohnen konnte. Herzlich und begeisterungsfähig kann Arlette von Natur aus gut mit anderen Menschen, ist fleißig und aufgeschlossen. Sie brachte für unsere Gäste aus Übersee sogar einige Tourismusprospekte über den Nordosten des Landes mit.

Als ich sie jedoch ein paar Jahre später im Sommer auf ihrem Hof, etwas außerhalb von Vopnafjördur, besuchte, gestand sie mir: »Island hat mich introvertierter werden lassen.« Sie muss gemerkt haben, dass mich das erstaunte. »Seit ich hergekommen bin«, erklärte sie, »rede ich an vielen Tagen mit niemandem außer meinem Mann und meinem Sohn.« Sie nippte an ihrem Tee. »Zuerst fiel mir das schwer, jetzt bin ich es gewohnt.«

Arlette gehört zu den Menschen, die aus Liebe in dieses Land gezogen sind. Ihren Mann hatte sie online kennengelernt.

»Ich hatte ihm erzählt, dass ich in einer kleinen Stadt in Mexiko lebte, mit ungefähr achthunderttausend Einwohnern«, erinnerte sie sich lächelnd. »Da meinte er lässig: ›Oh, hier ist es ein bisschen kleiner.‹ Als ich ihn das erste Mal besuchte, schlug er vor, wir sollten am Abend ›downtown‹ gehen, also machte ich mich richtig chic. Als wir dort ankamen, sagte er, das wäre es schon. Ich dachte, er macht einen Witz, und fing an zu lachen. Es gibt keine Bar, keine Disco, kein Kino.«

Mit Blick auf die guten Seiten fügte sie rasch hinzu: »Aber es sind nur zweieinhalb Stunden mit dem Auto nach Akureyri.« (Akureyri ist die größte Stadt im Norden des Landes und hat ungefähr neunzehntausend Einwohner.)

Wenn sie darüber entscheiden, ob sie den Sprung in ein neues Land wagen sollen, rechnen die meisten Einwanderer die zu erwartenden Opfer gegen die erwarteten Vorteile auf. Arlette wusste, dass sie auf berufliche Chancen und die Nähe zu ihrer Familie verzichten würde. Aber sie würde ihrer Tochter ermöglichen, in einer sauberen, sicheren Umgebung aufzuwachsen. »Es gibt Momente im Leben, da musst du dich zwischen deinen Kindern und deinen eigenen Ambitionen entscheiden«, gab sie offen zu.

Es war eine bittersüße, aber letztlich nicht schwere Entscheidung für sie. Arlette zog im Februar nach Vopnafjördur, wenn die Sonne nur für sieben Stunden täglich über den Horizont steigt. Doch sie wurde von der Familie ihres neuen Ehemanns herzlich empfangen und nur auf Isländisch angesprochen, was ihr half, die Sprache sehr schnell zu lernen.

»Ich wurde zu jährlichen Festen und dem [heidnisch inspirierten Fest] Thorrablót eingeladen. Meine Schwiegermutter brachte mir bei, wie man Lammeintopf, Fischsuppe und isländische Donuts zubereitet«, erinnerte sie sich. »Wenn meine Kolleginnen von Ausländern im Ort sprechen, zählen sie mich nicht dazu, weil ich diese Verbindung zu einer einheimischen Familie habe. Wäre ich hergezogen und hätte einen anderen Migranten geheiratet, wäre ich nicht auf die gleiche Weise akzeptiert worden.«

Vopnafjördur mag eine der isoliertesten Gemeinden des Landes sein, aber sie liegt malerisch direkt am Wasser. Arlette erzählte, dass es ungefähr drei Großfamilien gibt, die hier mit ihren Kindern und Enkeln leben. Sie bilden gegenwärtig das Rückgrat der Community.

»Es ist wunderschön. Es ist sicher. Die Luft ist sauber. Man bekommt eine gute Bildung«, sagte sie, und all diese Vorteile lohnten das Opfer der Vorteile eines Lebens in einer Großstadt. »Vor allem für mich. Ich habe meine Familie in Mexiko seit elf Jahren nicht gesehen, weil es dort so gefährlich ist.« (Sie traf sie aber in den USA.) »Für meine Kinder war es gut, hier aufzuwachsen.« Arlettes Ehemann arbeitet an jedem Tag des Jahres viele Stunden auf dem Hof, aber das ist ihr immer noch lieber als ein Job, bei dem er viele Tage am Stück auf See verbringen würde.

»Es ist ein sehr schönes Land. Ein sehr schöner Ort zum Leben. Es ist sicher. Aber man muss auch überzeugt sein«, betonte sie. »Wenn man zu Besuch kommt, ist es wunderbar, aber wenn man hier leben will, muss man davon überzeugt sein, dass die Isländer bereit sind, Ausländer aufzunehmen.«

In der Theorie gibt es diese tolerante Einstellung gegenüber Neuankömmlingen, die Neugier auf andere Kulturen und Traditionen und Wertschätzung für die Bereitschaft eines Eingewanderten, ökonomisch beizutragen. Dennoch sah sich Arlette mit vielen Herausforderungen konfrontiert, von denen einige überall denkbar wären und andere dem Leben an einem so abgeschiedenen Ort geschuldet sind.

Nach der Geburt ihres Sohnes litt Arlette unter Wochenbettdepressionen. Sie bekam Medikamente, doch erst nach sechs Jahren mit sich verschlimmernden Symptomen machte ein Arzt in Akureyri eine Blutuntersuchung und diagnostizierte eine Fehlfunktion der Schilddrüse.

Obwohl Arlettes Probleme also letztendlich eher körperlich als mental waren, versicherte sie mir, dass »man sich wirklich um seine mentale Gesundheit kümmern muss, wenn man an einen entlegenen Ort zieht. Ich habe mich hier viel mit ausländischen Frauen unterhalten, und ich würde schätzen, dass 70 bis 75 Prozent Antidepressiva nehmen, die sie vor ihrem Umzug hierher nicht gebraucht haben«. Gerade schreibt sie an einem Ratgeber, der Migranten helfen soll, seelisch stark und gesund zu bleiben.

Arlette begann, bald nachdem sie sich in Vopnafjördur niedergelassen hatte, Vollzeit zu arbeiten. Eine Einheimische bemerkte, dass sie isoliert wirkte, und bot ihr den Job einer Assistentin für die Organisation eines Festivals für Einwanderer an, das vom Roten Kreuz veranstaltet wurde. Später unterrichtete sie Erwachsene in Zumba und gab Tanzkurse für Kinder. Außerdem arbeitete sie aushilfsweise als Englischlehrerin an der örtlichen Grundschule. Man bot ihr nie eine feste Stelle an, obwohl sie die Qualifikation als Lehrerin aus den USA besaß.[7]

»Der Direktor stellte junge Leute ein, die schlechter ausgebildet waren«, erzählte sie mir. »Als ich ihn nach dem Grund fragte, stellte sich heraus, dass er meinen Lebenslauf, in dem meine Erfahrung detailliert beschrieben war, nie gelesen hatte.« Heute arbeitet sie als Pflegerin im örtlichen Seniorenheim. Sie mag den persönlichen Kontakt und ihre Tätigkeit.

Arlette fügte noch hinzu, dass sie mit einigen Klischees über Immigranten konfrontiert wurde. »Die Leute sind so erstaunt darüber, dass ich eine Ausbildung habe. Sie denken, wir suchen nur nach Putzjobs … und das sind auch die Jobs, die wir bekommen.« Arlette glaubt auch, dass Vetternwirtschaft der Grund ist, warum die meisten begehrten Stellen an Freunde und Verwandte der alteingesessenen Familien gehen.

Während wir uns unterhielten, wirkte Arlette oft hin- und hergerissen zwischen den nicht zu leugnenden Schwierigkeiten als Mexikanerin in einem extrem abgelegenen isländischen Dorf und ihrer klaren Zuneigung zu den Menschen und dem Ort, an die sie sich immer mehr gewöhnte. »Mein Leben hier ist letztendlich gut. Ich habe keine großen Probleme. Jedes Mal, wenn ich mir die Nachrichten ansehe, ist die Welt noch verrückter geworden. Ich glaube hierherzukommen, war die richtige Entscheidung. Ich fühle mich aus vielen Gründen gesegnet.«

Bei ihren inneren Konflikten siegte jedoch letztendlich der Pragmatismus. »Es funktioniert bis zu einem gewissen Grad, für gewisse Zeit, aber nicht für den Rest meines Lebens.«

Nur zwei Wochen nach unserem Gespräch in Vopnafjördur

änderte sich die metaphorische Bilanz für Arlettes Leben. Ihre Tochter besuchte nun die Universität in der Hauptstadt, ihr zehnjähriger Sohn wurde unabhängiger, doch ihre eigenen beruflichen und sozialen Entwicklungsmöglichkeiten stagnierten. Also zog Arlette ein neunzehntes Mal um, diesmal nach Reykjavík. Mit ihrem Sohn und um näher bei ihrer Tochter zu sein. Ihr Ehemann blieb auf dem Hof seiner Familie.

Als Claudia Ashanie Wilson 2001 von Jamaika nach Island zog, waren noch keine 6 Prozent der Bevölkerung außerhalb des Landes geboren, und nur ein kleiner Anteil von ihnen gehörte wie sie einer optisch erkennbaren Minderheit an.

»Die Leute wollten mir immer erzählen, wie das war, als sie zum ersten Mal einen Schwarzen Menschen getroffen hatten«, erinnerte sie sich. »Damit versuchten sie, mir zu vermitteln, wie kosmopolitisch sie seien, eben weil sie schon vor mir einem Schwarzen Menschen begegnet waren!«

Claudia war noch ein Teenager, als sie in dieses Land kam. Für die Reise nach Norden bestieg sie zum ersten Mal ein Flugzeug. Aufgewachsen war sie in Montego Bay, in einer Großfamilie, bestehend aus ihrer Mutter, Geschwistern, Großeltern und diversen Cousinen, die »je nach ihren Lebensumständen« ein- und wieder auszogen.

Trotz der liebevollen Familie, in der eine gute Ausbildung fast über alles ging, »herrschte immer die Vorstellung, dass das Leben woanders besser ist«. Das erzählte Claudia mir beim Abendessen in einem senegalesischen Restaurant in Reykjavík (denn wir Immigranten unterstützen immer gern die Unternehmungen anderer Immigranten).

Zwischen Gabeln mit pikantem Jollof-Reis berichtete Claudia, dass sie ihre ersten Tage in dem brandneuen Land immer noch »kristallklar« im Gedächtnis hätte. Besonders genau erinnert sie sich an ihren ersten Sonntag in Island.

»Ich weiß noch, dass ich dachte, wie seltsam es ist, dass ich jetzt in Island bin. Ich weiß noch, was ich anhatte, wie mein Zimmer aussah und welches Muster die Bettwäsche hatte. Und ich hatte das starke Gefühl, hier eine Aufgabe zu haben. Damals wusste ich noch nicht, welche, aber ich vertraute darauf, dass ich es eines Tages rausfinden würde.«

Die Jugendliche hatte zuerst Hemmungen, gewisse Interaktionen mit Einheimischen als Rassismus zu erkennen. »Ich musste meine Umgebung erst begreifen«, meinte sie. »Je mehr ich sah, desto mehr fing ich an, Dinge infrage zu stellen.«

So baten beispielsweise, als sie Studentin am hiesigen College war, andere Kursteilnehmer, nicht mit Claudia an einem Gruppenprojekt arbeiten zu müssen. Obwohl sie in Jamaika Jahrgangsbeste gewesen war. »Sie meinte, sie hätten Sorge, dass mein Isländisch sich negativ auf ihre Arbeit auswirken könnte.« In einem anderen Kurs wurde Claudia für eine Arbeit in Geografie mit einem etwas älteren Studenten zusammen eingeteilt. Der muskulöse Mann mit vielen Tattoos entsprach wohl auch nicht ganz den Normvorstellungen der Kommilitonen. Es stellte sich heraus, dass er ein ehemaliger Häftling war, der seinen Abschluss nachholte. »Tatsächlich waren wir beide die Einzigen, die aufgrund guter Noten gar nicht mehr an der Abschlussprüfung teilnehmen mussten«, erinnerte Claudia sich wohlwollend. »Das hat mich ermutigt. Natürlich bin ich auch rassistischen Menschen begegnet. Leute machten Dinge, von denen ihnen gar nicht bewusst war, dass sie mich verletzten, etwa wenn sie fragten, ob sie meine Haut oder meine Haare anfassen könnten. In Geschäften wurde ich auf Schritt und Tritt verfolgt.« Hätte sie noch mal die Gelegenheit, würde sie sich stärker auf kulturelle Sensibilisierung konzentrieren, um Leuten klarzumachen, wie sich all diese nur zu verbreiteten Entwürdigungen auf sie und andere auswirken, »aber ich war einfach ein junges Mädchen und mit meinem eigenen Leben beschäftigt«.

Doch genau diese Intersektionalität von Rasse und Gender interessiert Claudia heute beruflich und privat. Nach ihren Erfahrungen in den ersten Jahren hier studierte sie weiter. Viele haben keine hochfliegenden Erwartungen an Immigranten. Besonders dann nicht, wenn diese aus Ländern kommen, wo bereits der Umzug nach Island als ausreichende »Errungenschaft« gilt. Doch Claudia wusste, dass für sie noch mehr vorgesehen war. Sie hielt durch und absolvierte schließlich als erste im Ausland geborene Frau in Island die Zulassungsprüfung als Anwältin. Das ist besonders beachtlich, weil sie das Examen auf Isländisch ablegte.

Seit sie sich 2016 zur Anwältin mit Schwerpunkt auf Menschenrechte qualifizierte, hat Claudia zunehmend landesweit Aufmerksamkeit auf sich gezogen. Angefangen hat es mit einer flammenden Rede am Women's Day Off, dem freien Tag der Frauen 2018. (Seit dem erfolgreichen ersten Mal 1975 fanden die Aktionen regelmäßig statt, beginnen allerdings wegen des sich verkleinernden Gender-Pay-Gaps immer ein bisschen später.) Inzwischen hat sie einen Ruf als starke Fürsprecherin von Asylsuchenden, Frauen und anderen vulnerablen Gruppen, die versuchen, durch Islands Bürokratie zu navigieren.

»Ich will meine Stimme nutzen, um Aufmerksamkeit auf das Thema Repräsentation in verschiedenen Sphären der Gesellschaft zu lenken. Wir können Gender-Gerechtigkeit nicht nur in den Kategorien Mann und Frau denken. Für mich geht es darum, auch Migrantinnen einzubeziehen. Wenn wir die Tatsache ignorieren, dass auch dein Status als Immigrantin dich verletzbar machen kann, erzeugen wir Probleme und ignorieren

Schwierigkeiten, für die es vielleicht einfache Lösungen gibt«, erklärte sie mir.

Eine dieser Herausforderungen ist, wenn man als »anders« ausgegrenzt wird. Claudias jugendliche Zwillingssöhne haben Eltern zweier verschiedener Etnhien, sind *mixed race*, und werden regelmäßig gefragt, woher sie kommen. Dabei sind sie in Reykjavík geboren, und Isländisch ist ihre Muttersprache. Claudia hat selbst Mühe mit ihrem Wunsch, ein Vorbild für Frauen, für Migranten, für People of Color zu sein, denn sie möchte vermeiden, bei öffentlichen Diskussionen, wo es nur um Lippenbekenntnisse zur Diversität geht, die »Vorzeigefrau« der sichtbaren Minderheit zu sein.

Letztlich geht es jedoch immer darum, Menschen zu helfen. »Ich habe überlegt, was ich einbringen kann. Und nicht weil ich Schwarz bin, sondern weil ich eine andere Lebenserfahrung habe. Ich denke, nur ich selbst kann mir Grenzen setzen. Niemand anders kann das je tun, außer ich lasse es zu.«

Zum ersten Mal begegnete ich Rose – dieser Name ist ein Pseudonym – 2005. Damals schien dieselbe Gruppe aus relativ frisch nach Island Eingewanderten sich ständig über den Weg zu laufen. Unsere begrenzten gesellschaftlichen Kreise überschnitten sich einfach. Viele meiner guten Freundinnen waren ebenfalls neu in Island. Wir sprachen Englisch miteinander und hatten Mitgefühl für das Gute und Schlechte in unseren neuen Leben hier.

Rose und ich standen uns nicht besonders nahe, aber wir hatten viele gemeinsame Freunde. Wir waren beide in unseren Zwanzigern, extrovertiert und gesellig. Wir hatten eine ähnliche Herkunft aus der Mittelschicht, und ich unterhielt mich mit ihr gern über England, ihr Heimatland, wo ich bis vor Kurzem auch gelebt hatte. Obwohl sie eigentlich nur für ein Jahr im Rahmen ihres Anthropologiestudiums hergekommen war, ließ sie sich bald dauerhaft nieder und bekam zwei Söhne mit einem isländischen Mann. Als kinderlose junge Frau bewunderte ich, wie sie zwei Kleinkinder großzog, in einem spannenden Job arbeitete und noch dazu eine unterhaltsame, lebhafte Begleiterin war, wenn unsere Immigrantenrunde in der Stadt ausging. Rose zählte nicht zu den Neuankömmlingen, die sich bei jeder Gelegenheit darüber beklagten, wie anders Island im Vergleich zu ihrer Heimat war. Über das schlechte Wetter, die miserable Auswahl an frischen Lebensmitteln oder die Sprache, die einfach zu schwer wäre, um sie zu erlernen. Sie brachte Tatkraft und Optimismus in die Gespräche ein – unschätzbar wertvolle Einstellungen in den heiklen ersten Monaten und Jahren, nachdem man sich in einem neuen, relativ isolierten Land niedergelassen hat.

Nachdem ich eigene Kinder bekommen und das Iceland Writers Retreat gegründet hatte, traf ich immer seltener Leute aus dieser Gruppe, die ich in meiner Anfangszeit kennengelernt hatte. So verlor ich auch den Kontakt zu Rose. Erst 2017 begegnete mir ihr Name wieder, diesmal in einem ganz anderen Kontext. In einer geschlossenen #MeToo-Gruppe bei Facebook für Frauen ausländischer Herkunft in Island hatte Rose ein wortgewandtes, leidenschaftliches Plädoyer veröffentlicht, das Frauen in Missbrauchssituationen ermutigen sollte, ihre Peiniger zu verlassen.

»Es ist nicht leicht zu gehen«, schrieb sie. »Tatsächlich war das die zweitschwierigste Sache, die ich in meinem ganzen Leben gemacht habe. Noch schwieriger war nur der Versuch, in einer missbräuchlichen Beziehung zu bleiben.«[8]

Ich war schockiert. In ihrem Post berichtete Rose von mehr als einem Jahrzehnt seelischen Missbrauchs in ihrer Beziehung. Die Situation endete erst, als sie das Frauenhaus verständigte und letztlich mit ihren Kindern drei Monate dort verbrachte. Wenn man ihrem Post glaubte, dann war die immer glückliche, lebensfrohe, energiegeladene Frau, die ich von Partys kannte, stets zu Furcht und Trauma nach Hause zurückgekehrt. Meine instinktive Reaktion war ein Klischee: Ich hatte ja keine Ahnung gehabt, und das kann anscheinend jedem passieren.

Häuslicher Missbrauch kann tatsächlich jedem Menschen passieren und tut es auch, ungeachtet von Bildung, Herkunft, Wohnviertel oder Gesellschaftsschicht. In Island, das regelmäßig als bester Ort der Welt tituliert wird, an dem man als Frau leben kann, wird die Hälfte der ermordeten Frauen von einem männlichen Partner getötet (weltweit sind es 38 Prozent).[9] Island hat die Istanbuler Konvention ratifiziert, die Gewalt gegen Frauen bekämpfen soll, doch es gibt weiterhin Berichte über geschlechtsbedingte Gewalt. Die Statistiken lassen sich dahingehend interpretieren, dass es isländischen Frauen leichterfällt, solche Gewalt anzuzeigen, weil die gesetzlichen Definitionen von häuslicher Gewalt und Übergriffen breiter angelegt sind. (Es gibt eine gesetzliche Definition von seelischer Misshandlung, doch gilt diese nicht als hinreichender Grund für einstweilige Verfügungen bei Vorwürfen von häuslicher Gewalt oder in Sorgerechtsfällen.) Die zunehmenden Anzeigen häuslicher Gewalt bleiben ein schwarzer Fleck in einem Land, das so stolz auf seine Gleichstellung ist.

Außerdem führen die zunehmenden Fälle von geschlechtsbedingter Gewalt, die angezeigt werden, nicht zu mehr Verurteilungen. Laut einer Studie von 2008 bis 2009 endeten nur 11 Prozent der Anzeigen wegen Vergewaltigung mit Verurteilungen.[10] Traurigerweise ist diese Zahl im Vergleich zu anderen Ländern hoch.[11]

Im Ausland geborene Frauen sind in Island überproportional von häuslicher Gewalt betroffen. 2020 waren 65 Prozent der Bewohnerinnen des Frauenhauses ausländischer Herkunft. Das zeigt auch, wie begrenzt das Netzwerk zur Unterstützung dieser

Frauen in Island ist. Zudem bilden sie die Mehrheit derjenigen, die zu einem sie missbrauchenden Partner zurückkehren.

»Als Frau in einem fremden Land bist du automatisch entmachtet«, erklärte Rose mir, als sie sich an ihr eigenes Martyrium erinnerte. Im Ausland geborene Frauen verfügen im Allgemeinen nicht über eine Großfamilie oder viele Freunde, an die sie sich wenden könnten – vor allem nicht, wenn sie vor einem isländischen Partner fliehen. Sie kennen auch nicht unbedingt ihre Rechte oder wissen, bei welchen Stellen sie Hilfe finden. Beides macht Frauen ausländischer Herkunft zu Zielen missbrauchender Männer, die sich vielleicht Opfer aussuchen, die ihre Rechte nicht kennen oder sich aus anderen Gründen leicht ausbeuten lassen.

»Ich dachte, es gäbe niemanden, an den ich mich wenden könnte«, meinte Rose zu ihrer damaligen Lage.

In den Jahren seit ihrem Aufenthalt im Frauenhaus engagiert Rose sich lautstark für die Rechte von Frauen in vergleichbaren Situationen. Obwohl sie sich des breiten gesellschaftlichen Vertrauens in die Polizei und einzelne Menschen innerhalb des Systems bewusst ist, die durchaus das Richtige tun wollen, fühlt sie sich ironischerweise ausgerechnet durch Islands Bekenntnis zur Gleichbehandlung im Stich gelassen.

»Das war, als würde das Pendel der Gleichberechtigung gegen die Logik ausschlagen«, meinte sie zu mir. »Damals hatte ich das Gefühl, das Prinzip der Gleichberechtigung arbeitete gegen mich.«

Nachdem sie den Riesenschritt gewagt, einige Sachen zusammengepackt hatte und mit ihren Kindern ins Frauenhaus gezogen war, begann Rose den Prozess, sich auch juristisch von ihrem Partner zu trennen. Dann versuchte sie, ihn aus dem Haus der Familie weisen zu lassen, damit sie mit ihren beiden Kindern dorthin zurückkehren konnte.

»Doch das Gesetz gestand ihm das gleiche Recht zu, dort zu wohnen«, sagte sie. »Als ich bei der Polizei anrief, um zu fragen, wie ich denn da mit den Kindern zurückkommen sollte, meinte man dort sinngemäß, wenn ich zurückginge und er gewalttätig würde, könnten sie ihn wegschaffen, aber ansonsten seien ihnen die Hände gebunden. Selbst das Recht unserer Kinder, in ihrem Zuhause zu wohnen, konnte nichts gegen sein Recht zu bleiben bewirken.«

Gerade das System, das verständlicherweise auf dem Leitprinzip der Gleichberechtigung beruht, kann Frauen in Situationen wie der von Rose damals im Stich lassen. Nach ihrer Aussage geht es nicht darum, Männer unfair zu behandeln, sondern zu verhindern, dass Opfer von Gewalt und deren Kinder zu Schachfiguren werden. Genau das kann passieren, wenn Täter zahlreiche teure Berufungen einlegen. Vor allem psychischen Missbrauch zu beweisen, kann überaus schwierig sein.

Am Ende ging Rose persönlich auf die Polizeiwache und sprach dort mit einer Polizeibeamtin, die sehr verständnisvoll war. »Die Polizistin meinte einfach: ›Ich habe genug von dem Scheiß. Geben Sie mir bis heute Abend Zeit‹«, erinnerte Rose sich. »Dann kam sie zu uns nach Hause und sagte etwas zu ihm, das sie vielleicht nicht hätte sagen sollen, und innerhalb von vierundzwanzig Stunden war er ausgezogen.«

Roses Probleme waren aber nicht gelöst, nachdem sie das Haus verkauft und das Geld geteilt hatte. Sie erhielt eine hohe Rechnung über ausstehende Steuern. Ihr Ex war dafür nicht haftbar, weil er seine Ersparnisse in sein eigenes Unternehmen investiert hatte, sodass diese dem Zugriff der Steuerbehörden entzogen waren. Das Land konnte Rose nicht verlassen, da sie und ihr Ex-Partner standardmäßig gemeinsames Sorgerecht hatten. Das hätte sie ihm nur im Rahmen eines kostspieligen Prozesses entziehen lassen können, bei dem sie hätte beweisen müssen, dass er nicht in der Lage war, sich um die Kinder zu kümmern. Das ist für Frauen ausländischer Herkunft ein Riesenproblem: Bei ihrem Kampf um Gleichberechtigung gewährt die isländische Justiz nur selten alleiniges Sorgerecht. Obwohl sie die Gründe dahinter versteht, erklärte Rose mir, sie glaube, dass eine solche Praxis ausländische Mütter, die vor häuslicher Gewalt fliehen, de facto für bis zu achtzehn Jahre im Land gefangen hält. Damit ist ihnen quasi die Option verwehrt, in ihre alte Heimat zurückzukehren, wo sie vielleicht mehr Unterstützung hätten.

»Meine isländischen Freunde waren schockiert darüber, wie schwierig die Situation war«, sagte Rose. »Und wenn ich mit einzelnen Personen innerhalb des Systems sprach, wollten alle mir helfen und waren von der Situation genauso frustriert. Es war, als hätte der Computer Nein gesagt. Letztendlich war ich auf das Frauenhaus und eine couragierte Polizistin angewiesen.«

Über das Frauenhaus hatte Rose nur Gutes zu berichten. »Als eine Kollegin mir davon erzählte, dachte ich, das wäre nichts für mich. Ich wollte den Leuten nicht die Zeit stehlen«, sagte sie. Aber bei ihrem ersten Treffen mit den Mitarbeiterinnen dort erzählte sie ihre ganze Geschichte, von ihren Befürchtungen und ihrem Schmerz. Daraufhin meinte die Sozialarbeiterin gelassen zu ihr, sie solle »darauf vertrauen, dass ihr künftiges Ich das in den Griff kriegen wird«.

Rose blickte aber nicht nur auf negative Erfahrungen zurück. In Island gibt eine keine Stigmatisierung, wenn jemand sich als Opfer häuslicher Gewalt zu erkennen gibt. »In Großbritannien hätte ich wahrscheinlich meinen Job verloren«, vermutete Rose. »Aber mein Arbeitgeber hier gab mir drei Monate bezahlten Urlaub und half mir bei den Kosten für Therapie und Rechtsberatung.«

Heute hat Rose immer noch denselben Job, den sie liebt, zwei glückliche Teenager und einen neuen, liebevollen Partner. Sie engagiert sich jedoch weiterhin für andere Frauen, insbesondere für solche mit ausländischer Herkunft, die ihren Weg durch ein einschüchterndes System finden müssen. Und sie kritisiert lautstark, wo ihrer Ansicht nach Überlebende häuslicher Gewalt durch die Ritzen eines Systems fallen, das eigentlich zu ihrem Schutz entwickelt worden war.

»Die Gesellschaft hat hier funktioniert, weil sie so klein ist und fast jeder ein Netzwerk zur Unterstützung hat«, sagte sie. »Wenn du das nicht hast, funktioniert es nicht.«

Früher wurde ich regelmäßig gefragt, warum mein Mann und ich Island zu unserem gemeinsamen Zuhause gemacht haben und nicht Kanada. Anfangs war die Antwort pragmatisch: Er hatte schon genug von der Kindheit seiner Tochter versäumt, während er in England studierte (auch wenn er jeden Sommer zurückkam, um ihn mit ihr zu verbringen). Diese Trennung hätte er niemals unnötig verlängert.

Ich war immer ein bisschen überrascht von der Unsicherheit, die dieser Frage zugrunde lag. Warum hätten wir denn Island nicht zu unserem Zuhause machen sollen? Es ist sicher, sauber, weltoffen und seinen Bürgern gegenüber sozial verantwortungsvoll.

Das Erreichen diverser ungeplanter Meilensteine in den kommenden Monaten und Jahren überzeugten mich von der Richtigkeit des Mantras, das ich mir seit meinem Umzug hierher zugelegt hatte: Ich gehörte dazu. Da war beispielsweise das erste Mal, dass ich jemanden beim Spaziergang mit Gudni erkannte und diese Person Gudni vorstellte und es nicht umgekehrt war. Als ich endlich einen Scherz (auf Isländisch!) beim alljährlichen satirischen Nachrichtenrückblick verstand. Oder als ich das erste Mal von noch vielen folgenden Gelegenheiten Björk zufällig sah. (Die weltberühmte Sängerin lebt nach wie vor in ihrer Heimatstadt.)

Es kostete Mühe. Trotz internationaler Berufserfahrung, einem Abschluss aus Oxford und englischen sowie französischen Sprachkenntnissen wurde ich, als ich verzweifelt nach einem Job suchte, nicht zu Bewerbungsgesprächen für Positionen im internationalen Marketing eingeladen, weil man das Haar in der Suppe fand, nämlich dass ich keinen speziellen Abschluss in Marketing hatte (oder zumindest hat man es mir so gesagt). Ich kam auf lockere Partys, wo alle im Raum verstummten, sobald ich, eine Fremde, eingetreten war und nur wortlos mit halbherzigem Lächeln begrüßt wurde, nachdem ich mich in stockendem Isländisch vorgestellt hatte. Bis heute gibt es, wenn Gudni und ich große Empfänge in der Präsidentschaftsresidenz geben, immer mindestens eine Person unter den Gästen, die mich zuerst auf Englisch und nicht auf Isländisch anspricht. (Die Absicht dahinter mag zwar sein, meine Befangenheit zu lindern, aber trotzdem liegen dem doch Zweifel an meiner Fähigkeit zugrunde, Isländisch zu sprechen. Und das nach knapp zwei Jahrzehnten hier.)

Natürlich liebe ich es, in Island zu leben. Ich bin dankbar dafür, dass es meine Heimat und das Land geworden ist, wo wir unsere Kinder großziehen. Auch Arlette, Claudia und Rose haben sich hier bereichernde, lohnenswerte Leben aufgebaut.

Vor dreißig Jahren waren Frauen wie wir weder in der Hauptstadt noch an irgendeinem anderen Ort in Island so normal. Wenn man fragt, wird eine Mehrheit der Menschen hier sagen, dass sie dies für eine positive Entwicklung halten. Ich sehe das natürlich auch so. Aber damit wir Migrantinnen das Beste aus unserem Leben hier machen können und damit unsere Gesellschaft zum Wohl von allen Menschen in diesem Land uns bestmöglich gerecht wird, müssen wir uns die Herausforderungen bewusst machen, vor denen Frauen ausländischer Herkunft hierzulande stehen: ob das Leben an isolierten Orten ohne ein bereits vorhandenes Netz zur Unterstützung, das Ringen mit Vorurteilen oder die Kenntnis unserer Rechte auf faire Behandlung vor dem Gesetz. Zu Recht sind wir stolz auf die Annäherung an Geschlechtergerechtigkeit in Island. Doch eines der größten Hindernisse, um diese zu erreichen, besteht darin, dass wir es übersehen – und ich glaube optimistisch eher an ein Versehen als an Vorsatz –, »diese Leute«, also Menschen wie mich, Arlette, Claudia oder Rose, gleich zu behandeln. Und zwar nicht nur in der Politik, sondern auch in der Praxis. Wir sollten all unseren Mitmenschen Respekt und Liebenswürdigkeit zugestehen, aber es ist wichtig, uns besonders darum zu bemühen, wenn wir entscheiden, wem wir einen Job geben, wen wir für eine Story interviewen oder damit wir nicht vorschnell über Motive, Fähigkeiten oder Erfahrung urteilen. Diese Momente machen den großen Unterschied. Bevor uns das nicht gelingt, wird echte Gleichberechtigung unerreichbar bleiben.

EINE SPRAKKI, DIE DIE GLÄSERNE DECKE DURCHBRACH

Nach der erstaunlichen Wirkung des landesweiten freien Tages fünf Jahre zuvor entschieden die führenden Köpfe der isländischen Frauenbewegung 1980, dass die Gesellschaft reif wäre für eine Politikerin an der Spitze. Die fünfzigjährige Lehrerin und Theaterdirektorin Vigdís Finnbogadóttir war eine der im ganzen Land sichtbarsten Frauen, die dafür infrage kamen. Sie war bestens ausgebildet, versiert in vielen Sprachen und als Theaterdirektorin ausgesprochen geübt im Umgang mit den Medien.

Nach nur wenigen Monaten Wahlkampf schlug Vigdís das (bis dato) größte Feld an Mitbewerbern für das Präsidentenamt mit dem geringsten Vorsprung – gerade mal 1,5 Prozent. Sie wurde Islands vierte Präsidentin und das erste demokratisch gewählte weibliche Staatsoberhaupt der Welt. Mit sechzehn Jahren hat sie nach wie vor die längste Amtszeit eines gewählten weiblichen Staatsoberhaupts vorzuweisen.

Auch wenn zu Recht von einem Wendepunkt in der Geschichte Islands gesprochen wird, war Vigdís' Wahl bei Weitem keine ausgemachte Sache. Der Wahlkampf war bereits angelaufen, als Vigdís von der rein männlichen Konkurrenz zunehmend kritisch geprüft wurde. Und das, obwohl Präsidentschaftswahlkämpfe in Island grundsätzlich nicht giftig geführt werden. Ihr professioneller Hintergrund und ihre Qualifikationen standen außer Zweifel. Sogar die Tatsache, dass sie geschieden und alleinerziehende Mutter einer adoptierten Tochter war, sorgte nicht für geschlechtsspezifische herablassende Kritik, wie man sie in anderen Ländern zweifellos erlebt hätte.

Sie hatte auch nach einer Mastektomie Brustkrebs überstanden. Man fragte sie, ob sie es für einen Nachteil hielte, als Präsidentin nur eine Brust zu haben. Darauf erwiderte eine selbstbewusste Vigdís, dass sie das Land als Präsidentin ja nicht stillen würde. Es gab noch andere patriarchale Bedenken, Leserbriefe und ernsthafte Anfragen auf Wahlkampfveranstaltungen.

Vigdís' Wahl Ende Juni 1980 sorgte weltweit für Schlagzeilen und katapultierte Island auf die Weltbühne. Sie hatte eine Glasdecke durchbrochen, doch damit fing die neue Erfahrung erst an. Bei ihrer Amtseinführung am 1. August desselben Jahres war sie nur eine von fünf Frauen unter den rund hundert Anwesenden. Als sie ihr Amt antrat, gab es auf der ganzen Welt nur drei andere weibliche Staatsoberhäupter, allesamt nicht gewählte Königinnen. (Als sie sechzehn Jahre später aus dem Amt schied, waren es nur zwei mehr.)

Vigdís war als warmherzige und in kulturellen Zusammenhängen denkende Präsidentin bekannt. Politisch blieb sie neutral und agierte eher als einende Persönlichkeit statt als Verfechterin eines Dogmas.

Aber natürlich sorgten ihr Geschlecht und die Tatsache, dass sie die erste (und in Island bis dato einzige) Frau in diesem Amt war, dafür, dass sie zum Vorbild für so viele avancierte. Wenn man sie nach Vorbildern fragt, werden nur wenige Isländerinnen, die in den 1980ern und 1990ern erwachsen wurden, Vigdís nicht nennen. Frauen, die nach ihrer Amtszeit die politische Bühne betraten, bezeichnen ihre Wahl als ausschlaggebenden Moment. Sie ist eine Frau, die in einer Männerwelt führte, und zwar mit Souveränität, Würde, Humor, Intelligenz und Wärme. Bis heute ist Vigdís als Person wie auch als Präsidentin im Diskurs in Island über alle Kritik erhaben.

Es gibt etliche Variationen der Lebensgeschichten junger Menschen, die in Vigdís' Amtszeit aufwuchsen. Inzwischen sind diese Kinder erwachsen, haben eigene Familien, führen Unternehmen, sitzen im Parlament, unterrichten die nächste Generation. Sie wuchsen mit der Vorstellung auf, dass an einer geschiedenen, alleinerziehenden Mutter als Staatsoberhaupt nichts verkehrt ist. Es heißt, dass sie manchmal ganz unschuldig ihre Lehrer oder andere Erwachsene fragten: »Können Jungen auch Präsident werden?«[12]

KAPITEL 10

POLITIK ZU IHREN BEDINGUNGEN

»Ich wage, ich kann, ich werde«

Das Motto der Demonstrantinnen am freien Tag für die Frauen 1975 lautete »Ég thori, get og vil«: Ich wage, ich kann, ich werde. Die Zahl der Isländerinnen, die es seither »gewagt« haben, ein politisches Amt anzustreben, ist stetig weiter gewachsen. Viele von ihnen entstammen der Generation, die erwachsen wurde, während Island eine Präsidentin hatte. 1982 gründete eine Gruppe von Frauen, ermutigt durch Vigdis' Wahl, eine Partei namens Frauenliste. Das war in den nordischen Ländern und vielleicht sogar weltweit ein einzigartiges Phänomen. Es gab Kandidatinnen bei Kommunalwahlen und im darauffolgenden Jahr auch auf nationaler Ebene. Diese Anstrengungen verdreifachten den Frauenanteil im Althing bei der Wahl 1983 von 5 auf 15 Prozent und brachten alle größeren Parteien dazu, die Zahl ihrer Kandidatinnen auf den Wahlzetteln zu erhöhen. Bis zur kurzen Legislaturperiode 2016–2017 hatte Island mit 47,6 Prozent tatsächlich den höchsten Anteil weiblicher Abgeordneter unter allen nicht durch Quoten regulierten Parlamenten weltweit.[1]

Frauen sind nicht nur in der landesweiten Politik präsent. Auf kommunaler Ebene, wo individuelle Ausstrahlung oft mehr zählt als Parteizugehörigkeit, sind Vorbilder ebenso wichtig. Und manchmal braucht es diejenigen mit Erfahrung im Kontakt mit der gläsernen Decke, um den Status quo zu ändern. Doch selbst im vorgerückten 21. Jahrhundert kann die gleiche stahlharte Entschlossenheit nötig sein, wie sie die Protestierenden vor beinah einem halben Jahrhundert an den Tag legten. Ein Skandal aus der jüngeren Vergangenheit, in den mehrere Parlamentarier verwickelt waren und bei dem es um Alkohol, Frauenfeindlichkeit und ein Samsung-Handy ging, löste Wut und Resignation aus. Vor allem ging es um die Frage, wie weit wir es auf dem Weg zu einer toleranten Gesellschaft gebracht haben – oder eben nicht.

Studentisches Engagement, vor allem an der University of Iceland, der größten und ältesten Universität des Landes, ist ein beliebter Trittstein für junge Frauen, die ihre Zehen in die politischen Gewässer von Wahlkampf und Aufbau eines Netzwerks eintauchen möchten. Die Mehrzahl der Studierenden in Island sind Frauen. Folglich bilden sie auch die Mehrheit in der Studierendenvertretung, wo einige von ihnen auch landesweite Aufmerksamkeit für ihre Arbeit gewinnen. Doch trotz dieses beliebten Weges auf die nationale Bühne schlägt sich die politische Dominanz der Frauen auf Universitätsebene nicht proportional in ebenso vielen Sitzen im Althing nieder. 2020 riss die frisch gewählte Vorsitzende des Studierendenrats der Universität von Island nicht nur für die Frauen eine Schranke nieder, sondern auch als erste Person ausländischer Herkunft in diesem Amt. Trotz der positiven Resonanz kämpfte auch sie anfangs gegen das allzu bekannte Gefühl, vielleicht nicht qualifiziert genug zu sein.

Da ich selbst Immigrantin bin, kann ich das gut nachvollziehen. Tatsächlich bin ich die dritte First Lady Islands, die im Ausland geboren wurde und aufwuchs. Da ich für meine Funktion nie kandidieren musste, unterscheidet sich meine Perspektive als Frau in der Politik von der gewählter Vertreterinnen und Kandidatinnen. Trotzdem habe auch ich eine Rolle übernommen, die mit gewissen Voraussetzungen verbunden ist. Und ich gebe mir alle Mühe, ein altmodisches Amt an ein modernes Land anzupassen. Wir alle können Vorbilder sein. Es liegt an uns, ob unsere Worte und Taten bejahend und inklusiv sind oder schal und zynisch nur eine überholte Norm verstärken.

»Jetzt muss ich mir täglich die Haare waschen und vorzeigbar aussehen«, jammerte ich in meinem Tagebuch, als mein Mann im Frühling 2016 ernsthaft in den Präsidentschaftswahlkampf einstieg. Die Kurve von einer anonymen Journalistin zur wohl bekanntesten Immigrantin des Landes war steil und scharf. Ohne viel Murren änderte ich meine Morgenroutine. Und auch im Halten von Reden war ich bereits geübt – wenn auch seltener aus dem Stegreif und auf Isländisch. Mein Mode-IQ war allerdings unterirdisch gering.

Einen Großteil des Wahlkampfs und der Monate nach Gudnis Amtseinführung war ich mit wohlmeinenden Ratschlägen und Anfragen aus zahlreichen Ecken beschäftigt. Fast immer ging es um traditionelle Vorstellungen davon, worauf eine pflichtbewusste First Lady ihr Augenmerk richten sollte. Ich sollte mir ein paar Anliegen aussuchen, die ich unterstützen wollte. Ich sollte mir einige einfache Standardoutfits zulegen, die ich bei inoffiziellen, aber trotzdem öffentlichen Aufgaben wie der Ablieferung der Kinder in der Vorschule tragen konnte. Würde ich – auf eigene Kosten – einen Innenarchitekten engagieren? Der könnte dann entscheiden, wohin unsere eigenen Möbel in der offiziellen Residenz kämen. Außerdem wäre er in der Lage, eine Wunschliste von neuem Mobiliar zu erstellen, da wir auf Bessastadir ja beträchtlich mehr Platz haben würden als in unserem bisherigen Zuhause in Innenstadtnähe.

Am Tag von Gudnis Amtseinführung brauchten drei Personen eine gute halbe Stunde, um mich in ein *Skautbúningur* zu stecken, die feierlichste und traditionellste isländische Frauentracht. Der aufwändige Kopfschmuck wurde mit Dutzenden Haarnadeln befestigt, und ich musste üben, sehr aufrecht zu sitzen, damit mich dieses Gerät nicht aus dem Gleichgewicht brachte. Mein Mann dagegen war mit seiner weißen Krawatte und der Amtskette in ein paar Minuten angezogen.

Zum Schluss kamen die Orden. Umstandslos überreichte uns jemand aus dem Präsidentschaftsbüro (glaube ich, aber ich bin mir nicht mehr ganz sicher) jeweils ein mit Samt ausgeschlagenes Schächtelchen mit einer großen, sternförmigen Silberbrosche. Der Falkenorden ist die höchste Auszeichnung, die ein isländischer Bürger (oder Ausländer, der viel für Island geleistet hat) bekommen kann. Zweimal jährlich veranstalten wir auf Bessastadir eine feierliche Zeremonie, um engagierten Bürgern diesen Orden zu verleihen. Die Ausgezeichneten sind Menschen aus allen Teilen des Landes und allen sozialen Schichten, die entweder in ihrem Beruf oder ehrenamtlich Außerordentliches geleistet haben. Die Veranstaltung ist berührend und geht vielen sichtlich zu Herzen.

Ordnungsgemäß wurde der Falkenorden dem neuen Präsidenten der Republik an die Brust geheftet. Quasi als Vorschuss auf die guten Taten, die er im Dienst des Landes vollbringen würde. Und ich bekam einen, weil ich seine Frau bin.

Es gibt kein Handbuch für Ehepartner von Staatsoberhäuptern. Bisher habe ich noch keine protokollarischen Richtlinien und kein Regelwerk dafür gesehen, wie ich mich benehmen soll, woran ich (nicht) teilnehmen kann, ob ich irgendwelche offiziellen

Verpflichtungen habe (vor unserem ersten Staatsbesuch, nach Dänemark, habe ich den Hofknicks gegoogelt). Ich bin schon dankbar dafür, dass mein Vater darauf bestand, dass ich lernte, mein Besteck ordentlich zu halten, »denn man weiß nie, wann man beim Essen mal neben Königen und Königinnen sitzt«.

Es ist eine ungeheure Ehre, diese Funktion ausüben zu dürfen, mit der ich niemals gerechnet habe. Doch am ersten Tag von Gudnis erster Amtszeit mit dem Falkenorden ausgezeichnet zu werden, bloß weil ich eine Ehefrau bin, brachte schon gewisse Vorstellungen davon mit sich, was die Partnerin eines Staatsoberhaupts zu tun und zu sagen hat und wie sie sich verhalten soll.

Vor allem in Island war das keinesfalls verbreitet, aber es gab schon gewisse unterschwellige, eindringliche Erwartungen, ich würde die Rolle des manierlichen Sidekicks übernehmen. Wenn wir irgendwohin kamen, sprachen die Gastgeber nur mit Gudni. Oder er tauchte allein bei irgendeiner Veranstaltung auf und wurde gefragt, wo ich sei, obwohl ich auf der Einladung nicht erwähnt worden war. Wenn ich bei Staatsbesuchen am sogenannten »Ehepartner-Programm« teilnahm, wurde ich oft zu etwas eingeladen, das traditionellen Frauenrollen entspricht – der Besuch bei Kindern, eines Krankenhauses oder vielleicht einer Kunstausstellung.

Obwohl ich mir der Ironie der Umstände durchaus bewusst war, dass ich nun Aufmerksamkeit für etwas bekam, was mein Mann erreicht hatte, fasste ich einen Entschluss: Anstatt deswegen ein schlechtes Gewissen zu haben, *wie* ich diese erstklassige Plattform erhalten hatte, wollte ich mich lieber der Herausforderung stellen, diese Chance nicht zu verschwenden, sondern zu nutzen. Das Amt des isländischen Präsidenten ist keine Rolle für den politischen Alltag, auch wenn es ein Vetorecht in der Gesetzgebung und gewissen Einfluss auf Koalitionsverhandlungen zur Regierungsbildung gibt. Vom Ehepartner oder der Partnerin wird definitiv kein Herumschweifen in der Politik erwartet. Doch ich war überzeugt davon, dass ich als Person des öffentlichen Lebens – genauso wie als Privatperson – meine Werte widerspiegeln musste. Ich würde überparteilich sein, aber meine Meinung vertreten.

Anstatt mich mit der Tatsache abzufinden, dass diese quasi vorsintflutlichen Erwartungen auch in Island existierten, das doch ein Vorreiter in Sachen Gleichberechtigung sein sollte, entschied ich mich für einen anderen Standpunkt: *Wenn es einen Ort gibt, an dem man diese überholten, geschlechtsfixierten Vorstellungen infrage stellen kann, dann in Island.*

Nachdem ich in meiner neuen Rolle Fuß gefasst hatte, begann ich, nach Aktivitäten zu suchen, die dazu beitragen konnten, das Image, das Leute von einer First Lady hatten, über den Haufen zu werfen. Zuallererst redete ich. So viel wie möglich. Wurde ich beispielsweise eingeladen, um einen Preis zu verleihen, bat ich immer darum, vorher ein paar Worte sagen zu dürfen. Ich nahm so viele Einladungen wie möglich an, um Begrüßungsansprachen oder Reden auf Konferenzen, Preisverleihungen und Jubiläumsveranstaltungen zu halten. Damit versuchte ich nicht nur, die Vorstellung zu stärken, dass Frauen eine Stimme haben, sondern auch die, dass Frauen, die Isländisch mit Akzent sprechen, Gehör verdienen. In den sozialen Medien teilte ich Bilder von mir vor größeren Gruppen und nicht nur lächelnd neben meinem Ehemann. Bei Auslandsreisen bat ich um Gelegenheit, meine eigenen Reden zu halten, wenn das angemessen war. Zudem wünschte ich mir, etwas zu unternehmen, das aus dem Rahmen der traditionellen Erwartungen fiel. So besuchte ich beispielsweise Start-ups und Gründerzentren. In den meisten Fällen begleitete ich Gudni jedoch gar nicht. Außer auf Staatsbesuchen oder Reisen, wo ich das Gefühl hatte, mehr beitragen zu können, als nur eine Partybegleitung zu sein.

Als ich Ende 2019 auf Instagram ein Foto sah, das die Partnerinnen von G7-Politikern zu einer Art Politik-Musen ihrer Ehemänner reduzierte, fühlte ich mich verpflichtet, einen Facebook-Post dazu zu schreiben, wie kränkend es sei, diese Frauen zu bloßem Beiwerk ihrer Männer zu degradieren. Sie wären zweifellos mehr als das, argumentierte ich, genau wie ich selbst. »Ich bin nicht die Handtasche meines Mannes, die er sich schnappt, bevor er zur Tür rausläuft, und die bei öffentlichen Auftritten stumm an seiner Seite präsentiert wird.« Die Metapher war ein bisschen plump, aber sie schlug ein. Anschließend verfasste ich noch einen Kommentar für die *New York Times*, in dem ich meine Message ausführlicher darstellte.

Passend zum Klischee meines Geschlechts fühlte ich mich am Abend, bevor der Artikel erscheinen sollte, unbehaglich. Ich hatte niemandem im Präsidentschaftsbüro etwas davon gesagt, mir keine Genehmigung geholt und nicht gefragt, was eine First Lady publizieren oder nicht publizieren sollte, solange ihr Mann das Amt innehatte. (Das Büro hilft mir, offizielle Termine zu koordinieren, aber ich arbeite von zu Hause aus, schreibe meine Reden selbst und verlasse mich hauptsächlich auf meine Intuition sowie den Rat von Gudni und engen Freunden, wenn es darum geht, woran ich teilnehmen soll.) Was, wenn ich nun als verzogen, ansprüchlich und undankbar rüberkäme? Und was, wenn andere First Ladys den Artikel lasen und meinten, ich würde mich über sie lustig machen, indem ich einige ihre jüngsten Aktivitäten kritisierte? Forderte ich etwa gerade die Welt der frauenfeindlichen Internettrolle auf, mich ins Visier zu nehmen?

Die Reaktionen waren überwältigend positiv. Alle größeren isländischen Medien griffen die Story auf. »Ich bin nicht die Handtasche meines Mannes« avancierte zu einer Art Visitenkarte für mich. – Ein Meme selbstbewusster Unabhängigkeit in den Augen derjenigen, die mich unterstützen, und Spott für meine Kritiker.

Anscheinend sind sehr viele Frauen, ob Gattinnen von Diplomaten, Chirurgen, Geistlichen oder Politikern, es leid, primär als Partnerinnen ihrer Ehemänner betrachtet zu werden. Egal wie stolz sie auf deren Verdienste sind. Was ich geschrieben hatte, wirkte offenbar alles andere als abgehoben und verzogen, sondern traf einen Nerv. Ich hörte von vielen Leuten, die mir dankbar dafür waren, dass ich dieses Gefühl zum Ausdruck gebracht hatte.

Wenige Monate später hielt ich zum selben Thema einen Vortrag für TEDx Talks. Jetzt konnte ich aktiv zeigen, dass ich es ernst damit meinte, mich für Gleichberechtigung und Stärkung von Frauen einzusetzen. Und dass das nicht nur ein kurzfristiges Thema war, um mich als Präsidentengattin zu beschäftigen.

Ich wusste, dass dies auch auf dem internationalen Parkett Wirkung zeigen konnte. Wenn Islands First Lady sich zu diesen Themen äußert und eine Mehrheit der Bevölkerung das unterstützt, dann muss Island eine progressive Haltung in Bezug auf Gender-Empowerment haben.

Die Gelegenheit, vorgefasste Geschlechterrollen infrage zu stellen, war bis dato eine meiner erfüllendsten Erfahrungen als First Lady. Und ich bin überzeugt, dass die Mehrheit der isländischen Gesellschaft meine Bemühungen unterstützt. (Auch wenn es keine Umfragen gibt, um das in irgendeiner Form – womöglich wissenschaftlich – zu belegen.) Ich genieße den Vorteil, mit keiner politischen Partei in Verbindung zu stehen, und baue nur auf den Ruf früherer isländischer First Ladys, der insgesamt positiv ist. Viele Frauen in diesem Land, die beschließen, ins politische Rampenlicht zu treten, begeben sich furchtlos in die Schusslinie. Damit ebnen sie denjenigen den Weg, die ihrem Beispiel folgen werden.

Bei einer Kommunalwahl 2018 erregte eine solche Frau im ganzen Land mehr Aufmerksamkeit, als sie erwartet hätte. Noch dazu veränderte sie in ihrem Ort die Vorstellung davon, wie ein Bürgermeister auszusehen habe.

»Lokalpolitik ist so viel persönlicher als landesweite Politik«, erklärte mir Íris Róbertsdóttir, die erste Bürgermeisterin der Westmännerinseln, zu Beginn unseres Gesprächs. Darin sollte es um ihre Erfahrung gehen, nachdem sie das traditionelle Machtgefüge durch ihre Amtsführung durcheinandergebracht hatte.

»Das Besondere an der Politik in Island ist, dass du nicht reich sein musst, um Erfolg zu haben«, sagte sie. »Du musst arbeiten und Geld sammeln und dein Netzwerk erweitern, vor allem, wenn du es weit bringen willst, aber Island ist ein Land der Möglichkeiten, weil wir tun können, was wir wollen.«

Die Westmännerinseln sind ein kleiner Archipel unmittelbar vor der Südküste Islands. Auf der tropfenförmigen Heimaey (»Heimatinsel«) leben viertausenddreihundertsiebzig Bewohner, die heutzutage größtenteils im Tourismus oder in der Fischverarbeitung beschäftigt sind. Obwohl die Insel nur gute vier Seemeilen vom »Festland« entfernt liegt, war sie bis 2010 nur durch einen teuren und wetterabhängigen Propellerflug oder mit einer fünfundvierzigminütigen, im Allgemeinen von Übelkeit begleiteten Fährtour durch den Nordatlantik erreichbar. Und selbst heute können die fünfundvierzig Minuten mit der Fähre von einem neuen, flacheren Hafen aus zu einer dreistündigen (oder sogar längeren) Fahrt werden, wann immer das Meer es so will, was vor allem im Winter passiert.

Die winzige Heimaey ist schon seit der Besiedelung Islands vor über tausend Jahren bewohnt. Die Einwohner haben sich den Ruf erworben, besonders direkt, zuversichtlich und herzlich zu sein. Weil von den übrigen Isländern isoliert, mussten sie sich hauptsächlich auf ihre eigenen Ressourcen verlassen, um zu überleben.

Íris war erst ein Jahr alt, als in den frühen Morgenstunden des 23. Januar 1973 die Bewohner von Heimaey eine Katastrophe erlebten. Diejenigen, die noch wach waren, staunten, als ohne Vorwarnung eine Erdspalte nahe dem ältesten Teil des Ortes sich öffnete und Lava und Asche hoch hinauf in den Himmel spuckte. Innerhalb von Minuten reagierte die kleine Gemeinde. Während Sirenen durch die Nacht heulten, schnappten die Menschen sich, was sie tragen konnten, und eilten zum Hafen hinunter. Dort lag, ob aus Vorsehung oder Glück, weil das Wetter am Vorabend so schlecht gewesen war, der Großteil der Fischfangflotte. Mit kaum mehr, als sie am Leib trugen, füllten in gerade mal sechs Stunden viertausenddreihundert Menschen die kleinen und großen Boote und brachen geschockt in Richtung Festland auf. Als sie sechs Monate später endlich zurückkehren konnten, hatte sich der Ort, den die Menschen gekannt hatten, grundlegend verändert. Von den tausenddreihundertfünfzig Häusern waren vierhundert in der Lava versunken, weitere vierhundert von Asche beschädigt oder zerstört.

Íris' Mutter war damals im siebten Monat schwanger. »Meine Mutter trug mich nur mit einem Milchfläschchen und ein paar Extrawindeln aufs Boot«, erzählte sie mir beim Kaffee in einem Hafenrestaurant gleich neben ihrem Büro im Rathaus. »Sie dachte, wir würden ein paar Stunden um den Hafen kreisen und dann zurückkehren.« Als sie das dann schließlich im Sommer taten, gehörte ihre Familie zu den etwa zwei Dritteln der ursprünglichen Bewohner, die beschlossen, weiter auf Heimaey zu leben. Ihre kleine Schwester Hrönn war das erste Baby, das nach dem Ausbruch auf der Insel getauft wurde.

»Ich bin im wahrsten Sinne des Wortes im Schatten eines Vulkans aufgewachsen«, berichtete Íris. »Ich konnte ihn von meinem Zimmerfenster aus sehen. Nach der Rückkehr hatte ich Albträume, dass es wieder einen Ausbruch geben würde.«

Íris gehört zur Generation der isländischen Frauen, die in der Ära eines weiblichen Staatsoberhaupts erwachsen wurden. »Vigdís hatte das höchste Amt im Staat inne. Das bewies uns Frauen, dass wir zu allem imstande wären«, meinte sie zu mir. »Es war auch beeindruckend, dass sie unverheiratet und Single war. Das machte es noch symbolischer.«

Noch lange nachdem das Magma begonnen hatte, abzukühlen und gezackte Felsen auf der Insel zu bilden, prägte der Ausbruch von 1973 den Charakter der Menschen und somit auch ihre Politik. »Wenn du hier in die Politik gehst, ist ein Riesenvorteil, dass du einfach weißt, es gibt Leute, die dir dabei helfen werden. So, wie wir damals alle zusammengehalten haben«, sagte Íris. »Das Besondere hier ist, dass wir wirklich unbarmherzig und stur sein, uns wirklich Gehör verschaffen können. Aber wenn es einen Schock gibt, ob bei Arbeit oder Vergnügen, und wenn etwas gut für uns läuft, etwa wenn wir eine Trophäe im Sport gewinnen, dann erzeugt das Mitgefühl und Solidarität. Wir packen etwas gemeinsam an und stehen es gemeinsam durch. Das ist so wichtig.«

Íris interessierte sich schon immer für Politik. Mit sechzehn trat sie in die Unabhängigkeitspartei ein – mit Abstand die beliebteste Partei auf den Inseln und eine der ältesten Islands. Erst in ihren späten Dreißigern kandidierte sie für ein Amt, zuerst auf nationaler Ebene, wo sie den südlichen Wahlkreis als Abgeordnete der Unabhängigkeitspartei im Parlament vertrat. Landesweit bekannt wurde sie allerdings während der Kommunalwahlen 2018, als sie sich von ihrer geliebten Partei lossagte, um eine neue zu gründen. Diese setzte sich unerwartet durch, und Íris wurde die erste Bürgermeisterin ihres Heimatortes.

»Ich will nicht behaupten, dass alles schlecht war, denn das war es nicht«, meinte Íris zur vorher regierenden Koalition der Unabhängigkeitspartei, die derselbe Bürgermeister mehr als zehn

Jahre geführt hatte. »Aber manchmal braucht es einfach einen Perspektivwechsel.« Mit Ausnahme von vier Jahren zu Beginn dieses Jahrhunderts bildete die Unabhängigkeitspartei seit 1990 die Mehrheit im Stadtrat der Westmännerinseln. Auch in den Jahrzehnten davor war sie die dominierende politische Kraft gewesen. Anders als auf Landesebene, wo meist alle Parteimitglieder eines Wahlkreises über die Reihenfolge auf der Kandidatenliste abstimmen, entscheidet auf den Westmännerinseln ein kleines Komitee darüber.[2]

»Ich stellte fest, dass man es auf die Spitzenplätze der Liste schaffte, wenn man zu einer bestimmten Clique gehörte, nicht unbedingt, weil man der beste Kandidat war«, erklärte sie mir.

Aber für Íris und ihre Unterstützer war der Status quo keine Option mehr. Sie gründeten ihre eigene Liste, um bei der Wahl im Frühling gegen die Unabhängigkeitspartei anzutreten.

»Es war nicht so, dass die Zustände hier fürchterlich gewesen wären, überhaupt nicht, aber die Menschen wollten die Wahl haben. Ich musste meine Partei verlassen. Auf nationaler Ebene unterstütze ich sie weiterhin. Genau wie das viele der Leute tun, die jetzt mit mir arbeiten. Aber hier auf den Westmännerinseln hatten die Menschen genug und wollten eine Veränderung.«

Wahlkämpfe in Island sind keine protzige Angelegenheit. Es gibt viele Fototermine mit Babys, viel Händeschütteln, unterschiedlich viel Gift und Galle in den sozialen Medien. Aber Plakate oder Schilder in den Vorgärten sind eine Seltenheit. Negativwerbung soll hauptsächlich diejenigen aufrütteln, die an sich mit der Politik des Gegenkandidaten einverstanden sind, werden aber vom Mainstream verachtet.

In einem Land mit einer so kleinen Bevölkerung liegt der Schlüssel zum Erfolg jeder Kampagne im persönlichen Kontakt. Kandidaten greifen zum Telefon, besuchen Betriebe, Seniorenheime, spazieren durch die Nachbarschaft (allerdings ohne jemals einfach bei den Leuten anzuklopfen). Ein fester Händedruck und direkter Blickkontakt können den Unterschied zwischen einer garantierten und einer verlorenen Stimme ausmachen.

»Ich besuchte die Fischfabriken, die Fischkutter, all die typisch männlichen Arbeitsplätze«, erzählte Íris. »Ich war CFO eines Fischereiunternehmens, habe Mathe unterrichtet, den Sportverein geleitet. Das sind Themen, mit denen die Männer auf der Insel etwas anfangen können.«

Vor der Wahl gab es nur eine Umfrage, ungefähr vier Wochen vorher. Die ergab einige Unterstützung ihrer »Für Heimaey«-Liste, aber nicht genug für eine Mehrheit. Am Wahltag schätzte Íris die Wahlbeteiligung auf rund 90 Prozent.[3]

Als Frau war Íris es gewohnt, Hindernisse zu überwinden. So war sie die erste Vorsitzende der Unabhängigkeitspartei auf den Inseln und die erste Vorsitzende des Sportvereins ÍBV. Von daher legte sie Wert darauf zu betonen, dass sie ihr Geschlecht nie als hinderlich empfunden hat.

»Ich empfinde es nicht als unerfreulich, in der Politik eine Frau zu sein. Es bedeutet nur einfach viel Arbeit, in der Politik zu sein, egal welches Geschlecht man hat. Aber es gibt etwas Grundlegendes, das vielleicht mit uns Frauen selbst zu tun hat. Dass uns die Herausforderung zu groß erscheint, dass wir zu viel vorausplanen, dass wir nicht auf uns selbst vertrauen. Eine ehemalige Politikerin hat mir einmal einen klugen Rat gegeben: niemals bei einer Wahlkampfveranstaltung auftreten und damit beginnen, dass ich eine gute Wahl wäre, weil ich eine junge Frau bin. Das sieht ohnehin jeder. Ich muss den Leuten sagen, was ich tun werde, wenn ich gewählt bin.«

Als sie 2009 Wahlkampf für die Vorwahlen in der Landespolitik machte, waren Íris' Kinder drei und dreizehn Jahre alt. Ihr Mann war oft auf See, was für viele Ehefrauen auf den Inseln alltäglich ist.

»Ja, ich wurde gefragt, wie ich das alles hinkriege«, gab sie zu. »Aber es waren immer andere Frauen, die mich das fragten. Nie wurde mir die Frage von einem Mann gestellt. Ich antwortete, dass ich es gewohnt sei, dass mein Ehemann weg sei und ich alles selbst regeln müsse, und daran würde sich nichts ändern. Im Laufe der Jahre hat es sich als Vorteil herausgestellt, dass Leute mich manchmal unterschätzten.«

Am Abend der Wahl am 26. Mai 2018 trafen sich die »Für Heimaey«-Unterstützer im Gemeindezentrum, um den Eingang der Ergebnisse zu erwarten. Die Auszählung ergab drei Sitze für die Liste »Für Heimaey«, also Gleichstand mit den drei Sitzen der Unabhängigkeitspartei. Die linksgerichtete Liste mit einem Sitz wurde damit Königsmacher für jegliche Koalition. Nach vier Tagen Verhandlungen einigte man sich auf die Zusammenarbeit mit der »Für Heimaey«-Partei und Íris als Bürgermeisterin. Allerdings wird das Zerwürfnis mit den Anhängern der Unabhängigkeitspartei noch Jahre brauchen, um zu heilen.

»Es ging nicht nur um mich. Es gab eine tiefer liegende Unzufriedenheit«, sagte Íris. Es gibt ungefähr vier Großfamilien auf Heimaey, die nach wie vor nichts mit ihr und ihrer Partei zu tun haben wollen. »Ich habe letztlich nicht nur dafür gesorgt, dass sie ihre Jobs verloren haben«, räumt sie ein. »Das war auch ihre Lebensgrundlage.«

Aber genau wie im Sport gibt es eben auch in der Politik Gewinner und Verlierer. »Damals gab es eben nur Raum für eine Herangehensweise. Und ich denke, dass es für uns gesund war, diesen Wandel durchzumachen. Niemand sollte für immer Bürgermeister sein. Manche Leute meinten, dieser Job würde zu hart für mich sein. Doch das hat meinen Kampfgeist geweckt.«

Es ist erfrischend, dass Íris' Verdienste bei dieser Wahl landesweit mehr Nachrichtenwert erzielten, weil sie eine Politikdynastie stürzte und weniger weil sie kein Y-Chromosom hat.

Trotzdem ist sie ein Vorbild für die jüngsten Bewohnerinnen der Westmännerinseln, genau wie Vigdís das einst für sie selbst war. »Als ich anfing, Kinder zu treffen, fragten sie mich, wo der Bürgermeister sei«, erinnerte Íris sich. »Wenn man etwas nicht direkt vor Augen hat, ist es eher unrealistisch. Sobald du es selbst siehst, ist es real.«

Inzwischen kann sie ihre Plattform auch nutzen, um Sichtbarkeit von innen heraus zu erzeugen. Traditionell waren es immer mehr Männer im Gemeinderat. Es ist ein Ehrenamt, und dafür finden Männer eher Zeit. Aber unter Íris gibt es eine weibliche Mehrheit. »Es bewirkt einen Unterschied, Frauen auf allen Ebenen an einen Tisch zu bringen, nicht nur auf nationaler«, meinte sie.

Sie nippte an ihrem Latte und schaute aus dem Fenster zu dem Ausflugsboot, das gleich den Hafen verlassen würde, um näher an die Papageientaucher heranzukommen, die wie aufgereiht auf den Klippen jenseits der Bucht saßen. »Wir stehen hier vor den gleichen Herausforderungen wie überall auf der Welt, weißt du«, fügte sie hinzu, damit ich kein zu rosiges Bild malte. »Frauen haben eher Hemmungen, sich zu beteiligen. Überall zweifeln Frauen an sich. Das ist universell.«

Íris hatte ein paar Vorschläge für Frauen, die sich engagieren wollen. »Der erste Schritt ist die Teilnahme an politischen Versammlungen, um die Themen kennenzulernen und sich zu beteiligen. Wir neigen nicht dazu, Fragen auf großen Versammlungen zu stellen, weil wir solche Angst davor haben, etwas Falsches zu sagen. Es gibt so viel Spannendes und Lustiges in der Politik, aber wir Frauen sind oft eher für die negativen Dinge sensibilisiert«, erklärte sie mir. »Ein Ziel von uns Politikerinnen ist es, Politik zugänglicher zu machen, und dann fällt auch die Sorge darüber flach, ob die eigenen Kinder online irgendwas über einen lesen. Man muss auch nicht bis spät in die Nacht hinein arbeiten. Und wir alle müssen zusammen etwas dafür tun, dass sich das ändert.

Ich glaube, die meisten Frauen wollen Einfluss auf ihre unmittelbare Umgebung nehmen. Die Reichweite dieser Umgebung müssen wir nur erweitern«, behauptete sie. »Es passiert nichts, wenn du dich nur zu Hause am Küchentisch beschwerst. Wir müssen selber die Veränderung sein und nicht nur drüber reden.«

Wenn die selbstsichere Íris Róbertsdóttir repräsentiert, wie weit wir es gebracht haben, was den Aufstieg von Frauen über die steinigen Serpentinen der Politik betrifft, dann ist Isabel Alejandra Díaz, Präsidentin des Studierendenrats an der Universität von Island, Indiz für eine jüngere, aufstrebende Generation von angehenden Politiker*innen, die sich weiter auf all die Arbeit konzentriert, die wir noch nicht erledigt haben.

Ich traf Isabel eines Nachmittags beim Mittagessen zusammen mit vier anderen Mitarbeiter*innen des Studierendenrats. Und zwar in der Zentrale direkt auf dem Campus, die mit Plakaten, Postern zum Klimawandel, Regenbogenflaggen und Broschüren für Studierende geschmückt war. Zuerst erzählte sie mir von ihren prägenden Jahren in den Westfjorden. Dorthin war sie 2001 mit ihren Großeltern gezogen, bei denen sie aufgewachsen ist.

Die Westfjorde sind die am dünnsten besiedelte Region dieses ohnehin dünn besiedelten Landes und ragen wie eine dreifingerige Klaue Richtung Grönland aus der nordwestlichen Ecke Islands. Eine Reihe von tief in die Berge gegrabenen Tunneln, manche nur einspurig mit Ausweichstellen für Gegenverkehr, verbinden die entlegenen Dörfer miteinander. Die nördlichen und westlichen Zipfel der Region bleiben aber nach wie vor nur ein paar Monate im Jahr über eine unbefestigte Straße miteinander verbunden, die sich im Zickzack zwischen Berghängen und dem tiefen, arktischblauen Fjord entlangschlängelt.

Ísafjördur (zweitausendsechshundert Einwohner) ist der größte Ort der Region und Isabels Heimatdorf. Von Reykjavík fährt man dorthin entweder sechs Stunden mit dem Auto, entlang an Fjorden und über Berge, oder man fliegt, sofern das Wetter es erlaubt und nur bei Tageslicht, eine halbe Stunde. Die kurze Landebahn am Berghang würde heutzutage nicht mehr genehmigt. Und so ist es nicht ungewöhnlich, dass Besucher einen ungeplanten längeren Aufenthalt genießen, wenn das harsche Winterwetter sich nicht mit Flugplänen oder Fahrbahnbedingungen vereinbaren lässt.

»Es ist traumhaft, in Ísafjördur aufzuwachsen. Man bekommt alles, was man braucht. Wir haben eine Schule, ein Gesundheitszentrum, eine Bank, Gemischtwarenläden, zwei Bäckereien, mehrere Restaurants, ein kleines Kino«, berichtete Isabel mir stolz.

Als sie noch jünger war, dachte sie nicht wirklich daran, in die Politik zu gehen, obwohl sie Musik und Sport machte und sich in Schul-AGs engagierte. Und immer war da ein gewisses staatsbürgerliches Engagement, das die meisten Menschen in ihrer Umgebung bewegte. »Ich glaube, wir spüren alle diese soziale Verantwortung, dass man eine Meinung zu den Dingen in der Gesellschaft haben sollte. In Ísafjördur hat jeder Mensch eine Meinung zu allem, angefangen bei der Frage, ob wir eine neue Turnhalle bauen sollen, bis zu der Überlegung, ein Seniorenheim zu verkaufen. Und wir glauben, dass jeder wirklich zu solchen Ansichten verpflichtet ist, weil wir diese Gesellschaft gemeinsam aufbauen.«

2017 verließ Isabel Ísafjördur, um in der Hauptstadt die Universität zu besuchen. Dank ihres ausgeprägten Pflichtgefühls, sich für die Gemeinschaft zu engagieren, blühte sie dort auf und interessierte sich bald auch für das außerschulische Leben. Mitglieder von Röskva, einer der beiden politischen Parteien an der Universität, nahmen Kontakt zu ihr auf, nachdem sie einige ihrer veröffentlichten Artikel gelesen hatten. Und so richtete sie ihre Energie auf Bildungspolitik im Allgemeinen.

Obwohl sie ihre politischen Fähigkeiten schon mit einem gewählten Posten im Universitätsrat geschärft hatte, war Isabel sich zunächst nicht sicher, ob sie als Vorsitzende der Studierendenversammlung kandidieren sollte, nachdem sie ihr Studium in Politikwissenschaft und Spanisch gerade abgeschlossen hatte. (Auch wer sein Studium kürzlich beendet hat, darf kandidieren.) Am Ende wollte sie sich eher auf die Wissenschaft als auf einen Wahlkampf konzentrieren. Und sie war unsicher, was ihre eigene Person betraf. Warum sollten Leute sie wählen?

»Das ist bei Frauen ganz normal«, gab sie zu. »Wir stellen uns solche Fragen. Welchen Grund habe ich, hier zu sein? Was habe ich zu bieten? Männer ziehen so was nicht mal in Erwägung. Die sagen einfach, dass sie irgendwas machen werden, und dann nichts wie ran. Wir wollen immer zuerst alle Kästchen abhaken.« Dabei konnte Isabel schon eine Menge Kästchen abhaken. Zwei Jahre hatte sie bereits im Vorstand von Röskva gesessen und im Komitee für alle Angelegenheiten vom Wohnungsproblem bis zu On-Campus-Angeboten für seelische Gesundheit.

»Ich merkte, dass ich irgendwie aufblühte«, erzählte sie, offenbar immer noch ein bisschen erstaunt über ihren eigenen Erfolg beim Einwerben von Wählerstimmen. »Ich hatte wirklich Angst, die Wahl zu verlieren, aber ich hab's gemacht, und hinterher habe ich mich gefragt, warum ich so wenig Vertrauen in mich selbst hatte.«

Während des Wahlkampfs musste Isabel jedes Mitglied von Röskva kontaktieren und Argumente dafür liefern, warum man sie wählen sollte. »Du musst deiner eigenen Integrität und deinem Instinkt folgen und es einfach machen. Was kann schon schlimmstenfalls passieren? Dass du nicht gewählt wirst. Ich glaube, Selbstvertrauen hilft enorm. Wenn du jemanden anrufst, um für dich zu werben, dann kannst du nicht sagen, ›ich denke, ich wäre gut‹.« Sie machte ein verlegenes Gesicht, sah mir aber direkt in die Augen. »Du sagst: ›Ich werde gut sein, weil ich nahbar, geradeheraus, objektiv und harte Arbeit gewohnt bin.‹ Darüber, was andere denken, brauchst du dir keine Gedanken machen.«

Dieser Gruppe aus fünf Aktivist*innen, die ich an jenem Frühlingstag traf, war völlig bewusst, dass sie in ihrer eigenen Blase lebten. Es sind privilegierte junge Erwachsene, die wissen, wie wichtig es ist, eine Stimme abzugeben, den Mund aufzumachen und gegen Dinge zu kämpfen, die sie als ungerecht empfinden. Einige haben sich für ihr Studium hoch verschuldet. An die Inflationsrate gebundene Zinsen lassen einen solchen Schuldenberg zusätzlich wachsen. Gleichzeitig ist das immer noch beträchtlich weniger als in vielen anderen Ländern üblich. Ihre Energie und das Schwanken zwischen Optimismus und Pessimismus (wobei letztlich Ersterer siegt), all das erinnerte mich an meine Zeiten in der Studierendenvertretung der University of Toronto vor fast einem Vierteljahrhundert.

Wobei das »durchschnittliche« Studentenleben hier in Reykjavík sich von meinen Erfahrungen stark unterscheidet. Ich habe vier Jahre in einem Wohnheim verbracht, wo ich mir das Bad mit den anderen auf meinem Stockwerk teilte, darauf wartete, dass ich bei den Waschmaschinen im Keller an die Reihe kam, und vor dem örtlichen Loblaws-Supermarkt nach leeren Milchkisten Ausschau hielt, um sie als Bücherbord und Weinregal zu benutzen. Mikael Berg Steingrímsson und Gudný Ljósbrá Hreinsdóttir, zwei der anderen Studierenden bei unserem Mittagessen, leben noch bei ihren Eltern zu Hause in ausgebauten Souterrainwohnungen und pendeln täglich mit eigenen Autos aus der Vorstadt zur Arbeit. Die sehr begrenzten und teuren Wohnheime bei der Universität bestehen aus Ein-Zimmer-Apartments mit eigenem Bad und eigener Küche. Sie sind Studierenden vorbehalten, die von außerhalb der Region Reykjavík kommen, so wie Isabel, oder die vielleicht schon eine eigene Familie haben. (Der Kindergarten auf dem Campus nimmt schon Babys ab sechs Monaten auf, anders als die meisten Einrichtungen in Reykjavík, wo die Kleinen ein oder zwei Jahre alt sein müssen.)

Doch wie in allen nordischen Ländern wird Bildung in Island als ein Recht betrachtet. Jeder, der die weiterführende Schule erfolgreich abgeschlossen hat, kann Kurse an der Universität von Island belegen (wobei für manche Fächer wie Medizin der Zugang beschränkt ist). Es gibt keine Studiengebühren, nur einen jährlichen Verwaltungsbeitrag von fünfundsiebzigtausend Kronen (ca. fünfhundert Euro). Diese Gebühr ist Thema unermüdlicher Diskussionen, die oft von den Vertreter*innen des Studierendenrats angestoßen werden, u. a. von denen, mit denen ich gesprochen habe.

Wer sich näher mit Hochschulpolitik befasst, traut Isabel eine Zukunft in einem diverseren Althing zu. Mehrere ihrer Vorgänger*innen bei Röskva haben diesen Weg bereits beschritten. Doch sie hat kein öffentliches Interesse an einem weiteren politischen Amt bekundet. »Ich bin der Überzeugung, dass alles, womit wir in unserer Gesellschaft zu tun haben, politisch ist. Und darum ist es auch wichtig, eine Meinung zu haben, von seinem Stimmrecht Gebrauch zu machen, weil wir alle etwas zu sagen haben«, erklärte Isabel. »Manchmal sehen Studierende das nicht so. Doch dann werden sie oder jemand aus ihrem Freundeskreis von einem Thema berührt, und ihnen wird bewusst, dass studentische Teilhabe etwas bewirken kann. Denn letztlich ist alles politisch.«

Die Herausforderung für Islands idealistische, gut ausgebildete, woke Jugend besteht allerdings darin, dass die besten Antworten für die Probleme der Welt vielleicht nicht in der traditionellen Parteipolitik zu finden sind. Die Mehrzahl der Anwesenden im Studierendenbüro an jenem Tag wollte sich nicht einmal auf Universitätsebene an eine bestimmte Partei binden, um sich nicht einer rigiden Ideologie unterordnen oder sich überhaupt länger verpflichten zu müssen.

Sie scheinen nach anderen Wegen zu suchen, um Einfluss auszuüben. »Heute gründen junge Leute vielleicht eine Gruppe oder sind zu einem Thema aktiv, das sie für wichtig halten, unabhängig davon, was im Parlament passiert«, versicherte mir Helga Lind Mar, Geschäftsführerin des Studierendenrats und Organisatorin des im ganzen Land beliebten alljährlichen Slut Walks. »Sie halten das Althing für eine Institution, auf die sie keinen Einfluss haben. Und in der Schule lernt man so wenig über Demokratie, dass die Leute nicht mal genau wissen, wie sie sich einbringen können.«

Sara Thöll Finnbogadóttir, Studentin der Politikwissenschaft und im Rat für das Thema Studentenkredite zuständig, stimmte zu. »Es gibt aktuell ein anderes Verständnis von Demokratie. Manche nutzen vielleicht ihre Wahlstimme nicht, aber sie treten einer Organisation oder einem Verein bei, wo sie glauben, mehr bewirken zu können.«

In dieser Welt, hinter den sehr realen Selbstzweifeln, die so viele Frauen überwinden müssen, um den Sprung in die Politik zu wagen, ist Selbstzufriedenheit womöglich die größte Gefahr auf dem Weg Richtung Gender-Gleichberechtigung. »Die größte Herausforderung an dem Punkt, den wir inzwischen erreicht haben, ist, uns nicht mehr verantwortlich zu fühlen. Als wären wir schon am Ziel, nur weil wir anderen voraus sind«, kommentierte Helga Islands Ruf als weltweit führende Nation im Kampf für die

Gleichstellung der Geschlechter. »Es geht nicht darum, die ganze Arbeit all der Frauen kleinzureden, die so viel erkämpft haben. Aber ich denke, da war auch viel Glück im Spiel und nicht zwingend bewusste Entscheidungen.«

Auf der »Einstiegsebene« in die Politik sind es tatsächlich sechs Frauen und ein Mann, die im Büro für Rechtsfragen des Studierendenrats arbeiten, sowie zwölf Frauen und fünf Männer im aktuellen Studierendenrat. Wobei das die Aufteilung der Studierenden insgesamt ganz gut widerspiegelt, denn etwa zwei Drittel davon sind Frauen. Isabel berichtete mir, es sei schwer, Männer davon zu überzeugen, dass sie sich der Wahl stellen. »Sie sehen keine Vorbilder, von daher ist das eine echte Herausforderung für uns. Denn natürlich wollen wir alle Perspektiven vertreten.«

Mikael, der einzige Mann im Büro, meinte, er fände es »sehr witzig und unproblematisch«. Und er fügte noch hinzu: »Ich war auch in einem Komitee mit vier Männern und einer Frau, da war mein Eindruck eher, dass die Jungs zusammen abhingen und sie außen vor gelassen haben.«

Die weibliche Dominanz entspricht eindeutig nicht den nationalen Verhältnissen, obwohl, wie Isabel es formulierte, Frauen »entschiedener« sind, sich einzubringen. »Wenn Leute die Parteilisten zusammenstellen, haben sie kein Problem damit, zwei Männer die Listen von zwei benachbarten Wahlbezirken anführen zu lassen. Aber aus irgendeinem Grund gilt es als riskant, diese beiden Plätze mit Frauen zu besetzen«, sagte sie. »Aber irgendwer muss diesen Schritt machen. Man muss mit dem Althergebrachten brechen und das Risiko eingehen. Das ist nicht nur eine Investition in Frauen, sondern in die Gesellschaft als Ganzes.«

Doch wenn alles in gewisser Weise politisch ist und wir alle verpflichtet sind, Meinungen zu haben und auf die eine oder andere Weise dafür einzustehen, dann lautet Isabels Rat an Frauen, es so zu machen, wie sie es bisher in ihrem Leben getan hat: »dem eigenen Herzen folgen« und »sich ins kalte Wasser stürzen«.

»Wenn man darüber nachdenkt, die Gesellschaft und die Welt zu verbessern, dann ist das Grund genug zu handeln«, sagte sie entschieden. »Du hast das Recht, in der Diskussion deine Stimme zu erheben. Das Recht, mit am Tisch zu sitzen.«

Auch wenn die Gesichter in der isländischen Politik zunehmend weiblich sind, wird es noch mehr als positiver Statistiken und eines allgemeinen guten Willens bedürfen, um solide Grundlagen für nachhaltige Gleichberechtigung zu schaffen.

An einem frühen Abend im November 2018 nahm eine Gruppe von sechs isländischen Politikern, darunter ein ehemaliger Premierminister und ein ehemaliger Außenminister (der mitgeholfen hatte, HeForShe, die Kampagne für Gleichberechtigung bei den Vereinten Nationen, auf den Weg zu bringen), sich eine Auszeit von einer noch laufenden Sitzung des Althing. Man spazierte über die Straße, um sich ein paar Drinks im Klaustur, einer bei Politikern beliebten Kneipe, zu gönnen. Die Bar war fast leer (schließlich war es noch recht früh und ein Wochentag). Jedenfalls blieb die Gruppe, zu der nur eine Abgeordnete gehörte, mehrere Stunden und konsumierte einige Drinks. Durch die Wirkung des Alkohols wurde die Unterhaltung lauter.

Abgesehen von ihren Kolleg*innen im Althing, die ihre Abwesenheit vielleicht bemerkten, wäre ihr Kneipenbesuch wohl niemandem aufgefallen, wäre da nicht ein anderer Gast gewesen. Diese Frau gab zu, dass sie sich von der Lautstärke und dem Inhalt der Gespräche zu gestört fühlte, um sie zu ignorieren. Sie beschloss, die Gruppe aufzunehmen und das Ganze an die isländischen Medien weiterzugeben.

In der Aufnahme hört man, wie die Gruppe mehrere ihrer Kolleginnen durchhechelt und dabei eine Sprache und einen Ton verwendet, der den berühmten Locker Room Talk so harmlos wie die Texte von Kinderliedern wirken lässt. Man machte sich über das Aussehen der einen, Haltung und Benehmen einer anderen und die Behinderung einer dritten lustig. Eine Abgeordnete wurde von einem Kollegen als »tobsüchtige Fotze« bezeichnet. Ein anderer nannte eine Ministerin abfällig eine »fucking bitch«.

Íris Róbertsdóttir wurde auch von den zechenden Abgeordneten ins Visier genommen. Man mokierte sich, sie sei seit ein paar Jahren »weit weniger scharf«, nachdem einer gemeint hatte, sie könnte einst nur wegen ihres Aussehens gewählt worden sein.[4]

Mehrere Tage lang dominierte die Affäre die Schlagzeilen. Die öffentliche Meinung verurteilte die Parlamentarier entschieden. Man verlangte, dass sie sich entschuldigen und zurücktreten sollten. Zwei von ihnen wurden aus ihrer Fraktion ausgeschlossen (deren Vorsitz Thema gewisser Giftigkeiten gewesen war). Weniger als die Hälfte nahm sich Urlaub von unterschiedlicher Länge. Doch zu dem Zeitpunkt, da ich dieses Buch schreibe, sind alle noch Parlamentsabgeordnete. Die beiden, die von ihrer eigenen Partei ausgeschlossen wurden, sind nun Mitglieder der Zentrumspartei, deren Vorsitzender der ehemalige Premierminister ist, der an jenem Tag im Klaustur mit von der Partie war. (Übrigens handelt es sich um denselben Premier, der auch 2016 in den Skandal um die Panama Papers verwickelt war.) Einige aus der Gruppe drohten auch der Person mit rechtlichen Schritten, die damals die Tonaufnahme von ihnen gemacht hatte. Mit dem Argument, das hätte ihr Recht auf Privatsphäre verletzt.

Als Präsident wurde mein Mann gebeten, sich öffentlich zu dem Skandal zu äußern. Unter Verwendung der diplomatischen Sprache, die man braucht, um in politischen Fragen unparteiisch zu bleiben, meinte er, er sei »erstaunt und bestürzt über das

Vokabular, die Respektlosigkeit und Überheblichkeit, die diese Aufnahme zeige«.[5]

Drei Jahre später ist Klaustur-Gate, wie es auf Englisch genannt wurde, immer noch eine klaffende Wunde im kollektiven Bewusstsein, eine schwärende Stelle, die die isländische Gesellschaft sehr nüchtern daran erinnert, dass dieses Land kein Gender-Paradies ist. Es förderte auch die zynische Ansicht, dass echte Gleichstellung unerreichbar ist, vor allem unter den politisch Engagierten der jüngeren Generation.

»Klaustur war ein solcher Rückschlag. Man dachte sich etwas wie, echt jetzt? Es ist hoffnungslos«, erzählte Isabel Díaz mir. »Als diese Story bekannt wurde, dachte ich mir nur, ausgeschlossen, dass ich nach dieser Sache jemals ins Parlament oder den diplomatischen Dienst will. Ich werde mir Vorbilder und Inspiration an anderen Stellen suchen müssen.«

Es wird dauern, bis diese Wunde verheilt, bis der Glaube an die Integrität des Systems wiederhergestellt ist, damit Frauen die Überzeugung gewinnen, dass sich etwas ändern wird. Wenn auch langsamer und weniger reibungslos, als sie sich das wünschen.

Schauen wir stattdessen in die Gesichter von Politikerinnen, die Optimismus und Hoffnung wecken. Íris und Isabel haben, jede auf ihre Weise, neue Maßstäbe gesetzt. Erstere, als sie es mit dem politischen Establishment aufnahm, Letztere, indem sie für Diversität auf Hochschulebene sorgte. Beide haben erkannt, dass Frauen weiterhin ermutigt werden müssen, vorzutreten, ihre Stimmen zu nutzen und Erwartungen zu trotzen. Genau wie die Hartnäckigkeit der Leute von den Westmännerinseln nach dem Vulkanausbruch halten sie durch, trotz Selbstzweifeln, fest verwurzelten Traditionen und all den anderen Herausforderungen, die einen erwarten, wenn man in einer männerdominierten Umgebung Platz beansprucht. Die beiden gehören zur wachsenden Gruppe isländischer Frauen aus dem gesamten politischen

Spektrum, die mithelfen, weibliche Stimmen im politischen Dialog dieses Landes zur Normalität zu machen. Angefangen auf kommunaler bis hin zur nationalen Ebene. (Aufgrund meiner Rolle als First Lady habe ich es übrigens bewusst vermieden, mit Politikerinnen zu sprechen, die aktuell auf nationaler Ebene agieren.) Sie alle haben meinen Respekt für ihren Mut, für die Bereitschaft, ein gewähltes Amt anzutreten, und dafür, sich dem Blick der Öffentlichkeit auszusetzen.

Mit starken weiblichen Vorbildern aufzuwachsen, ob im eigenen Leben oder in der Öffentlichkeit, hatte eine unterstützende Wirkung auf viele weibliche Führungspersönlichkeiten des Landes von heute. Gleichzeitig spiegeln sie unsere Ziele für Gleichbehandlung und dienen den Strippenzieherinnen von morgen als Vorbilder.

»Dieses Land ist ein toughes Land, ein vulkanisches Land, mit strenger Natur, fürchterlichem Wetter. Wir fahren zur See, wir sind wirklich zähe James-Bond-in-der-Gletscherlagune-Typen, aber wir sind auch bereit, eine Frau zur Präsidentin zu wählen«, erinnerte Íris mich, als wir uns trafen. »Das zeigt, wenn jemand etwas zu geben hat, dann sind wir bereit zuzuhören – und das ist das Besondere an Island.«

KAPITEL 11

ZUM GREIFEN NAH

Es liegt in den Augen im oberen Stock[1]

An einem bewölkten Septembermorgen 2017 nahm ich einen Icelandair-Flug nach London, um anschließend in die jordanische Hauptstadt Amman weiterzufliegen. Von dort sollte ich während einer neunzigminütigen Autobahnfahrt durch Wüstenlandschaft in die Nähe der syrischen Grenze und zum riesigen Flüchtlingslager Zaatari, dem zweitgrößten der Welt, gebracht werden.

Fast achtzigtausend Geflüchtete aus dem blutigen Bürgerkrieg in Syrien drängten sich auf 5,3 Quadratkilometern. Das von der UNO verwaltete Camp war schnell errichtet worden, um den dramatischen Bedarf zu decken. Begonnen hatte es mit weißen Stoffzelten, aber inzwischen war der Ort, den ich besuchen würde, zu einer gar nicht mehr nur zeitweilig errichteten Stadt angewachsen. Es gab lediglich unbefestigte Einkaufsstraßen, siebenundzwanzig Begegnungsstätten, zwei Krankenhäuser, neun Ambulanzen und elf Schulen. Nicht weniger als acht Personen wohnten in jeder der Tausenden vorgefertigten, dreißig Quadratmeter großen Notunterkünfte. Bei glühender Hitze im Wüstensommer und frierend im zugigen Winter. Die Menschen dort waren Syrer, die oft ein angenehmes Leben in der Mittelschicht geführt hatten, bevor 2011 der Krieg ausbrach und sie gezwungen waren, mit nicht viel mehr als dem, was sie am Leib hatten, zu fliehen. Sie erlitten Verluste und unsagbare Traumata. 80 Prozent der Bewohner von Zaatari waren Frauen und Kinder. Es gab nur fünftausend Jobs, und fast alle bekamen die verhältnismäßig wenigen Männer. Frauen konnten aus Angst vor Übergriffen ihre Unterkünfte ab Einbruch der Dunkelheit nicht verlassen, Mädchen wurden in erschreckendem Ausmaß mit älteren Männern verheiratet. (Eine von drei Frauen und Mädchen in Zaatari wurde in einem Alter unter achtzehn verheiratet.) Dadurch stieg die Wahrscheinlichkeit, dass sie die ohnehin geringen Bildungschancen nicht nutzten und früh Mütter wurden.

Zu den acht UN-Organen, die mit der Verwaltung von Zaatari zusammenarbeiteten, gehörte UN Women. Die Organisation führte drei sogenannte Oasen, sichere Orte an verschiedenen Stellen im Camp. Dort konnten Frauen zusammenkommen, um für Bargeld zu arbeiten, psychotherapeutische Unterstützung zu bekommen, um Schulunterricht oder Betreuungseinrichtungen für ihre Kinder zu finden und um selbst Kurse zu besuchen – angefangen bei grundlegenden Computerkenntnissen oder Hairstyling bis hin zu Sprachunterricht auf Englisch oder Arabisch. Genauso wichtig war, dass die Oasen Frauen einen sicheren Ort boten, um Mitgefühl und Schutz zu bekommen.

Ich war zusammen mit dem Team von UN Women Iceland, einem der Förderer des isländischen Verbands und dem Team einer isländischen Werbeagentur dort, um beim Filmen einer Reihe von Videos über die Frauen von Zaatari dabei zu sein.[2] Diese sollten als Flaggschiff für eine Fundraising-Kampagne im Herbst in Island dienen, um UN Women bei der Eröffnung von weiteren Oasen zu helfen.

Am ersten Tag besuchten wir, nach einem allgemeinen Briefing zum Flüchtlingslager durch eine Mitarbeiterin des UNHCR, eine der Oasen.[3] Dort saß etwa ein Dutzend Frauen in einem kühlen Gebäude beim Nähen, Sticken und Basteln. Ihre Hauptaufgabe war es, Ausstattungen für die Mütter der rund achtzig Babys anzufertigen, die wöchentlich im Camp zur Welt kamen. Zur Ausstattung gehörte warme Kleidung aus Fleece ebenso wie die Information, wo man lebenswichtige Impfungen bekam. Aus den Stoffresten ihrer Näharbeit fertigten die Frauen mit einer Art Makramee-Technik Wandbehänge in verschiedenen Größen an.

Der größte davon fiel mir ins Auge. Ungefähr 2,10 mal 1,30 Meter groß, sah er aus der Ferne wie ein abstraktes Gemälde zum Anfassen aus. Erst aus der Nähe bemerkte man die Stoffetiketten von Einteilern oder T-Shirts, die ursprünglich jemand im reichen Europa in einen Recyclingbehälter geworfen haben musste. Mit einer Farbpalette von Rosa über Pink bis Braun erkannte man die ganz einfach dargestellten Waagschalen der Gerechtigkeit vor einem Hintergrund aus bunten Streifen. Darüber stand ein Satz in Arabisch: *Gleichheit ist mein Recht.*

Ich kaufte diesen Wandbehang (auf der Rückreise nach Island benötigte er die Hälfte meines Koffers). Bis heute hängt er an der Wand im Eingangsbereich zu unseren Privaträumen auf Bessastadir. Als tägliche Erinnerung an einen der Kämpfe, die uns alle vereinen.

Ich begegnete während meines zweiten Tages im Camp noch einigen weiteren liebenswürdigen Frauen. Eine meiner Aufgaben für das Video bestand darin, die Teenagerin Zaad al-Khair über ihre Erfahrung mit der Arbeit in der Oase zu interviewen. Man hatte sie wahrscheinlich dafür ausgewählt, weil sie wortgewandt, charismatisch und herzlich war.

Auf Plastikstühlen saßen wir im Schatten eines offenen Zelts. Die Kameras hielten unsere Gesichter und Gesten aus verschiedenen Blickwinkeln fest. Zaad und ich unterhielten uns über ihre Erziehung, ihre Erfahrungen im Flüchtlingslager und darüber, was UN Women Gutes für sie und ihre Freundinnen bewirkte.

Zaad war aufgeregt, denn in ein paar Wochen würde sie neunzehn, wie sie mir erzählte. Es wäre der fünfte Geburtstag, den sie im Camp feierte, wo sie mit ihren Eltern in einer der kleinen vorgefertigten Notunterkünfte wohnte. Ein Bruder und eine Schwester waren noch in Syrien, unter ungewissen Bedingungen. Ein weiterer Bruder war bei der Bombardierung gestorben, vor der sie 2012 geflohen waren.

»Bevor er starb, sagte mein Bruder: ›Hör nicht auf, zur Schule zu gehen‹«, erzählte Zaad. »Nachdem er tot war, ging ich zwei Jahre nicht zur Schule. Aber als ich mich an seine Worte erinnerte, fing ich wieder an, über meine Zukunft nachzudenken, und das ist der Grund, warum ich wieder in die Schule ging. Ich glaube, das wird ihn im Himmel freuen.« Sie wischte sich ein paar Tränen ab und lächelte. »Wenn ich weine, sehe ich mich selbst nicht stark. Um meinen Weg zu Ende zu gehen, muss ich sehr stark sein. Ich möchte, dass meine Brüder und meine Schwester stolz auf mich sind.«[4]

Island hat kein Monopol auf außergewöhnliche Frauen.

Ich bezweifle, dass vor dem Briefing für unser Treffen weder Zaad noch ihre Freundinnen viel, wenn überhaupt etwas über Island wussten. Vielleicht rief der Name Bilder eines reichen, wahrscheinlich kalten Landes irgendwo da oben in der Nähe des Nordpols hervor. Vermutlich wusste Zaad nicht, dass Island viele Jahre hintereinander den Global Gender Gap Index anführte – und warum sollte das für sie auch eine Rolle spielen?

Eine Organisation wie UN Women, aber auch andere Frauen, die im Camp lebten, hatten Zaad geholfen, ihre Stimme zu finden, etwas zu bewirken, sich nicht vollkommen beschränken zu lassen, und das sogar an einem Ort, wo die Bedingungen alles andere als bereit für Gleichstellung waren. Denn in dem Flüchtlingslager beanspruchen der Kampf um Lebensgrundlagen wie Unterkunft, Essen und Schutz den Löwenanteil der Energie von allen.

Nach meiner Rückkehr nach Island fasste ich den Entschluss, nicht mehr als VIP-Gast/Flüchtlings-Touristin zu fungieren, die hart arbeitende und unterbezahlte Helfende von den lebenswichtigen Aufgaben ihrer Jobs abhielt, damit sie Leute wie mich von einem Fototermin zum nächsten begleiteten. Wie viele solcher VIPs hatten, wenn auch nur für ganz kurze Augenblicke, die Realitäten des Lebens in Zaatari gesehen, nur um dann in ein gleichgültiges, reiches Heimatland zurückzukehren, wo die Menschen sich weiter über die Ungerechtigkeit des Lebens beklagten und bei der Frage, wie sie helfen könnten, lediglich mit den Achseln zuckten?

Die aus dem Besuch entstandene Kampagne mit Zaad und einigen anderen Frauen wurde zur bislang erfolgreichsten von UN Women Iceland und ermöglichte es der isländischen Unterorganisation, zwei neue Oasen im benachbarten Flüchtlingslager Azraq zu eröffnen. Es war erfreulich zu wissen, wohin die eingenommenen Spenden flossen, aber ich hatte den Eindruck, persönlich mehr während dieser Tage gelernt zu haben, als ich aus erster Hand erfuhr, welche Rolle Frauen dort spielen. Ihre Kraft und ihr Mut hatten mich berührt.

Den Wandbehang mit dem Schriftzug »Gleichheit ist mein Recht« sehe ich tagtäglich. Oft spreche ich von der Reise nach Jordanien und den inspirierenden Frauen, die ich dort kennenlernte. Und ich versuchte, diese Energie in meine Arbeit einfließen zu lassen. Je mehr *Sprakkar* ich treffe, desto schärfer nehme ich meine Umgebung wahr. Wie können wir in Island, wo wir vom Schicksal derart begünstigt sind, unsere Ziele am besten verwirklichen? Wie können wir alle Menschen erreichen? Während dieses Privileg uns eine stabile Startrampe gibt, um uns weit in die richtige Richtung zu schicken, bedarf es der gesamten, unablässigen Anstrengung von uns allen, um auf dieser Flugbahn zu bleiben. Die Leidenschaft von Mädchen und Frauen wie Zaad ist ansteckend, und wir anderen sind verpflichtet, *Sprakkar* wie sie hervorzuheben, wo immer wir ihnen begegnen. Auch wenn es direkt vor unserer Haustür ist.

Am Ende jenes schlimmen Jahres 2020 erreichte Island einen weiteren kleinen Meilenstein auf seinem Weg zur Gender-Gerechtigkeit. Zum ersten Mal in der fünfundsechzigjährigen Geschichte des Isländischen Verbands der Sportjournalist*innen gingen die alljährlich vergebenen Auszeichnungen für Sportler des Jahres, Trainer des Jahres und Mannschaft des Jahres allesamt an Frauen (und übrigens alle in der Sportart Fußball). Sara Björk Gunnarsdóttir verzeichnete als Sportlerin des Jahres die maximale von den Journalist*innen zu vergebende Punktzahl. Die Nachricht wurde mit fast einhelligem Lob für die Errungenschaften der Frauen aufgenommen.

Keine Woche später, am ersten Tag des neuen Jahres, trat in Island das Gesetz in Kraft, das die Elternzeit von neun auf zwölf Monate erhöhte, die die Eltern untereinander aufteilen können. Ein weiteres neues Gesetz ermöglicht Menschen, ihr Geschlecht auf offiziellen Dokumenten (anstatt mit männlich oder weiblich) mit dem Buchstaben X anzugeben. Mit Jahresbeginn stiegen auch die untersten Einkommen im Land über den Inflationsausgleich hinaus, und für die im öffentlichen Dienst Angestellten verkürzte sich die Wochenarbeitszeit.

Der oft mühevolle, manchmal riskante Weg zur Gleichberechtigung in Island und anderswo ist mit kleinen und großen Veränderungen gepflastert. Dabei geht es um das Einbinden seismischer Entwicklungen wie Gender-Quoten und leistbarer Kinderbetreuung, die wiederum Ergebnisse von jahrzehntelangem Druck und einer zunehmend inklusiven gesellschaftlichen

Haltung sind. Genauso wichtig sind aber die kollektiven Auswirkungen kleiner, individueller Aktionen aller Menschen, egal welchen Geschlechts, in diesem Land.

Island verdankt seine heutige Position nicht dem puren Zufall, wenn auch historische und geografische Umstände sowie Glück eine Rolle gespielt haben. Unser Kleinsein ist eine Stärke. Im globalen Kontext sind wir kein riesiger Tanker, sondern eher ein winziges Schnellboot. Da lässt sich Veränderung leichter fordern, implementieren und messen, selbst wenn man trotzdem den Eindruck gewinnen kann, sie würde im Tempo eines Gletschers stattfinden. Unsere isolierte Insellage und die natürliche Umgebung, die bis heute Gefahren birgt, macht es zwingend erforderlich, dass alle Humanressourcen voll ausgeschöpft werden. Isländische Kinder wachsen mit Geschichten hartnäckiger Frauen aus frühen Zeiten auf, darunter Hallgerdur und andere Heldinnen aus den Sagas. Ólöf die Reiche, eine arme Frau, die einen Wasserfall rettete und eine Kulturkoryphäe, die ein ganz besonderes Staatsoberhaupt wurde. Eine flexible Wirtschaft, funktionierende demokratische Institutionen, ein vergleichsweise geringes Missverhältnis zwischen Arm und Reich sowie eine gut ausgebildete, international orientierte und techbegeisterte Gesellschaft schaffen es, Provinzialismus und Dogmatismus, die einem kleinen Land zu schaffen machen können, mehr als nur zu kompensieren.

Im globalen Zusammenhang bedeutet das, Island ist eine Bühne mit einem funktionierenden Mikro, ein Aussichtspunkt, von dem aus wir einige der Lektionen, die wir gelernt haben, weitergeben können. Lektionen darüber, wie man Gender-Gerechtigkeit näher kommt.

Und wenn Island eines Tages mal nicht mehr an der Spitze des Global Gender Gap Index steht? Wenn wir ein paar Plätze zurückfallen? Wenn das passiert, weil ein anderes Land uns den

Rang abläuft und nicht, weil wir am Steuer eingeschlafen oder selbstzufrieden geworden sind? Dann umso besser. Wir müssen nicht die Besten der Welt sein, weder pro Kopf noch sonst wie. Aber wir müssen unsere Erfolgsgeschichten teilen und von anderen lernen, wie man Bereiche verbessert, die nach Aufmerksamkeit verlangen. Und wir sollten allen, nicht nur Frauen, helfen, die danach streben, ihre Stimmen und ihren Raum zu nutzen.

»Ich war ein bisschen überrascht, dass du mit mir für ein Kapitel über Elternschaft sprechen wolltest«, meinte die ehemalige Abgeordnete Unnur Brá Konrádsdóttir so nebenbei zu mir, als unser Gespräch schon fast zu Ende war. Das hatte sich um ihre Erfahrung gedreht, als sie ihre kleine Tochter im isländischen Parlament gestillt hatte. »Ich bin keine Superheldin auf dem Gebiet«, gestand sie lässig, während ich mein Notebook einpackte. »Ich versuche einfach, mein Bestes zu geben.«

Ihre Offenheit ist vielen von uns vertraut. Hoffen wir nicht alle einfach, dass es irgendwie schon funktionieren wird?

Wir tragen, wie man hier in Island sagt, eine Menge Hüte gleichzeitig. Die *Sprakkar*, die ich für dieses Buch interviewt habe, verkörpern das und die Intersektionalität, die Herausforderungen und Diskriminierungen, mit denen sie sich beim Streben nach Gleichheit konfrontiert sehen. Um Gender-Gerechtigkeit zu erreichen, dürfen wir niemanden zurücklassen, ob eingewanderte Frauen, Women of Color, Frauen mit Behinderung oder queere Frauen. Wir müssen hier mit den vielen männlichen Verbündeten zusammenarbeiten, die ebenfalls von einem verbesserten Gleichgewicht profitieren und anerkennen, dass Gender-Gerechtigkeit allen Menschen nutzt, nicht einem Geschlecht auf Kosten des anderen.

Auch wenn es sie ein wenig überraschte, das zu hören, war Unnur Brá die ideale Frau, um über Elternsein in Island zu sprechen. Weil sie veranschaulicht, was das für so viele von uns bedeutet. Sie nutzt die familienorientierte Politik, um für sich und ihre Familie ein produktives, erfüllendes Leben zusammenzuzimmern. Das ergibt kein Instagram-taugliches Bild. Ich bezweifle – oder soll ich sagen, ich hoffe? –, dass Unnur Brás Haus perfekt geputzt ist und dass ihre Kinder konsequent immer nur das in den Medien konsumieren, was altersangemessen ist. Besten Absichten zum Trotz ist sie wahrscheinlich auch schon schlechter vorbereitet als erhofft zu Sitzungen erschienen oder hat die Anfrage einer Kollegin mit weniger Geduld beantwortet als jemand, der täglich vielleicht weniger Ablenkungen zu meistern hat.

Meiner Ansicht nach macht sie genau das zu einer *Sprakki*. Wir alle nehmen hier und da mal eine Abkürzung oder rationalisieren etwas. Ich hätte Unnur Brá genauso gut für das Kapitel über Politik interviewen können. Zweifellos hätte sie darüber berichten können, was Frauen in Island erwartet, wenn sie nach höheren Ämtern streben.

Hätte ich also Unnur an einer anderen Stelle platziert, wäre die Lücke leicht mit Gudbjorg Gudmundsdóttir zu füllen gewesen, die Executive Vice President bei Marel Fish ist. Wenn sie nicht gerade eine profitable Strategie überwacht und ein riesiges internationales Team leitet, wobei sie dagegen anzukämpfen hat, dass in der Privatwirtschaft hauptsächlich Männer die Hand auf der Brieftasche haben, dann kehrt sie nach Hause zu ihren beiden kleinen Töchtern zurück, die sie allein großzieht.

Über das Arbeitsleben in Island hätte dann wiederum Eva María Thórarinsdóttir Lange von Pink Iceland berichten können. Sie hätte weitere Details über ihre Erfahrung als Entrepreneur zu erzählen gehabt.

Und so geht es weiter. Saga Gardarsdóttir reißt nicht nur Witze übers Gebären und das Leben mit einem Kleinkind. Sie arbeitet auch in der Kunstszene auf dem Land. Isabel Díaz von der Universität Island könnte ihre eigene Migrationsgeschichte teilen. Sie hat enge Beziehungen zu anderen in der Studierendenvertretung geknüpft, was beispielhaft für die Bedeutung von Freundschaft und Unterstützung ist, wenn wir lernen wollen, uns aus unserer Komfortzone zu wagen. Ugla Stefánia lernte im Rahmen ihrer Tätigkeit als Transaktivistin, geschickt durch die allzu oft trüben Gewässer der Medien zu navigieren.

Was all diese Menschen vereint, ist, dass sie den Raum nutzen, den sie verdienen. Sie versuchen gar nicht unbedingt, eine besonders feministische Agenda durchzusetzen. Viele würden sich selbst nicht einmal als Feministinnen bezeichnen. Ihre Errungenschaften lassen sich nicht ordentlich in einen sozialen Speicher sortieren. Sie verfügen über Wechselbeziehungen auf so vielen gesellschaftlichen Ebenen, ihre positiven Aktionen erzeugen so viele kleine und größere Wellen, die diesen zufällig kleinen Teich, den dieses Land darstellt, schwingen lassen. Ich würde das mit den täglichen kleinen Erschütterungen und den Erdbeben vergleichen, denen Island durch die Natur ausgesetzt ist.

Die Dutzende von Frauen, die ich in diesem Buch vorgestellt habe, repräsentieren eine Diversität, was ihr Alter, ihre Wohnorte, Hintergründe, Erfahrungen und Persönlichkeiten angeht. Manche sind nur innerhalb einer gesellschaftlichen Nische bekannt, ansonsten aber relativ anonym. Aus verschiedenen Gründen sind sie alle außergewöhnliche, aber zugleich alltägliche Frauen, in deren Erfahrungen, Träumen und Herausforderungen wir etwas von uns selbst entdecken können.

Wir in Island verfügen über noch viel mehr prominente Vorbilder in Sachen Gender-Gerechtigkeit für gegenwärtige und künftige Generationen. Während ich dieses Buch schreibe, sind das die Premierministerin, die Justizministerin, die Ministerin für Erziehung und Bildung, die Tourismusministerin, die Ministerin für Industrie und Innovation, die Chefin der obersten Gesundheitsbehörde, die Generalsekretärin des Parlaments, die Vorstandsvorsitzende des Verbands der isländischen Tourismusindustrie, die Geschäftsführerin der isländischen Handelskammer, Geschäftsleiterin des Verbands der Fischereifahrzeugbesitzer und -unternehmen sowie die Präsidentin der isländischen Gewerkschaft, um nur einige zu nennen. Im Ausland hatten oder haben Isländerinnen Ämter inne wie das der Direktorin des Büros für Demokratische Institutionen und Menschenrechte der Organisation für Sicherheit und Zusammenarbeit in Europa (OSZE), den Vorsitz der Women Political Leaders und CEO des B Team, einer weltweiten Non-Profit-Organisation, die Richard Branson gegründet hat. Vorbilder sind die vielleicht wichtigste Zutat dieses großartigen Rezepts für Gleichheit – oder zumindest die umfangreichste.

Auf etwas weniger sichtbare Weise sind das auch die in diesem Buch vorgestellten Frauen. Sie sind Alltagsvorbilder, *Sprakkar*, für uns alle. Ihr Beispiel stärkt die Vorstellung, dass außerordentliche Frauen ein universelles Phänomen sind, nicht bloß ein isländisches. Wenn wir uns nur gegenseitig dabei helfen können, zu glänzen und das sprichwörtliche Mikro miteinander zu teilen, damit all unsere Stimmen gehört werden.

Der alleinerziehende Wikinger-Vater mit den Locken, den ich Ende des letzten Milleniums an der Universität Oxford kennenlernte, der das R rollte und einen scharfsinnigen, trockenen Humor besaß, hat mich schon immer fasziniert. Nicht, weil er ein risikofreudiger oder auffälliger Typ wäre. Eher sprach mich seine ruhige Art an, seine Unlust, an einer Institution voller Überflieger ins Rampenlicht zu drängen.

Gudni und ich, wir ruderten beide für unser College in Oxford. Wir waren nicht besonders gut. Aber im Rhythmus über den Fluss Isis zu gleiten, während die Sonne über die legendären Türme und Zinnen der ehrwürdigen Universität spitzte, das kam uns vor wie eine Sache, die man in Oxford einfach macht. An einem Herbstabend veranstalteten die Damen- und Herrenteams ein gemeinsames Fundraising – wobei es eigentlich nur mal wieder eine Ausrede für eine Party war. Ich erinnere mich, dass ein paar Leute aus der Mannschaft, fast ausschließlich Männer, Kaffeebecher aus Styropor auf einem Tisch in dem Wohnheim aufreihten, wo die Veranstaltung stattfand. Auf jedem Becher stand der Name eines Ruderers. Wir anderen konnten für ein Pfund fünf Lose aus Papier kaufen. Auf die Lose schrieben wir unseren Namen und warfen sie in die Becher unserer Wahl. Am Ende des Abends würden die Namensträger aus ihren Bechern jeweils ein Los ziehen und mit der Person auf ein Date gehen.

Ich weiß noch genau, dass ich eine Zwei-Pfund-Münze dabeihatte und mir dachte, selbst als arme Studentin würde ich das Geld für einen guten Zweck verprassen. Ich kaufte also zehn Lose und schrieb ordnungsgemäß auf alle meinen Namen.

Dann half ich dem Schicksal ein wenig auf die Sprünge.

Ich warf acht Lose in Gudnis Becher. Obwohl er der Einzige war, bei dem ich mich wirklich für ein Date interessierte, wollte ich nicht alle zehn in seinen Becher tun. Sonst wäre ich vielleicht wie eine besessene Stalkerin rübergekommen! Aber gleichzeitig war das hier meine Chance, ihn besser kennenzulernen, also wollte ich die Dinge auch nicht bloß dem Zufall überlassen.

Natürlich zog Gudni, quasi unvermeidlich, meinen Namen. Und während die »Dates« bei den meisten anderen aus einem späten Kebab von dem Foodtruck, der direkt vor unserem College parkte, bestand, lud Gudni mich am nächsten Abend zu einem dreigängigen italienischen Abendessen im Luna Caprese ein. Inklusive einer Flasche Rotwein und allem.

Dieser kurze Carpe-diem-Moment sollte weitaus größere und länger anhaltende Nachwirkungen haben, als ich mir je hätte vorstellen können. (Und er war natürlich eine bezaubernde Geschichte im Wahlkampf 2016.) Aber können wir das nicht auch von einigen der besten und spontansten Lebensentscheidungen behaupten?

Als ich die Zettel in die berühmte Wahlurne warf, unternahm ich einen kleinen Schritt in Richtung, mein Schicksal selbst in die Hand zu nehmen. Es war ein proaktiver Moment in Bezug auf etwas, das mir wichtig erschien. Mehr als zwei Jahrzehnte später ist das eine Philosophie, die ich auch als First Lady zu beherzigen versuche. In großem Ausmaß werde ich die Welt nicht ändern. Aber ich kann meinen Teil dazu beitragen, den Dingen einen Schubs in die richtige Richtung zu geben.

Das sind alles kleine Schritte im großen Fortgang der Dinge. Spielt es wirklich eine Rolle, wenn eine privilegierte Frau sagt, sie möchte bei einem Staatsbesuch nicht nur als klischeehafter weiblicher Sidekick fotografiert werden? Dass sie ihren eigenen Lebensunterhalt als Entrepreneur und Autorin verdient, während sie, soweit ihre Zeit es erlaubt, ehrenamtlich die Aufgabe der First Lady erfüllt? Oder dass sie manchmal bei öffentlichen Anlässen Secondhandkleidung trägt? Ich hoffe, dass das in Summe irgendwas bewirkt.

Auch wenn ich die Bedeutung von Vorbildern stark befürworte, leide ich immer noch zu einem gewissen Grad am Hochstapler-Syndrom, wenn ich selbst als solches gelten soll.

Anfang 2020 war ich zu einem Seminar über das unausgewogene Geschlechterverhältnis in Managementpositionen an der Universität von Island eingeladen. Ich hatte dort keine besondere Funktion. Die Organisatorin hatte mich einfach gefragt, weil sie wusste, dass mich das Thema interessierte. Das war spannend, und das Timing passte auch. Am selben Vormittag sollte ich schon zu einer Gruppe von Doktorand*innen über Gender, Diversität und Inklusion am Arbeitsplatz sprechen.

Nach meinem kurzen Vortrag sowie dynamischen Fragen und Antworten mit ungefähr zwei Dutzend Studierenden machte ich mich auf den Weg zu dem Event im Großen Saal. Die Organisatoren hatten mir einen Platz in der ersten Reihe reserviert, neben anderen prominenten Gästen.

Es war eine faszinierende Präsentation, eine Zusammenfassung der neuesten Forschungsergebnisse dazu, warum es in isländischen Unternehmen so wenig Frauen auf der Vorstandsebene gibt. Außerdem ging es darum, was Politik und Stakeholder tun können, um die Situation zu verbessern. Am Ende bat der offizielle Fotograf die Frauen zum Gruppenbild, die Glasdecken durchbrochen hatten: Vigdís Finnbogadóttir, das erste demokratisch gewählte weibliche Staatsoberhaupt, Jóhanna Sigurdardóttir, Islands erste Premierministerin und das erste offen homosexuelle Regierungsoberhaupt der Welt, Agnes Sigurdardóttir, Islands erste Bischöfin der Staatskirche, Sigrídur Björk Gudjónsdóttir, erste Polizeichefin des Landes, und Bergthóra Thorkelsdóttir, erste Chefin der isländischen Straßen- und Küstenverwaltung. Sie alle sind Vorbilder, die öffentliche und private Kämpfe auszufechten hatten, um diese beruflichen Spitzenpositionen zu erreichen. Und sie haben geholfen, den Weg für andere zu bahnen, die in ihre Fußstapfen treten würden. Nicht zuletzt haben sie Menschen jeglichen Geschlechts und jeglicher politischer Gesinnung inspiriert.

Dann forderte die Gruppe mich auf, zu ihnen zu kommen.

Ziemlich verlegen stand ich auf und stellte mich in eine Reihe mit den anderen. An sich verfüge ich über eine Menge Selbstvertrauen, aber ich kann mich an wenige Anlässe erinnern, wo ich mich derart fehl am Platz und unwürdig gefühlt habe. Daher konnte ich mir auch eine Bemerkung nicht verkneifen. Bischöfin Agnes, die neben mir stand, hörte sie. Zu spät wurde mir klar, dass es irgendwie nach falscher Bescheidenheit geklungen haben muss. Wie der übliche Kommentar einer unsicheren Person, die bei anderen ein Zeichen der Ermutigung und Wertschätzung hervorlocken möchte.

»Nein«, meinte Agnes entschieden, legte beide Hände auf meine Schultern und schaute mir in die Augen. »Du gehörst definitiv hierher, vor allem nach dem wichtigen Artikel, den du geschrieben hast«, spielte sie auf meinen Kommentar in der *New York Times* an.

Seither habe ich oft an diesen Moment zurückgedacht. Wann wird sich die Energie, die wir für Selbstzweifel aufwenden, in etwas Produktiveres verwandeln? Wann werde ich aufhören, so viel Zeit darauf zu verwenden, meine Legitimität infrage zu stellen, mein Recht, über Gender-Gerechtigkeit zu sprechen, auch wenn ich primär oder zumindest anfangs als jemandes Ehefrau wahrgenommen werde?

Vielleicht ist es einfach das Unbehagen, weil ich wirklich beginne, meine Stimme zu nutzen, Raum zu beanspruchen. Ich bin dankbar für jeden einzelnen Tag, den ich als First Lady dienen kann, und dankbar für die herzliche Aufnahme, die ich fast universell in dieser Funktion erlebt habe. Also bemühe ich mich weiterhin, das Image der Partnerin eines männlichen Staatsoberhaupts zu aktualisieren. Ich feuerte anstelle meines Mannes die Fußballnationalmannschaft der Herren bei der Weltmeisterschaft in Moskau an, bin Schirmherrin unter anderem der Alzheimer-Gesellschaft, der Selbstmordprävention Pieta House und sogar der

Kulinarischen Nationalmannschaft Islands. (Ich gestehe, Lobbyarbeit für Letztere gemacht zu haben!) Und ich halte Keynote-Ansprachen bei Schulabschlussfeiern, Konferenzeröffnungen oder auf Panels. Ich habe mich auch weiterentwickelt: Bei unserer größten Wahlkampfveranstaltung nannte ich mich selbst noch versehentlich faul (eigentlich wollte ich »dankbar« sagen, verwechselte aber die Deklination im Isländischen), aber nachdem ich mit meinem Artikel in der *New York Times* anscheinend einen Nerv bei den Progressiven in der Bevölkerung getroffen hatte, nominierten einige Presseleute mich als Person des Jahres 2019.

Ich sollte mich künftig ganz bewusst in dieses Unbehagen stürzen. Anscheinend ist es die Art, mit der die innere Stimme uns versichert, dass wir auf dem richtigen Weg sind. Und dass es zwar gesund ist, kein gigantisches Ego zu besitzen, aber ebenso lebenswichtig, über genügend Selbstvertrauen zu verfügen, um oberflächliche Skrupel zu übergehen und uns Gehör zu verschaffen.

Anstatt mich also damit zu beschäftigen, ob ich auf ein Gruppenfoto gehöre, frage ich mich heute: Wenn ich diese einmalige Gelegenheit, mich zu Themen zu äußern, von deren Wichtigkeit ich überzeugt bin, nicht nutze, wer wird es dann tun? Und wie kann ich von anderen erwarten, womöglich solche Risiken einzugehen, wenn ich es selbst nicht tue? Dieses Buch zu schreiben, während ich noch First Lady bin, ist ein weiterer Schritt meiner Bemühungen, meine eigenen Grenzen und die Erwartungen der Gesellschaft an meine Rolle zu verschieben. Dass ich die Freiheit habe, genau das zu tun, belegt an sich schon den Status von Gender-Gerechtigkeit in Island.

Nur sechs Monate, nachdem sie den Ärmelkanal bezwungen hatten, wurde vier Angehörigen der Schwimmgruppe Jellyfish eine neue physische Herausforderung vorgeschlagen.[5] Sie schlossen sich sieben anderen Unerschrockenen an, darunter der ersten Isländerin, die den Mount Everest bestieg, um den Lebenswunsch von Sirrý Ágústsdóttir zu erfüllen, die ihren Krebs bezwungen hatte und Geld für zwei Wohltätigkeitsorganisationen sammeln wollte, indem sie den Gletscher Vatnajökull im Juni 2020 zu Fuß überquerte. Dieser größte Gletscher Europas war nie zuvor von einer reinen Frauengruppe gequert worden. Im Verlauf von neun Tagen meisterte die Gruppe, die sich selbst »the Snowdrifters« getauft hatte, extreme Kälte, Erdbeben und Spalten in dem Gletscher, von dem ein Großteil auf aktiven Vulkanen liegt. Die Frauen legten die hundertfünfundsechzig Kilometer auf Skiern zurück, schliefen in Zelten unter der Mitternachtssonne und zogen ihr Equipment auf schweren Schlitten hinter sich her. Der Erfolg der Unternehmung ermutigte Sirrý, für 2021 ein neues Vorhaben zu planen: die Besteigung des höchsten Gipfels im Land zusammen mit einhundert Frauen.[6]

Jellyfish und ihre gletscherquerende Inkarnation Snowdrifters nutzten ihre stabilen Freundschaftsbande, um ihre persönlichen Grenzen zu erweitern und ihre Träume wahr zu machen. Ihren Erfolg verdankten sie weder Gesetzen noch dem Willen der Gesellschaft, sondern dem Mut, an ihre körperlichen und mentalen Grenzen zu gehen – und noch ein Stückchen darüber hinaus. Sie bewiesen, dass auch Frauen zu so etwas in der Lage sind und dass solche Ziele sich lohnen.

Als ich zusammen mit ihr ein Weihnachtsbuffet genoss, meinte die TV-Moderatorin Thóra Arnórsdóttir, wir könnten anderen Ländern nicht einfach eine Blaupause davon schicken, wie Gender-Gerechtigkeit zu erreichen sei. Aber es ist eben auch keine Raketenwissenschaft, und Island hat mit Sicherheit kein Patent auf die Lösung.

Die Menschen aus Island verändern die Welt, indem sie

Gleichberechtigung in Reichweite bringen. Aber die Geheimnisse, das zu tun und sogar zu versuchen, diese eines Tages zu erreichen (ein wichtiges, wenn auch utopisches Ziel), liegen im Bereich des Möglichen. Oder um eine isländische Redewendung wörtlich zu übersetzen, sie »liegen in den Augen im oberen Stock«. Sie sind tatsächlich offensichtlich, klar zu sehen für uns alle, wenn wir uns die Zeit nehmen, hinzuschauen, ihre Bedeutung zu verstehen und zu überlegen, wie wir sie nutzen können, um voranzukommen. Schritt für Schritt.

Im Makrobereich, also für ganze Gesellschaften, bestehen die Geheimnisse darin, sich von dem unrealistischen Balanceakt zu verabschieden, »man muss alles haben«. Wir tun, was wir können, stillen unsere Babys, wenn nötig, am Rednerpult, und tapen unsere Brustwarzen, wenn wir unser Kind auf die harte Tour entwöhnen müssen. Es bedeutet, unsere Kunst, Kultur und unseren Sport zu fördern. Aber nicht, indem wir Frauen und Männer vergleichen, sondern indem wir die einzigartigen Stimmen jedes Menschen hörbar machen. Es bedeutet auch, mit der Zeit zu gehen, wenn wir Transmädchen und -frauen helfen, die Leben zu führen, die sie für sich als richtig empfinden, und die einzigartigen Herausforderungen anerkennen, vor denen Migrantinnen stehen, und die wertvollen Beiträge, die sie leisten. Es versteht sich, dass auf nationaler gesetzlicher wie auch auf persönlich moralischer Ebene sexuelle und geschlechtsspezifische Gewalt nie zu akzeptieren sind, unter keinen Umständen. Und dass Frauen, die Opfer solcher Angriffe werden, niemals Schuld daran haben. Es geht darum, Leute wie Gudbjorg bei Marel einzustellen und Entrepreneure wie Fida von GeoSilica zu fördern, indem sie Zugang zu den gleichen Töpfen bekommen. Gleichzeitig müssen auch die am geringsten verdienenden Arbeitskräfte, von denen die meisten Frauen sind, fair bezahlt werden. Niemanden zurücklassen auf unserer Reise zur Gleichstellung. Weder Frauen noch Männer, noch nonbinäre Menschen, weder im Land Geborene noch Migrant*innen, Menschen mit oder ohne Behinderung. Damit alle davon profitieren.

Für diejenigen von uns, die Politik nicht aktiv mitgestalten, bringen wir Gender-Gerechtigkeit in Reichweite, indem wir unsere Stimmen nutzen und uns Gehör verschaffen. Wie Dóra, die Fischflüstererin, und Heida, die Landwirtin und Schafschererin, folgen wir unseren Träumen, wohin auch immer uns das führen mag. Wir engagieren uns ehrenamtlich in Frauenvereinen, um Fähigkeiten zu teilen, uns Unterstützung zu gewähren, aus Kameradschaft und Altruismus. Denn all das hilft uns, durchzuhalten, wenn das Leben sich von seiner schlimmsten Seite zeigt. Wir machen den Mund auf und lassen uns im Fernsehen, im Radio, in der Presse und den sozialen Medien sehen und hören. Wir verstärken die Stimmen der anderen, anstatt sie kleinzureden. Wir stürzen uns ins Getümmel, kandidieren auf allen Ebenen für Ämter, um Vorbilder zu werden.

Es bedarf konzertierter, systematischer, unendlicher, erschöpfender, unbedankter Mühen. Denn genauso leicht, wie wir vorwärtskommen, kann ein Blitz aus heiterem Himmel, ein unerwarteter Gegner uns zurückwerfen. Genau wie im Jahr 2020 jahrelange Fortschritte im Zuge der Corona-Pandemie verebbten.[7] Wir müssen stets wachsam bleiben, in Alarmbereitschaft. Mir ist bewusst, dass es ein Privileg darstellt, Energien so kanalisieren zu können, um für Gleichstellung zu kämpfen. Ein Privileg, während so vielen das Geld, der Zugang, die Stimme oder einfach die Energie dafür fehlt, selbst wenn sie sich wünschten, es wäre anders. Diejenigen unter uns, die das Glück haben, keinen so hohen Preis zahlen zu müssen, um ihre Stimmen zu nutzen, ihren Raum zu beanspruchen und einzunehmen, die schulden es den anderen. Und wir müssen auch deren Stimmen Gehör verschaffen.

Wir alle kennen *Sprakkar*. Wir finden sie in unseren Familien, Städten und Gemeinden, unseren Glaubensgemeinschaften, unseren Regierungen, unseren Kultureinrichtungen und unseren Schulen. Sie brauchen nicht die unberechenbare Natur Islands oder Saga-Heldinnen oder trendigen Rap, um zu erstrahlen. Sie sind aus sich selbst heraus stark; uns brauchen sie nur, um sie hervorzuheben, zu präsentieren und um anderen beizubringen, wie sie zu sein. Wenn wir helfen, ihre Mikros einzuschalten und ihren Stimmen Gehör zu verschaffen, dann können wir mehr von ihnen in öffentliche Ämter wählen. Damit sie uns helfen, den unmöglichen Balanceakt zu vergessen, mit dem wir alles schaffen wollen, uns helfen, den Geldbeutel der Gesellschaft zu kontrollieren, uns helfen, in traditionelle Männerdomänen einzudringen und für noch mehr Veränderung zu plädieren. *Sprakkar* mag ein isländisches Wort sein, aber es ist keine exklusive Domäne des nordischen, privilegierten Feminismus. Es gibt überall außergewöhnliche Frauen, in allen Winkeln unseres wundervollen Planeten. Das ist das Geheimnis.

Gleichheit ist mein Recht. Es ist auch deins.

DANK

Mit einem Buch im Bauch herumlaufen

Es heißt, dass in Island alle »mit einem Buch im Bauch herumlaufen« (*»að ganga með bók í maganum«*). Dass wir alle Geschichten, Erfahrungen, Weisheit und Abenteuer miteinander zu teilen haben, die wir auf die Welt bringen wollen. Die Schwangerschaft von *Das Geheimnis der Sprakkar* war nicht besonders lang. Am Anfang war die Idee, der Welt mitzuteilen, wie es ist, in einem Land zu leben, in dem das Streben nach Gender-Gerechtigkeit ein Grundprinzip darstellt. Aber rasch entwickelten sich daraus mein eigener Liebesbrief an Island und eine Chance, meine Erfahrungen zu analysieren: als Migrantin, als Mutter, als Firmengründerin und – unerwartet, aber gerne – als First Lady. In dieser Mischung habe ich hoffentlich ein paar Geschichten über Island erzählt und, was noch wichtiger ist, andere inspiriert zu erkennen, was wir alle tun können, um für Gleichstellung zu kämpfen, um einander zu stärken und um das Beste aus unerwarteten Gelegenheiten zu machen. Vielleicht ruhte der Keim zu dieser Geschichte schon die ganze Zeit in mir.

Als Erstes und vor allem habe ich all jenen zu danken, die ich für dieses Buch interviewt habe. Für ihre Offenheit, ihren Humor und ihre Perspektiven. Ich bin jeder von euch dankbar für die viele Zeit, in der ihr eure Geschichten und Erfahrungen mit mir geteilt habt. Ich wollte eine diverse Gruppe von Frauen verschiedenen Alters, verschiedener Herkunft, mit unterschiedlichem Wohnort, unterschiedlicher Lebenserfahrung sprechen. Nicht unbedingt diejenigen, die als Erste irgendwas erreicht haben oder offizielle Vertreterinnen von irgendetwas sind. Es gibt natürlich noch viele andere *Sprakkar* in Island und in jeder Community. Ich weiß, dass ich nicht allen gerecht werden kann, und die hier präsentierten Standpunkte sind keinesfalls vollständig.

Ich danke Samantha Haywood, Anna Michels, Justin Stoller, Nita Pronovost und den Teams von Transatlantic Agency, Sourcebooks und Simon & Schuster Canada, die mich durch den faszinierenden Prozess, ein Buch zu schreiben, begleitet haben. Angefangen bei Sams enthusiastischer Antwort auf meine allererste E-Mail über Annas und Justins weise redaktionelle Ratschläge bis zu den finalen Produktionsschritten inklusive Sabrina Baskeys gründlicher Korrektur und der Marketing-Magie von Liz Kelsch und ihrem Team. Ich danke auch Diana Gvozden, die geholfen hat, einen isländischen Verlag für das Manuskript zu finden. Danke, Jonas Moody, Erica Jacobs Green, Elizabeth Lay, Fridjón Fridjónsson, Ingibjörg Sólrún Gísladóttir, Katrín Jakobsdóttir, Krista Mahr, Paula Gould, Gudrún Nordal, Unnur Birna Karlsdóttir, Lára Magnúsardóttir und Markús Thórhallsson, die alle kleine oder große Abschnitte dieses Buchs gelesen und wertvolle Anregungen gegeben haben. Thórdís Elva Thorvaldsdóttir hat ausführlich mit mir gesprochen und mich bei wertvoller Forschung angeleitet.

Jonas verdient ein zweites Dankeschön, weil er mich mit dem obskuren Begriff *sprakkar* vertraut gemacht hat.

Eine ganze Schar anderer beantwortete große und kleine Fragen aus der (für mich) geheimnisvollen Welt des Bücherschreibens. Sie lieferten mit Antworten auf spezifische Fragen zu diesem Projekt oder stellten den Kontakt zu Menschen her, die ich dann interviewte. In alphabetischer Reihenfolge, aber auf isländische Art nach Vornamen sortiert waren das: Alexander Elliott, Andrea Róbertsdóttir, Anne Giardini, Arndís Thorgeirsdóttir, Áslaug Arna Sigurbjörnsdóttir, Ásta Dís Óladóttir, Barbara Bruns Kristvinsson, Björk Óttarsdóttir, Bryndís Loftsdóttir, Claudia Casper, Dagur S. Dagbjartsson, Daníel J. Arnarsson, Edythe Mangindin, Gudrún Jónsdóttir, Gunnar Kristjánsson, Gunnlaugur Karlsson, Hanna Birna Kristjánsdóttir, Heidar Ingi Svansson, Hulda Bjarnadóttir, Hulda Ragnheidur Árnadóttir, Jóhanna Katrín Fridriksdóttir (die ich nicht persönlich kenne, die aber meinem Freund Jonas von der Existenz des Wortes *sprakkar* erzählt hat), Jón Ingvar Kjaran, Katja Pantzar, Klara Bjartmarz, Kristín Bogadóttir, Kristín Brynjólfsdóttir und ihrer Familie, weil sie meine Familie und mich in Vopnafjördur aufgenommen hat, Kristín Vidarsdóttir und Lára Adalsteinsdóttir von der Reykjavík UNESCO City of Literature, weil sie mir erlaubten, ein Interview im Gunnarshús zu führen, Kristinn Ingvarsson, Kristján Schram, Laura Murphy, Lilja Hrund Ava Lúdvíksdóttir, Líney Halldórsdóttir, Marcello Di Cintio, Margrét Steinarsdóttir, Maria Helena Sarabia, Marta Godadóttir, Oddný Arnarsdóttir, Ragnar Thorvardarson, Rán Tryggvadóttir, Randi Stebbins, Sema Erla Serdar, Sigrídur Björk Gudjónsdóttir, Sigrún Ingibjörg Gísladóttir, Sigthrúdur Ármann, Sigthrúdur Gudmunsdóttir, Sindri Sigurjónsson, Skarphédinn Gudmundsson, Sóley Tómasdóttir, Steinunn Gydu- og Gudjónsdóttir, Sue-Lyn Erbeck, Sveinn Valgeirsson, Sverrir Jakobsson, Tara Flynn, Thelma Kristín Kvaran, Thorsteinn V. Einarsson, Thórdur Snær Júlíusson, Thórhildur Sigurdardóttir, Una Sighvatsdóttir, Valgerdur Sigurdardóttir, Vidar Thorsteinsson. Ich danke euch. Selbstverständlich sind alle Fehler allein auf mich zurückzuführen, und wen ich oben vergessen habe, bitte ich aufrichtig um Verzeihung.

Gerne möchte ich auch den Hunderten Menschen danken, die

im Laufe der Jahre am Iceland Writers Retreat beteiligt waren. Ich bin so dankbar für euren Glauben an das Projekt. Dass ich euch allen begegnet bin, hat mich viel über den Schreibprozess gelehrt.

Ich hatte das enorme Glück, umgeben von *Sprakkar* aufzuwachsen. Meine Mum, meine Tanten und Großmütter – ich bin dankbar für all diese starken, feministischen Vorbilder. Ich habe kluge, witzige und unterstützende Freund*innen, von denen ich viel lerne, die mir helfen, Bodenhaftung zu bewahren, und die mich genau im richtigen Ausmaß wegen meiner Marotten aufziehen. Dank gebührt auch den *Sprakkar* in meinem Familienleben in Island: meiner Stieftochter Rut, meiner Tochter Edda Margrét und meiner Schwiegermutter Margrét Thorlacius.

Das Wort *sprakkar* bezeichnet nur Frauen, ist grammatikalisch allerdings männlich. Abgesehen von den *Sprakkar* wäre Island aber nicht da, wo es heute ist, gäbe es nicht Männer, die anerkennen, dass Gender-Gerechtigkeit allen nutzt, nicht nur einem Geschlecht auf Kosten des anderen. Gäbe es nicht Männer, die die Frauen in ihrer Umgebung respektieren, hören und fördern. Ich glaube, dass die meisten Männer so sind. Wie mit den weiblichen Vorbildern habe ich auch mit den Männern in meinem Leben Glück gehabt: denen aus meiner kanadischen Familie, mit denen ich aufwuchs, und in meiner isländischen Familie – meinen Söhnen Duncan Tindur, Donald Gunnar und Sæthór Peter. Und natürlich mit meinem das R rollenden, Zeitungsartikel ausschneidenden, witzigen und liebenswürdigen Ehemann Gudni Thorlacius Jóhannesson. Ich danke euch allen.

ANMERKUNGEN

KAPITEL 1 – IMMIGRANTIN IN ISLAND

1 Glöggt er gests augað: »Die Augen eines Gasts sehen klarer« lautet eine isländische Redewendung. Sie bedeutet, dass man in einer fremden Umgebung oder als Gast Dinge deutlicher, also besser sieht als Leute, die schon immer an diesem Ort gelebt haben.

2 Die Bevölkerung wuchs im ersten Quartal 2021 um 1290 laut Statistics Iceland, 4. Mai 2021, https://statice.is/publications/news-archive/inhabitants/population-in-the-1st-quarter-2021/.

3 1992 verlor Island diese Position, nachdem Derek Walcott aus St. Lucia vom Nobelkomitee ausgezeichnet worden war. Aber wir freuen uns immer mit, wenn andere Nationen in den Pro-Kopf-Spielen gut abschneiden.

4 Wie aus dem Bericht »Gesellschaft auf einen Blick« (Society at a Glance) der OECD zu den Sozialindikatoren 2019 hervorgeht (www.oecd.org/publications/society-at-a-glance-19991290.htm).

5 Machen Sie allerdings nicht den Fehler, Island als Teil Skandinaviens zu betrachten. Aus diversen Gründen, u. a. wegen Sprache, Geschichte und Geografie, sollte man Island und Finnland nie zu Skandinavien zählen.

6 Tatsächlich wurde Island bereits 1918 ein souveräner Staat. Allerdings blieb der dänische König Staatsoberhaupt, bis das Land 1944 seine völlige Unabhängigkeit proklamierte.

7 Siehe z. B. Andre P. Audette, »Gender Equality Supports Happiness and Well-Being«. Gender Policy Report, 13. September 2019, https://genderpolicyreport.umn.edu/gender-equality-supports-happiness/.

8 »Global Gender Gap Report«, World Economic Forum, 30. März 2021, www.weforum.org/reports/global-gender-gap-report-2021/in-full.

9 Einen exzellenten Überblick zur Situation und den nordischen Staaten im Allgemeinen im Vergleich zu anderen Ländern bietet: »The Nordic Gender Effect at Work«, Nordic Council of Ministers, 20. August 2018, www.norden.org/en/publication/nordic-gender-effect-work-0.

KAPITEL 2 – WER ELTERN HILFT, HILFT UNS ALLEN

1 *Rúsínan í pylsuendanum* bedeutet eine erfreuliche Überraschung. Die Kirsche auf der Torte sozusagen (obwohl weder in Island noch sonst wo Rosinen und Hotdogs zusammen serviert werden).

2 Eltern können sich auch auf Zahlungen über das gesetzliche Minimum hinaus einigen und die Direktzahlung dieser zusätzlichen Beträge vereinbaren. Mehr dazu unter: www.tr.is/en/child-support.

3 Siehe z. B. Jacqueline Howard, »The Least and Most Dangerous Countries to Be a Newborn,« CNN, 20. Februar 2018, https://edition.cnn.com/2018/02/20/health/unicef-newborn-deaths-by-country-study/index.html; Nanna Árnadóttir, »Iceland Has a Low Rate of C-Sections«, *Reykjavík Grapevine*, 18. Januar 2016, https://grapevine.is/news/2016/01/18/iceland-has-lowest-rate-of-c-sections/.

4 Aufgrund von Budgeteinsparungen wurde das Nest 2014 geschlossen. Dafür gibt es jetzt ein kleines, von Hebammen geführtes Geburtszentrum in Reykjavík. Das erfreut sich großer Beliebtheit, weil Frauen dort kontinuierlich betreut werden und ihre Hebammen schon gut kennen.

5 Das Programm wurde inzwischen auf zwölf Monate erweitert, wobei jedem Elternteil fünf Monate zustehen und die übrigen zwei nach Wunsch aufgeteilt werden können.

6 Zu Daten über Väter und Elternzeit siehe z. B. Ásdís A. Arnalds, Gudný Björk Eydal und Ingólfur V. Gíslason, »Equal Rights to Paid Parental Leave and Caring Fathers: The Case of Iceland«, *Icelandic Review of Politics and Administration* 9, no. 2 (Dezember 2019): 323–344, http://dx.doi.org/10.13177/irpa.a.2013.9.2.4; Arna Ólafsson und Herdís Steingrímsdóttir, »How Does Daddy at Home Affect Marital Stability«, *Economic Journal* 130, no. 629 (Juli 2020): 1471–1500, https://doi.org/10.1093/ej/ueaa009. Siehe auch »The Nordic Gender Effect at Work«; darin heißt es, dass isländische Väter in allen nordischen Ländern den größten Anteil von Elternzeit haben.

7 Islands Wahlen basieren auf einem System aus Parteilisten. Das Land ist in sechs Wahlbezirke aufgeteilt, denen gemäß den Bevölkerungszahlen

eine gewisse Zahl von Abgeordneten zusteht. Parteien reichen Listen mit gesetzten Personen ein, die im jeweiligen Bezirk fürs Parlament kandidieren. Diese Liste wird üblicherweise bei einer Vorwahl festgelegt. Dabei kann die Konkurrenz sogar noch größer sein als bei der Parlamentswahl. Bei jeder dieser Wahlen entscheiden sich die Wähler eher für eine bestimmte Partei (obwohl sie die Option haben, die Namen jeglicher Kandidaten zu streichen, die ihnen missfallen) als für Individuen, die eine Partei repräsentieren. Nach Auszählung der Stimmen werden die Sitze proportional auf die Parteien verteilt, entsprechend dem Stimmenanteil, den sie bekommen haben. Einfach ausgedrückt: Wenn eine Partei beispielsweise 30 Prozent der Stimmen in einem Bezirk mit zehn Sitzen erhält, dann ziehen die ersten drei Leute auf ihrer Liste ins Parlament ein.

8 Studien weichen bei den Ergebnissen voneinander ab, aber siehe z. B. »Gender Equality in Iceland« www.stjornarradid.is/media/velferdarraduneyti-media/media/acrobat-skjol/jafnrettisstofa_stepping_stones.pdf; »Iceland Leads the Way to Women's Equality in the Workplace«, *Economist*, 4. März 2020, www.economist.com/graphic-detail/2020/03/04/iceland-leads-the-way-to-womens-equality-in-the-workplace; Esteban Ortiz-Ospina, Sandra Tzvetkova und Max Roser, »Women's Employment,« Our World in Data, März 2018, https://ourworldindata.org/female-labor-supply.

9 95 Prozent aller Drei- bis Fünfjährigen in Island besuchen eine Kinderbetreuungseinrichtung (Zahlen von 2016). Siehe auch »The Nordic Gender Effect at Work«.

10 Siehe z. B. Thoroddur Bjarnason und Andrea Hjálmsdóttir, »Egalitarian Attitudes Towards the Division of Household Labor Among Adolescents in Iceland«, *Sex Roles* 59, no. 1 (Juli 2008): 49–60, https://doi.org/10.1007/s11199-008-9428-0.

11 In der englischsprachigen Ausgabe stammen alle Zitate aus der Njals-Saga aus der bei Penguin Classics erschienenen Ausgabe von 2001, übersetzt von Robert Cook.

12 Langbeinige Hallgerdur: Die Sagas sind Islands berühmtester und wichtigster Beitrag zur Weltliteratur. Geschrieben zwischen dem 12. und 14. Jahrhundert schildern sie vage die Ereignisse seit der Besiedelung Islands bis etwa ins 11. Jahrhundert. Die Islandsagas sind fesselnde (wenn auch oft weitschweifige) Geschichten über Familienfehden, erbitterte Kämpfe, tragische Romanzen und abenteuerliche Reisen. Themen wie Ehre, Rache und bewaffnete Auseinandersetzungen prägen die Sagas

und geben Einblick in die Werte und Lebensbedingungen der ersten Generationen Islands. Selbst wenn die Autoren der meisten Sagas unbekannt sind, lässt die moderne Forschung vermuten, dass die meisten von Männern und aus männlicher Perspektive verfasst wurden. So sind beispielsweise in der Njáls-Saga von den sechshundertfünfzig namentlich genannten Personen nur hundert Frauen.

KAPITEL 3 – STARK UNTER SCHWESTERN

1 *Áfram með smjörið* – (Drauf mit der Butter!) – Macht weiter!

2 Die meisten Isländer haben an sich keine Nachnamen, sondern benutzen stattdessen den Vornamen ihres Vaters im Genitiv mit einem -son oder -dottir am Ende. (Zunehmender Beliebtheit erfreut sich die trotzdem seltenere Verwendung des Vornamens der Mutter für denselben Zweck oder sogar eine Doppelung beider Vornamen.) Der Vater von Anna Magnúsdóttir heißt also Magnús. Bekommt Anna nun ein Kind mit Sigfús Mathisson, könnte diese Tochter Katla Sigfúsdottir heißen, sodass alle Familienmitglieder unterschiedliche »Nachnamen« hätten. Die drei Söhne, die Gudni und ich gemeinsam haben, heißen alle nach ihrem Vater Gudnason (Sohn von Gudni), während unsere Tochter meinen Nachnamen, Reid, trägt. Diese Gepflogenheit ist auch der Grund dafür, warum Ehefrauen in Island ihre Nachnamen behalten. Denn die Hochzeit macht einen schließlich nicht zur Tochter des Schwiegervaters, oder?

3 Richard Kenny, »How One Country Persuaded Teens to Give Up Drink and Drugs,« BBC News, 15. November 2017, www.bbc.com/news/av/stories-41973296.

4 Aus den entsprechenden Dokumenten geht nicht hervor, ob es dieselben Höfe waren, die Strom und Telefon hatten, aber es ist ziemlich wahrscheinlich.

5 Ja, in jungen Jahren habe ich Porzellan gesammelt. Hauptsächlich von dem Geld, das ich verdiente, wenn ich während der Sommerferien die runtergefallenen Holzäpfel im Obstgarten meiner Großeltern in Nordontario aufklaubte. Wirklich eine Schande, dass es in der Gemeinde meiner Kindheit keinen Frauenverein gab, denn mit meinem Faible fürs Porzellansammeln und meinen kulinarischen Ambitionen wäre ich eine sichere Kandidatin gewesen.

6 *Gengnar Slóðir: Samband sunnlenskra kvenna fimmtíu ára 1928–1978* (Samband sunnlenskra kvenna, 1978), 175.

7 Das war literarische Freiheit bzw. meinem fehlerhaften Gedächtnis geschuldet. Als mein Mann einen frühen Entwurf dieses Kapitels las, machte er kaum Anmerkungen. Nur an diese Stelle schrieb er in überdimensionalen Großbuchstaben an den Rand der Seite: ICH SCHWAMM DUTZENDE METER HINAUS.

KAPITEL 4 – SEXUALITÄT OHNE STIGMATISIERUNG

1 *Gefa undir fótinn* kann füßeln, flirten bedeuten.

2 In der unschuldigeren Variante konnte man die Online-Version nutzen, um zu recherchieren, wie man mit Prominenten oder anderen Leuten verwandt war. Weil mir das Konzept gefiel, gab ich einmal Gudnis Daten ein, um rauszufinden, wie er mit zwei meiner damaligen Kolleg*innen verwandt war. Es stellte sich heraus, dass er von beiden Cousin dritten Grades war.

3 Der landesweit geltende Lehrplan findet sich auf Englisch unter www.government.is/topics/education/curriculum/. Ein Überblick der Vorgaben zur Sexualerziehung unter Aufsicht der Gesundheitsbehörde: www.heilsugaeslan.is/um-hh/frettasafn/stok-frett/2018/02/14/Kynfraedsla-i-skolum/. Ende 2020 bildete das Ministerium für Bildung, Wissenschaft und Kultur ein Komitee, um die Sexualerziehung an Grundschulen und weiterführenden Schulen in Island zu verbessern.

4 Gréta Sigrídur Einarsdóttir, »Digital Sexual Violence Now Punishable by up to Four Years in Prison«, *Iceland Review*, 18. Februar 2021, www.icelandreview.com/politics/digital-sexual-violence-now-punishable-by-up-to-four-years-in-prison/.

5 »BBC 100 Women 2019: Who Is on the List This Year?«, BBC, 16. Oktober 2019, www.bbc.com/news/world-50042279.

6 Owl Fisher, »Too Many of Us Young Trans People Are Crying Out for Help. Will You Listen?,« *Guardian*, 28. März 2018, www.theguardian.com/commentisfree/2018/mar/28/trans-young-people-suicide-support-mental-health.

7 Vala Hafstad, »Big-Breasted Jesus Causes Controversy,« Iceland Monitor,14. September 2020, https://icelandmonitor.mbl.is/news/culture_and_living/2020/09/14/big_breasted_jesus_causes_controversy/.

8 Ólöf die Reiche ist am bekanntesten für ihre Worte, nachdem sie vom Tod ihres Mannes erfahren hatte. Dieser Satz über Rache hat sich zu einer Redewendung entwickelt, die so viel bedeutet wie »nicht aufre-

gen, heimzahlen«. Mit Blick auf die starken Frauen aus den Sagas ist es ein Symbol weiblicher Entschlossenheit. Ólöfs Beharrlichkeit und Mut sind unbestritten, aber viele Einzelheiten um den Mord an ihrem Mann Björn, ihre nachfolgenden Handlungen, ihre Reisen, der Besuch des Königs und natürlich die Legende über ihren Wunsch auf dem Totenbett sind Spekulation.

KAPITEL 5 – ANS KAPITAL KOMMEN

1 Mit *Að míga í saltan sjó* ist jemand gemeint, der unerfahren ist (weil sie oder er noch nie beim Pinkeln an Bord eines Fischerboots versuchen musste, das Gleichgewicht zu halten).

2 Ortiz-Ospina, Tzvetkova und Roser, »Women's Employment«.

3 Die Top 800 werden von dem isländischen Unternehmen Credit Info ermittelt und sind vergleichbar mit dem Ranking Fortune 500. Allerdings zählt nicht nur der Umsatz. Siehe: www.creditinfo.is/um-creditinfo/frett.aspx?NewsID=81 (bezieht sich nur auf Island).

4 Tatsächlich ergab ein Bericht von McKinsey & Company aus dem Jahr 2020, dass Unternehmen im obersten Viertel hinsichtlich Gender-Diversität in Führungsteams mit 25 Prozent größerer Wahrscheinlichkeit überdurchschnittlich profitabler wirtschaften als Unternehmen aus dem untersten Viertel. Sundiatu Dixon-Fyle, Kevin Dolan, Vivian Hunt und Sara Prince, »Diversity Wins: How Inclusion Matters«, McKinsey & Company, 19. Mai 2020, www.mckinsey.com/featured-insights/diversity-and-inclusion/diversity-wins-how-inclusion-matters/.

5 Natürlich gab es in vielen Ländern und auch in Island schon Vorschriften für gleiche Bezahlung, aber nun mussten erstmals Unternehmen ab fünfundzwanzig Beschäftigten *beweisen*, dass sie das auch taten, und es drohten Strafen, wenn es nicht so war. Verabschiedet wurde das Gesetz 2017, am 1. Januar 2018 trat es in Kraft.

6 Einzelheiten zur Zertifizierung siehe: »Equal Pay Certification«, Directorate of Equality Iceland, www.jafnretti.is/en/vinnumarkadur/equal-pay-certification/equal-pay-certification.

7 Man kann den Vorstand eines Unternehmens nicht offiziell registrieren lassen, wenn die Anforderungen nicht erfüllt sind. Allerdings gibt es für Vorstände, die schon vor der Neuregelung existierten, keine Konsequenzen wie etwa Strafen bei Nichterfüllung.

8 Siehe »Direct Use of Geothermal Resources«, Nationale Energiebehörde, https://nea.is/geothermal/direct-utilization/nr/91.

9 Island gilt zwar als europäisches Land, ist aber kein Mitglied der EU. Zusammen mit anderen Nicht-EU-Staaten wie Norwegen und Liechtenstein gehört es allerdings dem Europäischen Wirtschaftsraum an. Das gibt dem Land die gleichen vier Freiheiten wie EU-Mitgliedern: freier Verkehr von Waren, Personen, Dienstleistungen und Kapital.

KAPITEL 6 – VON DEN MEDIEN GEHÖRT UND GESEHEN

1 *Þar liggur hundurinn grafinn* bezieht sich auf das Problem, zum Kern einer Sache vorzudringen, zum Punkt zu kommen.

2 Im März 2021 gab Tobba bekannt, ihre Position als Herausgeberin von *DV* zu verlassen.

3 Sólborgs Instagram-Seite hieß Fávitar (»Idioten«) und hatte 32 200 Follower. Kurz nach diesem Interview gab sie bekannt, andere Projekte verfolgen und die Seite nicht mehr regelmäßig aktualisieren zu wollen. Inzwischen könnte die Zahl der Follower also gesunken sein.

4 Christian Mogensen und Stine Helding Rand, »The Angry Internet: A Threat to Gender Equality, Democracy, and Well-Being«, Centre for Digital Youth Care, November 2020, https://cfdp.dk/wp-content/uploads/2020/11/CFDP_the_angry_internet_ISSUE.pdf.

5 Positive männliche Rollenbilder gibt es beileibe nicht nur in Island oder in den nordischen Ländern. Ein ausgezeichnetes isländisches Beispiel könnte allerdings Thorsteinn V. Einarsson sein, der eine sehr beliebte Instagram-Seite betreibt, die er Karlmennskan (»Maskulinität«) nennt. Dort wird dafür geworben, die Diskussion über oft vernachlässigte Aspekte von Männlichkeit aufzunehmen, etwa über emotionale Verantwortung und über die Kraft von Güte.

6 Sigrídur von Brattholt: Sigrídurs Verdienste sind nur gut ein Menschenalter her. Ihr Ruf und ihre Lebensgeschichte waren nicht jahrhundertelanger Übertreibung unterworfen oder sind komplette Fiktion wie bei Hallgerdur mit den langen Beinen und Ólöf der Reichen. Allerdings ist ihr berühmter Sieg der Rettung eines Wasserfalls allein durch ihre Hartnäckigkeit und körperliche Ausdauer mit ziemlicher Sicherheit übertrieben. Gullfoss blieb aufgrund ökonomischer Undurchführbarkeit der Ausbaupläne und nicht wegen Sigrídurs Protesten erhalten. Und höchst-

wahrscheinlich benutzte sie ein Pferd, um in die Hauptstadt zu kommen – oder trug zumindest angemessenes Schuhwerk.

KAPITEL 7 – IN DER WILDNIS HARMONIE FINDEN

1 *Ég kem alveg af fjöllum* bedeutet, keinen Bezug zu etwas haben.

2 Für mehr Information zu den Auswirkungen des Klimawandels auf Frauen, siehe z. B. Mary Robinson, *Climate Justice: Hope, Resilience, and the Fight for a Sustainable Future* (London: Bloomsbury, 2019).

3 Steinunn Sigurdardóttir, *Heida: A Shepherd at the Edge of the World*; ins Englische übersetzt von Philip Roughton (London: John Murray, 2019).

4 »Áætlun um öryggi sjófarenda, 2019–2033« [Strategy for safety of seafarers, 2019–2033], Government of Iceland, www.stjornarradid.is/library/02-Rit—skyrslur-og-skrar/Áætlun%20um%20öryggi%20sjófarenda%202019.pdf (nur auf Isländisch).

5 Die Historikerin Thórunn Magnúsdóttir stieß auf etwa viertausend zwischen 1891 und 1981 registrierte Seefrauen; weitere Studien aus jüngerer Zeit ergaben, dass in dieser Zeit viel mehr Frauen zur See fuhren, als man uns glauben machen wollte. Siehe dazu beispielsweise, Margaret Willson, *Seawomen of Iceland: Survival on the Edge* (Seattle: University of Washington Press, 2016).

KAPITEL 8 – MIT KUNST ZUR GLEICHBERECHTIGUNG

1 *Blindur er bóklaus maður* drückt gleichzeitig Respekt vor Belesenheit und die Bedeutung von Wissen aus.

2 Für diejenigen, die noch mitzählen, wäre das ein weiterer Eintrag in der »Island-Weltbeste-pro-Kopf-Strichliste«.

3 Im Basketball gibt es keine Boni, aber Frauen und Männer erhalten die gleichen Tagessätze.

4 Es befindet sich zwar nicht im ehemaligen Zuhause einer Schriftstellerin, aber im Dorf Eyrarbakki gibt es ein »women's book lounge museum about Icelandic women writers« namens Konubókastofa. www.konubokastofa.is.

5 Im Sommer 2020 und zu Beginn des Jahres 2021 wurden im Zuge der Corona-Pandemie weitere Förderungen ausgelobt.

6 Das Online-Telefonverzeichnis Islands ist ein spannendes Thema für sich. Im Land gibt es so viele Björg Magnúsdóttirs und Jón Jónssons,

dass die Leute außerdem die Möglichkeit haben, ihren Beruf eintragen zu lassen. Damit man eben die Sigrún Björnsdóttir anruft, die Installateurin ist, und nicht ihre Namenscousine, die als Pilotin arbeitet. Die Einträge werden allerdings nicht überprüft, sodass es in Island mindestens einen Hamsterflüsterer, eine Cher-Expertin und Dutzende Löwenbändiger*innen gibt. In den inzwischen nicht mehr existierenden gedruckten Telefonbüchern waren alle alphabetisch nach Vornamen gelistet. Denn in Island sind wir so leger, dass Nachnamen (die ja tatsächlich Vaternamen sind) keine Rolle spielen. Egal ob man mit dem Lehrer, der Ärztin oder sogar dem Präsidenten spricht – man braucht nur den Vornamen.

7 Islands Handballnationalteam der Herren gewann bei den Olympischen Spielen in Beijing 2008 die Silbermedaille. In Bezug auf die Bevölkerungsgröße war es das mit Abstand kleinste Land, das je eine Olympiamedaille in einer Teamdisziplin errang.

8 Eine Ausnahme bildet Basketball. Hier sind die Ticketpreise gleich und die Einnahmen beider Geschlechter ähnlich.

9 Die ursprüngliche Idee für den freien Tag der Frauen stammte von den Red Stockings, einer (für die damalige Zeit) radikalen feministischen Gruppe, die sich von einer amerikanischen Organisation inspirieren ließ. Das Konzept sah anfangs vor zu streiken, um gegen Lohnungerechtigkeit und andere unfaire Praktiken zu protestieren. Doch die Organisatorinnen hatten das Gefühl, der Begriff »Streik« würde Menschen davon abhalten mitzumachen. Stattdessen sollte es »ein freier Tag« sein. Welcher Arbeitgeber würde schließlich seiner Angestellten keinen freien Tag gewähren? Es soll erwähnt werden, dass viele Männer den Protest sehr unterstützten. Doch trotz der Wirkung der Veranstaltung an jenem Tag und in den darauffolgenden Jahren ist der Gender-Pay-Gap auch fünfundvierzig Jahre später (zum Zeitpunkt, da dieses Buch geschrieben wird) noch nicht beseitigt. Alle paar Jahre verlassen am 24. Oktober die Frauen in Island ihre Arbeitsplätze frühzeitig, nämlich wenn die Zeit endet, für die sie angemessen bezahlt würden. Am ersten freien Tag war das um 14:05 Uhr, im Jahr 2016 um 14:38 Uhr und 2020 um 15:01 Uhr.

KAPITEL 9 – KEINE FRAU IST EINE INSEL

1 Zahlen für die USA siehe Phillip Connor und Abby Budiman, »Immigrant Share in U.S. Nears Record High but Remains Below That of Many Other Countries«, Pew Research Center, 30. Januar 2019, www.pewre

search.org/fact-tank/2019/01/30/immigrant-share-in-u-s-nears-record-high-but-remains-below-that-of-many-other-countries/. Isländische Zah len unter www.statice.is.

2 Bei diesen Zahlen sind Leute wie ich, die im Ausland geboren wurden und aufgewachsen sind, aber inzwischen die isländische Staatsbürgerschaft besitzen, nicht eingerechnet.

3 Die Liste findet man hier (nur auf Isländisch, aber sie funktioniert halbwegs intuitiv). So kann man sehen, ob der eigene Name qualifiziert gewesen wäre: https://vefur.island.is/mannanofn/leit-ad-nafni/.

4 2020 betrug der Anteil von Polinnen und Polen 5,4 Prozent der Gesamtbevölkerung.

5 Iona Rangeley-Wilson, »Icelander's [sic] Immigration Tolerance Increa sing,« *Reykjavík Grapevine*, 24. September 2020, https://grapevine.is/news/2020/09/24/icelanders-immigration-tolerance-increasing/.

6 Unnur Dís Skaptadóttir and Kristín Loftsdóttir, »Konur af erlendrum uppruna. Hvar kreppir að?« [»Frauen ausländischer Herkunft: Welchen Zwängen unterliegen sie?«], University of Iceland, 2019, www.stjornarradid.is/lisalib/getfile.aspx?itemid=c6482f7c-570d-11ea-945f-005056bc4d74 (nur auf Isländisch).

7 Eine Qualifikation aus dem Ausland bedeutet nirgendwo im Land eine Garantie für die entsprechende Anstellung. Dafür braucht es die offizielle Zertifizierung, die diese als gleichwertig mit einem hiesigen Abschluss einstuft.

8 Rose hat mir erlaubt, diese Sätze zu zitieren.

9 Sigrún Sif Jóelsdóttir und Grant Wyeth, »The Misogynist Violence of Iceland's Feminist Paradise«, *Foreign Policy*, 15. Juli 2020, https://foreignpolicy.com/2020/07/15/the-misogynist-violence-of-icelands-feminist-paradise/.

10 Hildur Fjóla Antonsdóttir and Thorbjörg Sigrídur Gunnlaugsdóttir, »Tilkynntar nauðganir til lögreglu á árunum 2008 og 2009: Um afbrotið nauðgun, sakborning, brotaþola og málsmeðferð,« [»Zwischen 2008 und 2009 bei der Polizei angezeigte Vergewaltigungen«], University of Iceland, October 2013, https://edda.hi.is/wp-content/uploads/2014/04/Einkenni-og-meðferð-nauðgunarmála-október-2013.pdf (nur auf Isländisch).

11 Anfang 2021 wurde bekannt, dass eine Gruppe von neun Frauen in einem noch nie da gewesenen Schritt ihre Fälle vor den Europäischen Gerichtshof für Menschenrechte gebracht hatte. Die Frauen hatten genug von

diesen trostlosen Statistiken, wonach die Täter von sexueller und häuslicher Gewalt für ihre Vergehen nicht zur Verantwortung gezogen wurden. Unterstützt vom Education and Counseling Center for Survivors of Sexual Abuse and Violence machten die Frauen geltend, der isländische Staat hätte es versäumt, ihre Menschenrechte zu schützen. Dabei ging es um das Vorgehen der Polizei und darum, dass ihre Anschuldigungen gegen die mutmaßlichen Täter nicht umfassend untersucht oder verfolgt worden waren. Die Organisatorinnen erklärten, ihnen ginge es darum, Aufmerksamkeit auf die systemimmanenten Probleme zu lenken und Island auf der internationalen Bühne zur Rede zu stellen.

12 Vigdís Finnbogadóttir gestand Jahre später in ihren Memoiren, dass sie selbst daran gezweifelt hatte, ob sie bereit für den Job war. Selbstzweifel waren, ihrer Ansicht nach, bei den Frauen ihrer Generation so verbreitet. Ein Telegramm, das die ganze Mannschaft des Fischkutters *Gudbjartur* unterschrieben hatte und in dem sie beschworen wurde, zu kandidieren, belegte, dass ihre Unterstützung über die liberalen Intellektuellen in der Hauptstadt hinausging. Nach ihrer Wahl nutzte Vigdís die Aufmerksamkeit, die sie damit auf der internationalen Bühne gewonnen hatte. Sie absolvierte während ihrer Amtszeit zwanzig Staatsbesuche. Die Delegationen auf diesen Reisen waren viel größer als zuvor und umfassten nicht nur Politiker, sondern auch Führungspersönlichkeiten aus der Wirtschaft und Menschen aus dem Kulturbereich, die das Image eines progressiven, vorausschauenden Landes förderten. 1986 war sie Gastgeberin des historischen Gipfeltreffens von Ronald Reagan und Michail Gorbatschow in Reykjavík, das heute oft als Anfang vom Ende des Kalten Kriegs bezeichnet wird. Vigdís engagierte sich auch für den Schutz der isländischen Sprache. Bei ihren Besuchen in Ortschaften im ganzen Land begann sie die Tradition, drei Bäume zu pflanzen, um nicht nur etwas gegen die Erosion zu tun, sondern auch um bleibende Erinnerungen an das jeweilige Ereignis zu hinterlassen.

KAPITEL 10 – POLITIK ZU IHREN BEDINGUNGEN

1 Aktuelle Zahlen zum Frauenanteil in Parlamenten weltweit gibt es hier: https://data.ipu.org/women-ranking/?month=9&year=2021.

2 Übrigens macht dieses Wahlsystem es unter Umständen leichter, Gleichberechtigung zu erzielen. Für viele Leute auf den vordersten Plätzen einer Partei findet die echte Wahlschlacht bei den Vorwahlen der Partei, Mo-

nate vor der eigentlichen Wahl, statt. Und die meisten, wenn auch nicht alle größeren Parteien haben Prinzipien, wonach die Spitzenplätze auf der Parteiliste paritätisch besetzt sein müssen, was sich dann wiederum nach der Wahl an der Sitzverteilung im Parlament ablesen lässt.

3 Tatsächlich waren es 83,2 Prozent. Deutlich mehr als bei den nationalen Wahlen im selben Jahr mit durchschnittlich 67,6 Prozent.

4 Zu englischsprachigen Artikeln über den Skandal siehe Anna Andersen, »›Finally, a Body Worthy of My Dick‹: Inside the Sexist Political Scandal Rocking Iceland«, Nylon, 28. März 2019, www.nylon.com/political-scandal-iceland-sexism-metoo; Jelena Ćirić, »In Focus: The Klaustur Scandal«, *Iceland Review*, 8. Februar 2019, www.icelandreview.com/politics/in-focus-the-klaustur-scandal/. Eine Rechtfertigung von einem der Beteiligten (auf Isländisch) ist »Ekki í stjórnmálum til að vera vinsæll«, [»Nicht in der Politik, um beliebt zu sein«], *Morgunblaðið*, 8. April 82019, www.mbl.is/frettir/innlent/2019/08/04/ekki_oedlilegt_ad_tonninn_se_grimmari/.

5 Jóhann Bjarni Kolbeinsson, »Forseti Íslands: ›Auðvitað ofbauð mér,‹« [»Der isländische Präsident: ›Natürlich war ich schockiert‹«], RÚV, 2. Dezember 2018, www.ruv.is/frett/forseti-islands-audvitad-ofbaud-mer.

KAPITEL 11 – ZUM GREIFEN NAH

1 *Það liggur í augum uppi* bedeutet, es ist offensichtlich.

2 Für die Kosten der Reise kamen Iceland's Gender Equality Fund sowie das private Pharmaunternehmen Alvogen AlvoTech auf.

3 Ein kurzer Austausch bei dem Briefing hat sich in mein Gedächtnis gebrannt. Mit Blick auf die andauernden und oft kontroversen Debatten zu Hause in Europa über die große Zahl der Geflüchteten aus Syrien und anderen Konfliktregionen und darüber, wie viele Flüchtlinge aufzunehmen jedes Land bereit war, fragte ich die Frau vom UNHCR, ob es innerhalb des Lagers Missgunst gäbe. Wenn etwa eine Familie erfuhr, dass sie nach, sagen wir, Deutschland, Kanada oder tatsächlich Island auswandern würde, empfand dann die Nachbarfamilie Missgunst gegenüber denjenigen, die in ein neues Leben aufbrechen konnten? Die Frau schüttelte den Kopf. »Nur so wenige Familien erhalten eine Einreisegenehmigung«, erklärte sie mir. »Das ist nur ein Tropfen auf den heißen Stein.«

4 Das Interview ist hier zu sehen: »Konur í Zaatari þrá nýtt upphaf« [»Wo-

men in Zaatari want a new beginning«], UN Women Iceland, https://unwomen.is/herferdir-verkefni/konur-zaatari-thra-nytt-upphaf/ (Isländisch synchronisiert, aber das Interview ist auf Englisch).

5 Die vier Jellyfishs, die sich an diesem Abenteuer beteiligten, waren Brynhildur Ólafsdóttir, Birna Bragadóttir, Soffía S. Sigurgeirsdóttir und Thórey Vilhjálmsdóttir Proppé.

6 Auch das gelang Sirrý. Anfang Mai jenes Jahres stand sie mit hundertfünfundzwanzig anderen Frauen auf dem Gipfel des Hvannadalshnjúkur.

7 Der Global Gender Gap Index 2021 quantifizierte das. Nach diesen Erkenntnissen hat die Pandemie die Zeit, die es Vorhersagen nach dauern wird, den Gender-Gap zu schließen, um eine weitere Generation, also sechsunddreißig Jahre, verlängert.

Die amerikanische Originalausgabe erschien 2022 unter dem Titel »Secrets of the SPRAKKAR. Iceland's Extraordinary Women and How they are changing the World« bei Simon & Schuster Canada sowie 2021 unter dem Titel »SPRAKKAR. Kvenskörungar Íslands og hbernig Þær leitast við að breytha heiminum« bei JPV útgáfa, Reykjavík.

Die Arbeit der Übersetzerin am vorliegenden Buch wurde vom Deutschen Übersetzerfonds mit einem Reisestipendium gefördert.

Anmerkung der Übersetzerin und des Verlags
An einigen Stellen verzichten wir aus Gründen der besseren Lesbarkeit auf das Gendern mit Sternchen und wenden die Sprachform des generischen Maskulinums an.*

Penguin Random House Verlagsgruppe FSC® N001967

1. Auflage

Umschlaggestaltung: semper smile, München, nach einem Entwurf und unter Verwendung einer Illustration von Kimberly Glyder
Satz: Buch-Werkstatt GmbH, Bad Aibling
Druck und Bindung: GGP Media GmbH, Pößneck
Printed in Germany
ISBN 978-3-442-76233-0

www.btb-verlag.de
www.facebook.com/penguinbuecher

Caroline Criado-Perez

Unsichtbare Frauen

Wie eine von Daten beherrschte Welt
die Hälfte der Bevölkerung ignoriert

496 Seiten, btb 71887
Aus dem Englischen von Stephanie Singh

Ein kraftvolles und provokantes Plädoyer für Veränderung!

Unsere Welt ist von Männern für Männer gemacht und tendiert dazu, die Hälfte der Bevölkerung zu ignorieren. Caroline Criado-Perez erklärt, wie dieses System funktioniert. Sie legt die geschlechtsspezifischen Unterschiede bei der Erhebung wissenschaftlicher Daten offen. Die so entstandene Wissenslücke liegt der kontinuierlichen und systematischen Diskriminierung von Frauen zugrunde und erzeugt eine unsichtbare Verzerrung, die sich stark auf das Leben von Frauen auswirkt. Kraftvoll und provokant plädiert Criado-Perez für einen Wandel dieses Systems und lässt uns die Welt mit neuen Augen sehen..

»Dieses Buch ist ein Wendepunkt.«
Süddeutsche Zeitung